编委会

普通高等学校"十四五"规划旅游管理类精品教材
教育部旅游管理专业本科综合改革试点项目配套规划教材

总主编

马　勇　教育部高等学校旅游管理类专业教学指导委员会副主任
　　　　中国旅游协会教育分会副会长
　　　　中组部国家"万人计划"教学名师
　　　　湖北大学旅游发展研究院院长，教授、博士生导师

编　委（排名不分先后）

田　里　教育部高等学校旅游管理类专业教学指导委员会主任
　　　　云南大学工商管理与旅游管理学院原院长，教授、博士生导师
高　峻　教育部高等学校旅游管理类专业教学指导委员会副主任
　　　　上海师范大学环境与地理学院院长，教授、博士生导师
韩玉灵　北京第二外国语学院旅游管理学院教授
罗兹柏　中国旅游未来研究会副会长，重庆旅游发展研究中心主任，教授
郑耀星　中国旅游协会理事，福建师范大学旅游学院教授、博士生导师
董观志　暨南大学旅游规划设计研究院副院长，教授、博士生导师
薛兵旺　武汉商学院旅游与酒店管理学院院长，教授
姜　红　上海商学院酒店管理学院院长，教授
舒伯阳　中南财经政法大学工商管理学院教授、博士生导师
朱运海　湖北文理学院资源环境与旅游学院副院长
罗伊玲　昆明学院旅游学院教授
杨振之　四川大学中国休闲与旅游研究中心主任，四川大学旅游学院教授、博士生导师
黄安民　华侨大学城市建设与经济发展研究院常务副院长，教授
张胜男　首都师范大学资源环境与旅游学院教授
魏　卫　华南理工大学旅游管理系教授、博士生导师
毕斗斗　华南理工大学旅游管理系副教授
蒋　昕　湖北经济学院旅游与酒店管理学院副院长，副教授
窦志萍　昆明学院旅游学院教授，《旅游研究》杂志主编
李　玺　澳门城市大学国际旅游与管理学院执行副院长，教授、博士生导师
王春雷　上海对外经贸大学会展与传播学院院长，教授
朱　伟　天津农学院人文学院副院长，副教授
邓爱民　中南财经政法大学旅游发展研究院院长，教授、博士生导师
程丛喜　武汉轻工大学旅游管理系主任，教授
周　霄　武汉轻工大学旅游研究中心主任，副教授
黄其新　江汉大学商学院副院长，副教授
何　彪　海南大学旅游学院副院长，教授

普通高等学校"十四五"规划旅游管理类精品教材
教育部旅游管理专业本科综合改革试点项目配套规划教材
华东师范大学大夏经管系列精品教材

总主编 ◎ 马 勇

旅行社创新经营与管理

Innovative Operation and Management of Travel Agencies

主 编 ◎ 罗佳琦
副主编 ◎ 楼嘉军　宋长海

华中科技大学出版社
http://press.hust.edu.cn
中国·武汉

内容简介

本书以学习者的职业素质培养和专业能力提升为导向,以当代旅行社经营和管理为核心内容,注重开放性思维的养成。基于旅行社发展的历史进程和发展环境,本书创新性地构建了全面的教学体系,包括旅行社发展概述、发展环境、市场需求分析与定位、产品开发设计、产品定价与营销、经营战略管理、供应链与产业关系管理、服务管理、人力资源管理及管理的未来。此外,还对旅游服务业的发展趋势和挑战机遇进行了适度的理论探讨和研究,有助于拓展学习者的思考空间。

本书选取了大量品牌企业的案例作为拓展资源,并融入了国际视角的知识链接,帮助读者了解理论在实践中的应用。此书既适宜作为旅游管理及其相关专业的教学教材,也是旅游行业从业者深化理论认识、实现实践到理论反思转变的参考资料。

图书在版编目(CIP)数据

旅行社创新经营与管理 / 罗佳琦主编. -- 武汉:华中科技大学出版社,2024.9. --(普通高等学校"十四五"规划旅游管理类精品教材)(教育部旅游管理专业本科综合改革试点项目配套规划教材). -- ISBN 978-7-5772-1284-5

Ⅰ. F590.63

中国国家版本馆CIP数据核字第2024QC7774号

旅行社创新经营与管理

Lüxingshe Chuangxin Jingying yu Guanli

罗佳琦　主编

总 策 划:	李　欢
策划编辑:	王雅琪
责任编辑:	贺翠翠　阮晓琼
封面设计:	原色设计
责任校对:	刘　竣
责任监印:	周治超
出版发行:	华中科技大学出版社(中国•武汉)　电话:(027)81321913
	武汉市东湖新技术开发区华工科技园　邮编:430223
录　　排:	孙雅丽
印　　刷:	武汉市籍缘印刷厂
开　　本:	787mm×1092mm　1/16
印　　张:	16.75
字　　数:	355千字
版　　次:	2024年9月第1版第1次印刷
定　　价:	49.80元

本书若有印装质量问题,请向出版社营销中心调换
全国免费服务热线:400-6679-118　竭诚为您服务
版权所有　侵权必究

　　作为"华东师大大夏经管系列精品教材项目"成果之一,《旅行社创新经营与管理》顺利出版发行。

　　如同恒星裂变之于宇宙,产业分工之于人类历史,旅行社之于旅游活动既不是与生俱来的,也不是一成不变。对比同类教材,本教材具有如下突出优势:结构合理、内容全面,涵盖了当代旅行社经营管理的主要内容,能够全面培养学生发现旅行需求和探索产品研发的知识体系;案例丰富、国际接轨,教材每一章均根据课程目标,设置导入案例、延伸案例和英文国际案例,为教师和学生提供良好资源;突出创新、面向未来,教材结合最新的旅游行业发展趋势,从经济增长、社会进步和科技创新等宏观动态高维视角出发,培养学生发现机遇和应对挑战的专业素质;实用性强、适用面广,教材编写将实践和理论相结合,摆脱以往旅行社管理类教材受制于理论和历史的框架,培养学生将旅行需求和创新动能转化为产品和服务的能力。

　　在旅游教育发展改革的新形势、新背景下,希望该教材能被广泛采用,满足旅游业发展、旅行社产业创新和教学实践的需要。

罗佳琦

2024 年 8 月

目录 MULU

第一章 旅行社发展概述 … 001

第一节 旅行社的前世今生 … 002
第二节 旅行社定义与分类 … 008
第三节 旅行社发展与改革 … 012

第二章 旅行社发展环境 … 025

第一节 旅行社的设立 … 026
第二节 旅行社的法律和制度环境 … 030
第三节 地方政府对旅行社的监管 … 035
第四节 旅行社行业协会 … 040

第三章 旅行社市场需求分析与定位 … 045

第一节 旅游市场调研和市场预测 … 046
第二节 旅游客源市场细分 … 052
第三节 客源市场变化趋势分析 … 059
第四节 旅行社目标市场选择与定位 … 066

第四章　旅行社产品开发设计　079

第一节　旅行社产品　080
第二节　旅行社产品开发策略　085
第三节　旅游线路设计　093

第五章　旅行社产品定价与营销　107

第一节　旅行社产品的定价　108
第二节　旅行社产品营销策略　122
第三节　旅行社产品营销　135

第六章　旅行社经营战略管理　144

第一节　旅行社战略管理　145
第二节　旅行社品牌管理　150
第三节　旅行社危机管理　155

第七章　旅行社供应链与产业关系管理　160

第一节　旅行社供应链的内涵和主要供应关系　161
第二节　旅行社供应链管理　166
第三节　旅行社服务商管理　168
第四节　旅行社产业关系管理和客户管理　174

第八章　旅行社服务管理　181

第一节　旅行社服务特点和重要性　182
第二节　旅行社服务接触与服务蓝图　187

| 第三节 | 游客满意度评测和服务质量管理 | 192 |
| 第四节 | 旅行社服务补救 | 204 |

第九章　旅行社人力资源管理　209

第一节	旅行社组织设计和业务流程再造	210
第二节	旅行社人力资源招聘与任用	218
第三节	旅行社人力资源绩效和薪酬管理	227
第四节	旅行社人力资源开发与培训	234

第十章　旅行社管理的未来　241

第一节	科技支撑下的旅行社服务边界扩展	242
第二节	需求导向下的旅行社消费创新	247
第三节	旅行社大数据应用	249

参考文献　253

第一章
旅行社发展概述

本章概要

旅行社是旅游业的前锋,属旅游中间商企业。作为我国旅游业的核心产业,研究旅行社的业务内容在我国旅游业的持续发展和高等旅游教学学科体系的建设中扮演着越来越关键的角色。本章对旅行社的概念、旅行社的形成和发展、旅行社的性质和功能、旅行社地位和作用、旅行社的分类、旅行社发展和改革进行介绍和探讨。

导入案例

广之旅的创办和发展

1980年12月5日,广之旅前身——广州市旅游公司成立。自成立之初,它就秉承了"敢为天下先"的开放精神,初期即以经营接送入境港澳同胞等业务为核心,并率先开创了香港出境旅游服务。

1983年底,由广之旅参与组织的香港游首团一行25人抵达香港,成为新中国成立以来首批以游客身份去港的内地居民。此后数年,广之旅持续勇敢地拓展海外市场。1988年,它参与了泰国游和新加坡游等线路的试办工作,并荣获国家一类旅行社的称号;到了1992年,广之旅在广州开设了全国首家服务网点,此举引领潮流,随后同城的多家旅行社也相继效仿。

改革开放后,国内经济迅速崛起,人民收入水平显著提升,催生了强劲的旅游需求。为应对这一趋势,广之旅于1994年在全国旅游业内率先引入了CI企业形象识别系统,正式确立了包括公司徽标、色带、广告口号、吉祥物等在内的全新企业形象。同年,广之旅再次引领行业潮流,率先在全国推行旅游质量保证金制度,这一举措不仅是旅游行业内的一次创新,也是整个商业服务领域的一大创举。次年,该制度被广泛应用于整个旅游行业,成为行业管理的一项重要举措。

1988年，广之旅完成股份制改造，改组为广州广之旅国际旅行社股份有限公司，成为广州市第一家成功转制的旅行社。2000年，通过ISO 9001质量体系认证，成为全国首家通过IOS 9001认证的旅行社企业，使公司质量管理工作标准化、程序化、规范化。

自2001年起，广之旅积极拓展其分支机构网络，相继在北京、马来西亚、香港、澳门、佛山、汕头等地成立了分公司。随着网络规模的不断扩大，广之旅的旅游产品线迅速覆盖了各个不同地区，显著提升了公司的产品销售能力和市场占有率。进入2010年后，面对大交通资源紧张的局面，广之旅创新性地策划了多个全球旅游目的地的包机、包船及千人规模首发团项目，开创了业界先河。同时，广之旅也紧抓高铁开通的契机，推出了国内游独家跨省串线专列系列团，成为专列旅游领域的佼佼者。

近年来，广之旅一直在进行转型升级，其产品结构从过去的单一跟团游产品和单一口岸出发，逐步转变为涵盖自由行、半自由行、个性化定制、当地玩乐以及全国多口岸出发的多元化产品体系。同时，其销售渠道也从单一的线下渠道拓展到了线上渠道、第三方平台以及同业分销等多个渠道，实现了多渠道并进的发展格局。

课前思考：广之旅的发展历程是如何体现中国旅游业从萌芽到壮大，从局限于单一市场到拓展至全球市场的转变？

第一节　旅行社的前世今生

一、世界旅行社的产生和发展

18世纪发生在英国的第一次工业革命，极大地推进了资本主义在全球的发展，以致在18—19世纪近200年的时间里，世界各国的经济结构和社会结构发生了翻天覆地的变化。作为社会经济发展的产物，旅游活动随着近代资本主义社会的迅猛发展逐步经历了深刻的变革。从历史发展的宏观视角来看，工业革命带来的社会经济飞速增长和社会结构深刻变革，成为近代旅游活动革命性变革的直接动力。这场变革不仅推动了旅游活动内容、方式和服务的创新，而且为旅行社的诞生提供了坚实的基础和必要的条件。

1. 社会财富的积累

首先，工业革命使大机器生产代替了手工生产，生产效率大幅度提高。"资产阶级在它的不到一百年的阶级统治中所创造的生产力，比过去一切世代创造的全部生产力还要多,还要大。"①社会物质财富的激增是近代社会人们从事旅游活动重要的物质基础。其次,工厂制度的建立。工业革命使工厂生产模式替代了传统的作坊模式。工厂的出现不仅大幅度提升了生产力水平,也形成了上下班制度,改变了人类沿袭数千年的"日出而作,日入而息"的作息习惯,进而为人们外出进行旅游活动创造了时间条件。最后,工资制度的形成。近代工资制度是在资本主义制度下,劳动力价值的货币表现方式,是一种与传统的农业经济时代采用实物分配方式迥异的谋生回报方式。从一定意义上讲,近代工资制度的出现,为日后旅行游览活动的普及,创造了经济条件。

2. 社会结构的变迁

第一,城市人口增加扩大了需求。工业革命带来的一个显著的社会变化就是城市人口的迅速增加。工业革命带来了整个社会生产力的巨大提升,这不仅导致了世界总人口的显著增长,更重要的是,它在欧美国家引发了人口向城市集中的趋势。据估计,17世纪末英国的人口约为550万,但到了1801年,人口已超过1500万,到19世纪中期,更是突破了2500万,超过60%的人口居住在城市。由于城市人口的人均收入要远远高于农村地区,因此城市人口的激增刺激了国内旅游市场需求的扩大,同时为旅游市场创造了庞大的潜在客户群。这一现象验证了世界旅游业发展过程中的一个基本事实:在近代旅游业的发展初期,大规模的旅游活动主要集中在以新兴工业城市群为主的英国中部和北部地区,而非以传统农业为主的南部地区。世界上第一家旅行社在英国中部工业发达地区成立,并非偶然。这些工业城市聚集了高密度的人口,不仅为大规模、大容量的旅游活动提供了土壤,还为近代新兴旅游企业的出现创造了必要的市场条件。

3. 人口移动影响

随着人口的显著增长,许多国家发生了大规模的人口迁移运动。一方面,工业和服务业的快速发展为人们提供了更多的就业机会,大量农村人口向城市迁移。另一方面,随着贸易规模的不断扩大,进行商务旅行的人数在不断增加。这些因为生计而在空间上移动的行为,为人们日后自主开展旅游活动积累了宝贵经验。

4. 交通结构革新

无论是居住地附近的短途旅游,还是远赴异国他乡的长途旅游,交通是人们出行的必要条件。工业革命带来了交通工具的变革,人类摆脱了农耕时代马车、木船的束缚。借助蒸汽机技术,火车和轮船逐渐成为人们外出和旅游的主要交通工具。以铁路为例,铁路的发展不仅缩短了人们的出行时间,还扩大了移动的空间范围。这一突破意味着旅游活动进入了蒸汽机时代,变得越来越丰富多彩充满生机。近代交通工具的革新,极大地推动了旅游业的发展,这一转变体现在旅游活动从古代和中世纪的零散、

---

① 节选自《马克思恩格斯选集(第一卷)》。

短距离出行,逐步发展成为近代有组织、中长距离的大规模旅游。

随着旅行距离的延伸和游览活动的多样化,由旅游者自己安排外出旅行活动全过程的传统做法,已经变得十分累赘且日益失去活力。一方面,旅游者迫切需要有专门的旅游服务中介机构和专职人员,把旅游者和提供旅游服务的各个部门连接起来,把旅行和游览活动结合起来。另一方面,随着蒸汽机时代的到来,交通运输条件发生了翻天覆地的变化。特别值得一提的是,当时铁路交通运输公司的经理通常能以很低的价格出售最后剩下的40%左右的座位。这部分座位的经营成本极低,对运输部门而言,这些座位所获得的收入几乎等同于纯利润。对于旅游活动的组织者来说,他们能够以低价从交通运输部门批量购买这些座位,并将其以低廉的价格转售给旅游者,从而满足了旅游者对低成本旅行的需求。正是在这样的市场环境中,世界上第一家旅行社企业应运而生。托马斯·库克作为近代第一位旅行社职业经理人被推上了历史舞台。

托马斯·库克于1808年出生在英国英格兰,自幼家境贫寒,10岁便辍学工作,先后做过帮工、诵经人和木匠等。他笃信宗教,热衷于禁欲,并且是一位热心的禁酒演说家和出版商。库克很早之前就曾设想包租火车车厢,率领自己的支持者前去参加在米德兰举行的禁酒会议。1841年7月5日,库克终于尝试性地包租了一列火车,组织了570人从莱斯特(Leuster)前往当时的拉夫巴勒(Loughborough)参加禁酒大会,全程约38千米,当日返回,参与这次活动的人每人支付1先令。在旅途中,托马斯·库克不仅负责提供交通服务,还周到地策划了诸如乐队演奏赞歌、野餐以及茶点等多样化的娱乐活动。此次专列承包活动因此大获成功。

这次出行活动的意义在于它具备了后来旅行社经营活动的若干重要特征:其一是采用了集体折扣付费的方式;其二是有了团体包价旅游的雏形;其三是将行、吃、娱等要素有机地融合于旅游活动的整个进程中;其四是安排了专门的陪同人员,初步体现了旅行社全陪的导游功能。这一次旅行活动的成功组织和顺利完成,对于托马斯·库克后来开展旅行社经营业务具有重要影响。此后,他又多次利用铁路的优惠活动组织了类似的外出旅行活动。凭借着商人和创业者特有的市场敏锐性,他抓住了刚刚兴起的旅游中介市场所蕴含的巨大的发展商机,于1845年在莱斯特正式成立了以托马斯·库克命名的近代第一家真正意义上的旅行社企业,专门从事旅行代理业务,从而成为世界上第一位专职的旅行代理商。

一般认为,稍早于托马斯·库克或与其同时代,英国已经出现了一些组织和个人为别人安排外出旅行的经营活动,这些行为在当今被视作旅游市场中介服务的早期形式。如罗伯特·斯玛特于1822年宣布开办汽船旅行代理业务,其预订业务包括通往布里斯托尔的各个港口以及爱尔兰的都柏林。又如,托马斯·贝奈特于1850年成立一家公司,专门为游客提供全方位的旅游服务,包括日常行程安排、马匹预订、住宿安排,甚至提供食物补给。然而,在这一时期,唯有托马斯·库克将这类服务流程发展成为真正意义上的旅行社企业的市场行为,因而托马斯·库克旅行社成为世界公认的第一家旅行社。

随着旅行社经营业务范围的不断扩大和市场影响力的不断上升,1865年,托马斯·库克与儿子约翰·梅森·库克在原有的旅行社经营业务的基础上,联手创建了规模更大的旅行社企业——托马斯·库克父子公司,随后将公司总部迁往伦敦。随后,托马斯·库克父子公司在美洲、非洲和亚洲地区相继建立了分公司,使得公司的旅游业务遍布全球。托马斯·库克也一度成为人们外出旅游的代名词,托马斯·库克父子公司并在当时及以后相当长时间内无可争议地成为影响最大的旅行社。

在托马斯·库克父子公司出现几十年后,受制度创新、示范与转移机制的影响,欧美地区和一些国家也开始涌现出旅游公司,如美国的运通公司、德国的中欧旅行社和苏联的国际旅行社。到了20世纪初期,英国的托马斯·库克旅游公司、美国的运通公司和比利时国际卧铺车公司被称为世界三大旅行社公司。

美国运通公司创立于1850年,总部设在美国纽约,是国际上最大的旅游服务及综合性财务、金融投资及信息处理的环球公司,在信用卡、旅行支票、旅游、财务计划及国际银行业占领先地位,主要通过三大分支机构营运:美国运通旅游有关服务、美国运通财务顾问及美国运通银行。

美国运通旅游有关服务(American Express Travel Related Services),是世界较大的旅行社之一,在全球设有1700多个旅游办事处。美国运通旅行社是美国最大的旅行社,也是世界上最大的旅行社。该旅行社于1850年在美国的纽约州包法罗市建立,起初经营货物、贵重物品和现金的快递业务。1882年,美国运通公司推出自己的汇票,此举迅速赢得了市场的认可并取得了显著的成功。

1891年,美国运通公司建立欧洲部,并于1895年在巴黎建立了第一家分公司,紧接着在伦敦、利物浦、南开普敦、汉堡、不来梅等城市建立了分公司。很快,美国运通公司的办事处和分公司遍布整个欧洲。

鉴于旅游市场展现出的巨大发展潜力,美国运通公司于1915年设立了旅行部。1916年,旅行部精心策划并组织了一系列规模宏大的旅游活动,其中包括分别前往远东地区和阿拉斯加的旅游客轮和前往尼亚加拉大瀑布和加拿大的包价旅游团。1922年,美国运通公司开始经营通过巴拿马运河的环球客轮旅游。在整个20世纪30年代,美国运通公司启动了雄心勃勃的国内旅游计划,推出了著名的"旗帜旅行团",该项目的亮点是乘坐火车前往美国西部地区进行旅游。该服务涵盖了全面的旅游需求,包括交通、住宿、游览观光以及餐饮等一站式服务,为游客提供了全方位的旅游体验。

二战期间,美国运通旅行社的业务几乎停滞,大多数欧洲办事处关闭。二战后,运通公司着手重建其在世界各地的营业点,为旅游市场的复苏做准备。20世纪50年代起,随着美国经济的蓬勃发展和美元的持续走强,前往欧洲旅游成为时尚潮流。运通公司把握这一时机,重新推广其"海外之家"的品牌形象,并隆重推出了全面的旅行服务业务。在巴黎,其办事处每天为高达1.2万名游客提供服务。美国人普遍认为接受运通旅行社的服务、手持运通卡支付是一种时尚,越来越多的美国人通过美国运通安排旅行,使用运通的旅行支票作为支付手段。

1876年,比利时人佐治·纳吉麦克创立比利时国际卧铺车公司(Compagnie Internationale des Wagons-Lits),该公司列车装饰奢华,舒适性无与伦比,服务新颖独特,旅行社和服务点遍布整个欧洲。1883年,该公司制造的东方快车(Orient Press)载着约40名乘客从巴黎出发开往君士坦丁堡,不仅颠覆了欧洲的地理界线,更重新定义了长途旅行的概念。伴随着一战、二战等历史风云,东方快车也遭遇了停运、线路变化,但它始终是神秘、奢华的铁路旅行代名词。

1919年,东方快车推出搭载在Simplon-Orient-Express列车上的首节午夜蓝车厢。这是从巴黎出发,途经米兰和威尼斯,穿越辛普伦隧道抵达伊斯坦布尔的首趟列车。这项技术的革新为穿越阿尔卑斯山开辟了一条新的道路。1926年,装饰大师René Prou和玻璃制造大师René Lalique打造的新型铂尔曼(Pullman)沙龙车厢催生出一种新的火车旅行生活艺术。沙龙车厢里的装饰品精致而奢华,散发着装饰艺术的风采。

2017年,欧洲最大的酒店集团——法国雅高(Accor Hotels)宣布收购东方快车品牌50%的股权①,此次收购标志着东方快车新时代的开启,雅高集团将续写这一传奇旅程的辉煌篇章。2021年12月,雅高集团与意大利Arsenale S.p.A.联手,宣布全新东方快车"甜蜜生活号"(La Dolce Vita)于2023年正式投入运行。

全新东方快车"甜蜜生活号"(La Dolce Vita)以"甜蜜生活"为名,旨在向20世纪60年代的意大利致敬。那是一个标志性的时代,意大利在工业、艺术、文化、娱乐等领域表现出了不拘一格的创造力,向世界展示了意大利人对生活的真挚热爱。

如今,跨国经营已成为全球旅行社业发展的重要趋势,旅行社行业也将朝着集中化方向发展,信息技术与互联网的发展为旅行社的经营方式带来巨大变革。

二、我国旅行社的产生与发展

中国近代旅游业发端于19世纪中期。随着英国发动鸦片战争及远洋航运业务的兴起,西方的商人、传教士、学者和一些冒险家纷纷来到中国,其中一些人在中国修筑别墅。外国来华的人数逐年上升,因此,英美通济隆(Travelex)旅行部和捷运旅行社在20世纪初率先进入上海,日本国际观光局也开始在中国沿海城市设立代办机构。这些英、美、日等国的旅行社机构基本垄断了我国新兴的旅游市场,不过他们的服务对象仅限于外国人和白领华人。

1923年8月,经当时的交通部批准,上海商业储蓄银行总经理陈光甫在其银行内创办了旅行部,该部门专门负责面向客户提供旅游相关的服务,这标志着中国首家由国人自主经营的旅行社的诞生,其主要业务是代办国内外车票、船票、机票,并兼营短途旅游业务。旅行社于1924年春季成功组织了首批前往日本观赏樱花的出境旅行团。

①20世纪70以来,东方快车为法国政府铁路集团SNCF品牌。

随着业务规模的不断扩大,1927年6月,该旅行部正式从上海商业储蓄银行中独立出来,并更名为中国旅行社。至1936年,中国旅行社已实现盈利60万元。自其成立至1953年最终结束运营的近30年间,中国旅行社不仅见证了旅游行业的蓬勃发展,更以其卓越的服务理念和丰富的运营经验,值得后人深入学习与借鉴。中国旅行社的创办,开创了我国旅游服务的先河。该旅行社秉承"扩大服务范围"的宗旨,致力于推动中国旅行事业的发展,同时确立了以"发扬国光、服务行李、阐扬名胜、改进食宿"为核心的四大运营原则,为旅游服务行业树立了标杆。

20世纪30年代中期,中国旅行社分别在苏州、无锡、杭州、青岛、北京等15个城市设立分社或支社,并在美国纽约、英国伦敦、越南河内设立了海外分社。20世纪40年代末期,中国旅行社总部迁往香港并发展至今,现为香港中国旅行社股份有限公司。

1949年11月19日,中华人民共和国成立后的第一家旅行社——厦门华侨服务社在福建厦门正式成立,该社旨在为海内外侨胞、港澳台同胞及国际友人提供专业的旅游服务,后来发展为现今的厦门中国旅行社。20世纪50年代初,为了更有效地应对对外接待工作的需求,我国政府先后建立了两大旅行社接待体系。首先是1954年成立了中国国际旅行社;随后,在1957年由各地的华侨服务社联合组成了华侨旅行服务社总社,该机构在1974年更名为中国旅行社。1954年4月,中国国际旅行总社(简称国旅)在北京成立。同年,为了扩大服务范围,国旅在上海、天津、广州等12个城市成立了分社。国旅总社成立之初是隶属国务院的外事接待单位。当时,全国还没有专门管理旅游业的行政机构,国旅总社实际上代行了政府管理职能。作为我国首家全国性经营国际旅游业务的旅行社,其主要职责在于接待外国自费来华旅游的游客,并直接接受国务院及各级地方政府外事办公室的领导。与国旅"主外"、接待外宾相对应,成立于1957年4月的中国华侨旅行服务总社(简称中旅)专注于"主内"业务,负责接待回家探亲的华侨、外籍华人、港澳同胞和台湾同胞,统一领导和协调华侨及港澳同胞的探亲旅游。从体制架构上看,两者都是直属政府的行政事业单位,所以不可避免地出现了旅行社政府职能和企业功能的重叠,这一现象是特定历史时期下的特殊产物。自那时起至1978年,这两大旅行社系统,在我国尚处于萌芽阶段的入境旅游市场中占据了主导地位。这一状况主要归因于当时旅行社接待的来华访问者大多来自社会主义阵营国家,以及少数西方国家的友好人士和海外华侨,其目的侧重于扩大新中国的国际影响力,并强调政治效应。在此背景下,按照市场规律来扩大入境旅游市场的可能性与条件均尚未成熟。

1964年,中国旅行游览事业管理局诞生,与中国国际旅行社总社合署办公,是中华人民共和国国家旅游局的前身。20世纪60年代初期,周恩来总理率中国代表团对亚非欧14个国家进行了友好访问,中国架起了通往西方的桥梁,也促使更多西方的旅游者来到中国。

1978年以后,在改革开放政策的引导下,我国社会发生了翻天覆地的变化,为旅行社按照自身产业规律的发展和壮大创造了条件。1980年,继中国国际旅行社和中国旅行社之后，中国青年旅行社应运而生，进一步丰富了我国旅行社行业的格局。鉴于我国独特的国情背景，我国旅行社最初发展的重点集中在入境旅游市场上。从国内角度看，我国当时社会生产力水平较低，国内旅游市场还没有真正形成；从国际角度看，正值改革开放初期，大量外国游客因商务考察、投资设厂以及对神秘中国的浓厚兴趣而纷至沓来，直接推动了入境旅游市场的迅速扩张。因此，以接待入境游客为主的国际旅行社的迅速发展成为我国旅行社发展史上一个特有现象。

1982年，中国旅行游览事业管理局更名为中华人民共和国国家旅游局，并于1983年2月首次在北京举办了中国国际旅游会议，邀请了来自45个国家的700多名代表参加，这是中国旅游界与世界旅游界首次在中国进行正式交流与合作的标志性事件。1983年10月，经过对多种候选方案的深入比较与细致研究，中国国家旅游局最终选定东汉时期的青铜器同时也是国宝级文物的"马踏飞燕"作为中国旅游业的官方图形标志。这一选择深刻体现了"马踏飞燕"所蕴含的天马行空、自由不羁的浪漫主义精神，完美契合了当时中国旅游业蓬勃发展、前景广阔的态势，象征着中国旅游业正迈向一个充满无限可能与希望的新时代。

到1987年，我国旅行社为1245家，其中国际旅行社有694家（含一二类社），约占总数的55.7%。在旅行社数量结构中，国际旅行社略占多数的局面一直维持到20世纪90年代初。

中国旅行社行业真正发展的转机出现在20世纪80年代中期，特别是在推行了两项重要措施以后，我国旅行社业加速发展。一是在1984年，国家旅游局将旅游市场的外联权下放，允许更多的旅行社经营国际旅游业务，并授予它们业务经营所必需的签证通知权。二是在1985年，国务院颁布了《旅行社管理暂行条例》，首次确立了旅行社独立的行业地位。1990年10月，中国国家旅游局允许公民赴新加坡、马来西亚、泰国探亲旅游。1997年，中国又陆续批准开放8个中国公民自费出国旅游的目的地国家。中国旅游研究院、携程联合发布的《中国游客中国名片，消费升级品质旅游——2017年中国出境旅游大数据报告》的数据显示，2017年中国公民出境旅游突破了1.3亿人次。

第二节　旅行社定义与分类

一、旅行社的定义

我国于2009年5月1日起实施的《旅行社条例》中第一章第二条明确界定了旅行社的定义：旅行社，是指从事招徕、组织、接待旅游者等活动，为旅游者提供相关旅游服务,开展国内旅游业务、入境旅游业务或者出境旅游业务的企业法人。

日本的《旅行业法》中,旅行业(日本将旅行社称作旅行业)被定义为一种经营活动,它涉及收取报酬,为旅客提供包括运输、住宿等在内的多项服务,同时涵盖代理签证、媒介、介绍、咨询等相关业务。

由此可见,尽管不同国家和地区在文字表述上对旅行社的定义存在差异,但旅行社所具备的一些基本特征得到了较为广泛的认同。

第一,关于旅行社的企业属性。旅行社是以营利为目的现代旅游企业,其通过经营相关的旅游业务所获得的利润是生存和发展的基础。

第二,关于旅行社的市场功能。旅行社是专门为旅游者提供相关服务的企业,其业务范围涉及人们旅游活动的全部需求。

第三,关于旅行社的产品特点。旅行社是一个主要提供非物质产品形态服务的企业。

二、旅行社的分类

(一)旅行社分类的依据

由于出发点不同,不同国家和地区对旅行社分类的规定呈现出显著差异。多数西方国家将旅行社分为批发商和经销商两大类,而日本等国家则更侧重于根据旅行社所经营的业务的范围来进行分类。我国目前也采取了依据经营范围来划分旅行社的分类方法。

1. 按市场销售职能划分

根据旅行社在旅游产品销售活动中所行使的职能,可以将旅行社分为旅游批发商与旅游零售商。

旅游批发商是专门从事大批量采购多样化旅游产品要素,并将这些要素组合成完整的旅游产品进行销售的旅行社。旅游批发商根据市场需求,设计并开发各类旅游产品,随后向目的地及中转地的旅行社订购相关服务,同时向航空公司订购往返机票。完成这些组合后,旅游批发商将其包装成包价旅游产品,设定价格并开展促销活动,包括印制产品目录分发给各地的旅游零售商,委托这些零售商代销其旅游产品。

旅游零售商是指直接面对旅游者,负责推广和销售旅游产品,或为旅游者购买旅游产品提供便利的旅行社。旅游零售商把旅游批发商制定的包价旅游产品推荐给潜在顾客,并在接受顾客订购后,将招揽到的旅游者介绍给旅游批发商。旅游批发商会进一步将这些旅游者汇集起来组成旅游团,安排前往目的地旅游。在此过程中,旅游零售商作为中介,会从旅游批发商处获得相应的佣金作为服务报酬。

在旅游产品生产和销售的市场环节中,旅游批发商与旅游零售商构成了紧密相连且至关重要的前后两个环节。

2. 按接待客源的流向划分

按照接待客源的不同流向,旅行社可分为旅游客源地输出客源旅行社和旅游目的地引进客源旅行社。

旅游客源地输出客源旅行社是指存在于旅游发生地国家(即客源产生国)、地区和城市的旅行社,其主要任务是招徕本国旅游者并组织其出境旅游。

旅游目的地引进客源旅行社是指存在于旅游目的地国家(即客源接待国)的旅行社,其主要任务是组织接待入境旅游者,并为之提供相关的旅游服务。

将旅行社划分为旅游客源地输出客源旅行社和旅游目的地引进客源旅行社两类主要是考虑旅游活动的特殊性。旅游活动本质上涉及人在空间上的位移,旅游者必须在一定的时间内从旅游客源地亲自前往旅游目的地才能实现其旅游目的。因此在多数情况下,要完成一次跨地区乃至国界的旅游活动,通常需要依赖旅游客源地的一家旅行社与旅游目的地的另一家旅行社之间的紧密合作。

3. 按市场业务特点划分

按照旅行社市场业务的不同特点,可以将旅行社分为接待旅行社和组团旅行社。

接待旅行社是指承担组织、安排旅游团(者)在当地参加游览观光等活动,并能够提供地方导游服务的旅行社,亦称接团社,又叫地接社。

组团旅行社是指招徕并组织旅游团(者)去异地参加游览观光等活动,同时可提供全程导游服务的旅行社。

接待旅行社和组团旅行社较明显的区别集中于旅游服务产品的订购、产品价格的制定以及旅游服务项目的提供等方面。一般而言,接待旅行社往往是根据组团旅行社的具体要求,直接向当地的旅游服务供应商订购有关服务,如住房、餐饮、交通、景点及文娱门票、导游服务以及前往下一站的交通票据(如飞机、火车和轮船等)等,并将这些服务整合成当地包价旅游产品,在设定合理价格后,预先销售给组团旅行社。反之,组团旅行社在大多数情况下,并不直接向各个旅游企业购买各种旅游服务,而是通过向旅游者计划前往的各地接待旅行社间接购买当地的各种旅游服务。随后,组团旅行社会将这些地方包价旅游产品及城市间的交通服务等进行重新组合,构建成综合包价旅游产品,最终完成市场推广与销售流程。

除了以上三种主要的分类方法以外,还可以根据旅行社所从事的入境旅游、出境旅游或是国内旅游的经营范围进行划分。

(二)国外旅行社的分类

1. 欧美国家的旅行社分类

欧美国家对旅行社的划分主要有两种方法。第一种是将旅行社分为批发旅游经营商(Wholesale Tour Operator)和旅游零售商(Tour Retailer)两类,也叫作"二分法",

英国、西班牙通常就采用这种方法。第二种则是将旅行社分为旅游批发商(Tour Wholesaler)、旅游经营商和旅游零售商三类,又叫作"三分法",欧美许多国家都使用这种分类方法。无论是将旅行社分为两类还是三类,不同类型的旅行社之间均展现出显著的差异。

第一,从经营的业务范围看,旅游批发商一般不从事旅游零售业务,而旅游经营商则通过下属的零售机构兼营旅游零售业务。

第二,从产品的组合方式看,旅游批发商更倾向于用现成的产品进行组合,而旅游经营商不仅购买现成的服务,还会紧密关注市场趋势的变化,自主设计并融入一些新颖及特色化的服务内容,以丰富其旅游产品组合。

第三,从服务接待看,旅游批发商一般不直接参与服务接待业务,而旅游经营商不仅负责组织旅游团,还亲自承担带团旅游的责任,直接参与并提供服务接待业务。

第四,从经营风险来看,旅游批发商作为代理商,在旅游市场中承担实际的经营风险较小,而旅游经营商则必须承担较大的风险。

2. 日本旅行社的分类

日本旅行社的类别是按照业务范围进行划分的。根据日本的旅行业相关法律,日本旅行社可分为三类,即一般旅行业、国内旅行业和旅行业代理店。

(1) 一般旅行业。

一般旅行业,可从事国际旅行、国内旅行和出国旅行三种业务,主要是开展对外旅行业务。它们的规模都比较大,如日本交通公司、日本旅行社、名古屋铁道旅游服务公司和日本通运公司等,其职工数都在千人以上。

(2) 国内旅行业。

国内旅行业,可从事国内旅行(包括接待部分到日本国内旅行的外国人)业务。与前者比较,它们的规模小得多,其职工数多在百人以下,有些仅10人左右。这类旅行社的业务活动范围一般在邻县邻府之间。

(3) 旅行业代理店。

旅行业代理店,依照注册登记所批准的业务范围,可作为一般旅行业的代理店,从事与其相同的业务,也可作为国内旅行业的代理店,从事与其相同的业务。

(三) 我国旅行社的分类

我国旅行社的类别划分主要经历了三个阶段,这种变化体现了我国旅游业在不同发展阶段的时代特征。

1. 第一阶段:1985—1996年

国务院在1985年5月颁布了《旅行社管理暂行条例》,该条例将我国的旅行社划分为三类。

第一,一类旅行社。这类旅行社是指经营对外招徕并接待外国人、华侨来中国、归国或港澳同胞、台湾同胞回内地旅游业务的旅行社。1988年6月国家旅游局发布的《旅行社管理暂行条例实施办法》的补充规定中明确表明了一类旅行社经主管部门批准后，还可组织中国公民赴外国及我国香港、澳门、台湾地区探亲旅游。

第二，二类旅行社。这类旅行社是指不对外招徕，只经营接待一类旅行社或其他涉外部门组织的外国人、华侨来中国、归国或港澳同胞、台湾同胞回内地旅游业务的旅行社。

第三，三类旅行社。这类旅行社是指经营中国国民国内旅游业务，包括输出客源和引进客源两种业务的旅行社。

2. 第二阶段：1996—2009年

1996年10月，国务院颁布了《旅行社管理条例》，条例取消了原有的一、二、三类旅行社的划分，并规定我国的旅行社分为国际旅行社与国内旅行社两大类。

3. 第三阶段：2009年至今

2009年5月1日施行的《旅行社条例》中取消了原来规定的"旅行社按照经营业务范围，分为国际旅行社和国内旅行社"这一条款。调整以后的条例在第二章旅行社的设立第七条中作如下规定，旅行社申请设立首先是经营国内旅游业务和入境旅游业务；第八条提到旅行社取得经营许可满两年，且未因侵害旅游者合法权益受到行政机关罚款以上处罚的，可以申请经营出境旅游业务。结合第七第八条，旅行社设立之初首先经营国内旅游业务及入境旅游业务，当许可满两年，才能申请出境旅游业务。由此可以看出，我国现阶段旅行社按照经营业务划分为两类：一类是经营国内旅游业务和入境旅游业务的旅行社；另一类是同时经营国内旅游业务、入境旅游业务和出境旅游业务的旅行社。

综上所述，我国旅行社的分类调整是一个持续演进的过程，伴随着我国旅游业的蓬勃发展而不断趋于成熟与完善。在这一系列动态调整中，不仅有效地理顺了旅行社与旅游业整体及旅行社相互之间的经济关系，还确保了旅行社服务质量的稳步提升与经营规模的持续扩大。

第三节　旅行社发展与改革

一、旅行社市场化发展的过程

一般来说，我国旅行社行业发展的主要任务包括两个方面：数量扩张和质量提升。这两大任务并存，但在不同的发展阶段和不同的市场条件下，各自所呈现出的需求特征与发展重点会有所不同。

（一）数量扩张型发展阶段

从20世纪80年代初到90年代末期，随着我国改革开放的深入发展和社会经济的稳步增长，旅游接待设施逐步完善，催生了庞大的旅游需求市场。这一时期，无论国内旅游还是入境旅游都呈现出蓬勃发展与快速增长的态势，有力推动了我国从旅游资源大国向亚洲旅游强国的转变。在此背景下，我国旅行社经历了一个以数量扩张为特点的高速发展时期，主要特点表现为：在政府管理部门政策的调控下，旅行社数量快速增长，呈现"速度型增长"的超常规发展态势，但与此同时，旅行社在比例和空间布局上出现了不均衡现象，在较长时期内形成了旅行社行业"小散弱差"的产业格局，这一问题至今仍是阻碍我国旅行社行业进一步发展的关键因素。

（二）质量竞争型发展阶段

随着旅行社行业结构转型的推进，旅行社行业内部开始初步显现出由价格低层次竞争向高质量服务竞争转变的趋势。旅行社企业开始关注质量竞争，表明我国的旅行社行业正在逐渐迈向成熟的行业发展阶段。旅行社质量竞争包括产品、服务和管理等方面全过程的竞争。从国际视角审视，缺乏行业内部高质量竞争将削弱一国旅游业的整体竞争力，使其在国际旅游经济格局的演变及市场细分中处于被动地位。因此，众多国内旅行社积极投身于ISO 9001质量管理体系认证，旨在通过此举在新一轮市场竞争中树立服务至上的品牌形象。旅游线路或许易于复制，但旅行社独有的服务质量却难以被简单模仿，这一认识已成为当代旅行社管理层的普遍共识。

显然，旅行社行业数量扩张、结构转换和质量竞争是一个不断递进的历史演变过程，对企业而言意味着市场经营活动的要求日益严格，层次不断提升。在企业的持续发展进程中，旅行社的经营体制成为决定其演进速度与生存质量的关键要素。事实上，在旅行社阶段结构转型的过程中，体制带来的制约因素已经显现出诸多矛盾，这些矛盾的存在对我国旅行社行业的发展已经产生了显著的负面影响。

二、我国旅行社业发展历程

我国历史上第一家旅行社产生于20世纪20年代，在近百年的发展历程中，我国旅行社业经历了数量上的从无到有再到规模化、旅行社性质从事业单位到企业化、产业运行从行政化到市场化、市场结构从寡头垄断到完全竞争的变迁过程，并且进一步呈现出从旅行社业向旅行服务业拓展的发展趋势。①

（一）1949年以前：我国近代旅行社业的产生与发展

20世纪20年代，中国开始进入早期资本主义化进程，交通运输业和新式旅馆等设施也随之发展，为人们的出行提供了便利条件。经济的发展必然促进出于各类目的外

---

①摘自《中国旅游报》。

出人群的流动,客观上需要专门的旅行机构为其提供服务,我国近代旅行社业就是在这样的背景下产生和发展起来的。

当时的中国已有几家"洋商"开办的旅行服务机构,包括英国的通济隆、美国的运通公司等,这些旅行服务机构专门为洋人和少数上层社会华人服务,缺少专门为中国普通民众服务的民族资本旅行社。爱国民族资本家、上海商业储蓄银行创始人陈光甫先生因在外资旅行代理机构购买船票时受到冷遇,立志创办一家中国人自己的旅行服务机构。除了爱国和维护民族尊严之外,陈光甫创办旅行社的目的还在于让国人及各国人士了解和欣赏中国古老悠久的文化和名胜古迹。1923年8月15日,我国第一家民族旅行社——上海商业储蓄银行旅行部正式成立。1927年初,旅行部与银行分立,改组为中国旅行社,成为独立的旅行商业机构。其经营范围从1923年旅行部设立之初的代售国内外火车、轮船客票及旅行咨询,逐步扩大到车站、码头接送和转送、行李提取和代运、发行旅行支票、为国人办理出国及留学事宜,以及观光游览等,还创办了颇具影响力的旅游刊物《旅行杂志》。1927年至1937年间,中国旅行社在客运服务的基础上又开辟了货运服务和招待所业务,分、支社增加到49处,形成了覆盖全国并延伸到境外的服务网络。1937年至1945年抗日战争期间,中国旅行社在自身资产和业务遭受巨大损失的同时,本着爱国和服务社会的经营宗旨,将协助民众战时流动和物资转移作为其主要职能。抗战结束后,中国旅行社的业务虽然一度有所恢复,可随着国内战争的推进,旅行社的经营最终未能完全恢复。1949年后,陈光甫离开内地去了香港,中国旅行社的重心也随之转移到香港。1954年7月1日,该机构正式以香港中国旅行社的名义向香港英国当局提交了注册申请,并在此基础上逐步发展壮大,最终演变为香港中旅集团公司。

中国旅行社的产生和发展,对我国近代旅行社业的发展具有极大的带动和示范作用,各地相继出现了一些地方旅行社及类似的旅游组织,但均规模较小,且适逢乱世,在历史上的影响力相对有限,大多在战乱中消亡了。只有中国旅行社作为我国近代旅行社业的典型代表,以其不凡的经营理念和管理思想,为我国旅行社业的发展提供了宝贵的经验和借鉴。

(二)1949—1977年:行政事业导向的中国旅行社业

中华人民共和国成立后,为了迎接海外侨胞和外国友人,我国在政府主导下设立了中国旅行社和中国国际旅行社两大旅行社系统,负责组织相应的接待工作。

1949年10月18日,福建厦门中国旅行社成立,这是新中国第一家旅行社。同年11月和1951年12月,福建厦门和泉州华侨服务社成立。随着华侨来访人数的增加,广东、天津、杭州等地的华侨旅行社也相继成立。1957年4月22日,经国务院批准,中国华侨旅行服务社总社在北京成立,并明确其主要任务是为华侨等回国探亲、访友、参观、旅游提供方便,做好接待服务。1963年,国务院又将港澳同胞纳入华侨服务社接待范畴。1974年1月3日,经国务院批准,中国旅行社成立,与华侨旅行社合署办公,统称中国旅行社。

1954年4月15日，中国国际旅行社在北京正式成立，其主要任务是负责访华外宾的食住行游等事务，发售国际铁路联运客票。之后，在直辖市、省会以及其他重要城市和国境口岸陆续设立了分、支社。1958年1月9日，国务院发布《关于开展国外自费来华者接待工作和加强国际旅行社工作的通知》，决定将中国国际旅行社划归国务院直属，由国务院外事办公室领导，各地分、支社归当地省市人民委员会直接领导，且必须接受中国国际旅行社分配的接待外宾的任务，并在接待业务上接受指导。1964年3月17日，中共中央决定，改组和扩大中国国际旅行社为旅游事业管理局，负责对外国自费旅行者在华旅行游览的管理工作，领导各有关地区的国际旅行社和直属服务机构的业务，并在7月22日第二届全国人大代表常务委员会第124次会议上，批准设立中国旅行游览事业管理局，直属国务院领导，对外仍保留中国国际旅行社的名称，局、社合署办公。中国旅行游览事业管理局的局本部机构，经国务院确定为行政单位。

这一阶段旅行社业的发展，是典型的政府主导下的行政事业导向，具体体现在：第一，旅行社的经营业务核心是进行外事接待，政治色彩浓厚，主要任务是宣传社会主义建设成就，扩大政治影响，增进中国与世界各国人民了解和友谊，为国家吸收自由外汇；第二，旅行社不仅仅是事业单位（对外可称为企业单位），还是政府机构，行使着行政管理职能，呈现出典型的"政企合一"状态。

（三）1978—2009年：市场化与开放化进程中的中国旅行社业

1. 1978—1983年，从机关到企业

1978年，我国进入改革开放的历史新时期，旅游业也开始了从外事接待部门向经济产业的转变。转变的起点是1978年3月中共中央批准了《关于发展旅游事业的请示报告》，建议将目前的中国旅行游览事业管理局改为直属国务院的中国旅行游览事业管理总局，这意味着新成立的中国旅行游览事业管理总局不再隶属于外交部，也不再是准外交行政管理机构，而是旅游经济的管理部门。1978年至1980年期间，我国入境旅游人数激增，以国旅和中旅为核心的旅游部门的接待能力远远不能满足市场的需求。1980年6月27日，国务院批复共青团中央，同意成立中国青年旅行社，其接待对象是各国青年旅游者。此时的国、中、青三大旅行社系统仍然归政府部门直接管理，仍然是统一领导、统一经营、领导经营一体化的管理体制，无法实现自主经营和自主决策，无法满足日益旺盛的市场需求。1981年3月，中央书记处和国务院提出了旅游管理体制改革的重要指导思想，其中一项就是中国旅行游览事业管理总局作为旅游管理机构，必须和国际旅行社实行政企分开，国旅总社统一经营外国旅游者来华的旅游业务。1982年7月17日，中国旅行游览事业管理总局和国旅总社正式分家，这是我国旅游管理中政企分开的第一步，从此，中国才诞生了真正意义的旅游企业和旅游行政管理机构，旅游业向着统一领导、分散经营、政企分开的管理体制迈进。

2. 1984—1996年,从垄断到竞争

旅游外联权的下放是我国旅行社业打破垄断的标志性事件。1981年以前,全国具有外联权的旅行社只有国旅总社和中旅总社两家。但是1978年至1984年入境旅游人数的激增和对旅游需求的多样化,促使着外联体制改革必须被提到日程上来。集中而统一的外联体制显然不能应对市场的变化,两大社与其分社之间也因为外联和接待的利益分配问题而产生争议。1984年,中共中央办公厅和国务院办公厅转发的《关于开创旅游工作新局面几个问题的报告》指出,旅行社业务要打破独家垄断的思想,允许国旅、中旅和青旅等单位开展竞争。之后,青旅被正式批准获得外联权和签证通知权。

1985年至1988年是外联权充分下放的一个时期,1985年《旅行社管理暂行条例》颁布,将我国的旅行社分为一类社、二类社和三类社,其中一类社、二类社为国际旅行社,但是只有一类社享有外联权。在这一时期,我国旅行社数量激增,批准成立了一大批一类社。1985年,我国旅行社数量为450家,至1988年底增至1573家,其中一类社共61家。至此,我国旅行社业的垄断局面被彻底打破,国、中、青三家旅行社接待人数占全国有组织接待人数的比例,从1980年的近80%下降到1988年的40%左右,结束了三家旅行社在我国寡头垄断的时代。

1991年至1996年,经历了1989年重挫之后的中国旅行社业又面临着另一个难题,即一类社和二类社之间行使外联权的界限模糊问题。很多二类社看到外联社业务的高利润、高回报,在缺乏足够的商誉和能力的情况下,通过由当地一类社代办签证通知的方式获得了事实上的外联权。多头外联在某种程度上满足了当时各地方旺盛和日渐多元化的旅游需求,但是也带来了削价竞争、互相拆台、拖欠款等市场秩序混乱的问题。1992年国家旅游工作会议研究的重点之一,就是控制旅行社总量和调整类别结构,将一部分有条件的二类社升为一类社。1996年10月15日《旅行社管理条例》出台,进一步将旅行社类别调整为国际和国内两类,取消了一类社和二类社的界限,至此,外联权得以充分下放。

1984年至1996年也是我国旅行社行业管理从起步迈向法治化的过程。1985年5月11日颁布的《旅行社管理暂行条例》,是我国旅游业第一部全国性、正式的旅游行政法规,是我国政府将旅游业纳入法治化管理轨道的重要标志。1991年国家旅游局建立的旅行社年检年审制度,以及1995年1月1日颁布与实施的《旅行社质量保证金暂行规定》,则标志着我国旅行社行业管理的重心由追求企业数量增长向追求质量增长的转变。1996年《旅行社管理条例》的出台,更是体现出我国旅行社行业管理的进一步法治化和成熟化。

3. 1997—2009年,进一步开放的中国旅行社业

1997年7月1日,国务院批准的《中国公民自费出国旅游管理暂行办法》的发布和实施,标志着中国旅行社业所面临的旅游市场开始从入境和国内游的二元市场转向出、入境和国内游的三元市场。旅游市场的蓬勃发展,以及1996年颁布的《旅行社管理

条例》对于投资主体性质的放宽，大大刺激了多种投资主体进入旅行社行业的热情，我国旅行社的数量迅速增长，从1997年的4986家发展到2009年的21649家，12年间增长了4.3倍，年平均增长率约13%。市场主体快速增加的直接结果是导致了市场竞争趋向完全化，甚至是过度竞争。在这种市场结构下，我国旅行社体现出行业集中度低、企业规模小、行业退出壁垒高、恶性价格竞争、市场秩序混乱和行业长期利润水平低下等特点，行业的净利润率从1990年的10.04%下降到2009年的0.64%。2009年颁布和实施的《旅行社条例》，就是为了彻底解决"产业组织分散、企业管理落后、市场秩序混乱"等方面的问题。

1997年至2009年，我国旅行社业进一步向国际市场开放。我国早在1993年就允许在国家旅游度假区内开办中外合资旅行社，1998年发布的《中外合资旅行社试点暂行办法》，不再限定合资试点的地域范围。同年，云南力天旅行社作为我国第一家合资旅行社宣告成立。

2001年我国加入世界贸易组织，并在2003年提前兑现了允许设立独资旅行社的承诺，2007年又提前取消对外商投资旅行社设立分支机构的限制，对外资旅行社的注册资本实行国民待遇。至2009年末，获得国家旅游局批准的外商投资旅行社共计38家，其中外商独资旅行社21家，外商控股合资旅行社8家，中方控股合资旅行社9家。

1997年至2009年，也是我国在线旅行服务从萌芽走向成熟的发展阶段。1997年10月，全国首家旅游网站——华夏旅游网成立。同年，国家旅游局的中国旅游网、西安马可孛罗国际旅行社的英文网和桂林国旅的英文网开通。1999年，携程和艺龙相继成立，这两家公司的成立，标志着我国真正意义上的在线旅行服务业的开端。2003年至2009年是我国在线旅行服务业的快速成长期，一些如今已经在不同细分市场居于垄断地位的企业陆续成立，如2004年的同程、遨游和穷游；2005年的去哪儿、芒果网和悠哉网；2006年的酷讯、马蜂窝和途牛；2009年的欣欣等。在线旅行服务业的成长极为迅速，至2009年，我国在线旅游渗透率已达4.8%，携程已名列我国旅游集团20强的第五位。面临市场环境的巨大变化，传统业态旅行社的优势受到严峻挑战，众多旅行社都在"线上线下""何去何从"的问题上思考着自身的生存与发展空间。

（四）2010年至今：从旅行社业向旅行服务业的转变

2010年以来，我国旅行社业面临的市场环境有两个突出变化：一是由散客化带来的消费模式的变化；二是以移动互联、云计算和大数据为代表的信息技术的发展带来的旅行社商业模式的变化。整个行业呈现出逐步向旅行服务业转变的趋势，具体表现为：①服务对象由"旅游者"向"旅行者"扩展，其服务的人群已经从以旅游为目的的旅游者扩大到所有出于不同动机出游的旅行者；②经营主体的范围扩大和多元化，旅行社业务的经营主体除传统业态旅行社外，还包括各类在线旅游企业、俱乐部、留学机构等；③业务范围从纯粹的旅游业务延伸至异地化生活服务。面对这一发展趋势，传统业态旅行社如何走出一条"传统优势＋现代技术＋品质建设"的创新发展之路，是一个值得深思的问题。

从管理体制角度来看，旅行社业向旅行服务业的转变，要求我国旅游监管部门以简政放权为核心，逐步从政府主导型管理转向政府引导型管理，更多地用法律法规和产业政策为旅行社业的发展指明战略方向。通过产业政策、竞争政策和监管政策，为旅行社业营造一个公平、开放、透明的市场环境，形成职责明晰、积极作为、协调有力的长效工作机制和创新治理体系，最终促进我国旅行社业的健康持续发展。

三、我国旅行社市场化的阶段

我国旅行社行业发展初期，旅行社组织并不是完全意义上的企业组织，经营方式也不符合市场运作要求。然而，随着我国经济改革政策的持续深化与推进，旅行社行业逐步经历了组织企业化及经营市场化的转型过程。同时，对外开放的政策使我国融入了全球经济一体化的洪流之中，与国际接轨、按照国际惯例经营成了旅行社市场化改革的又一项重要内容。这三种市场化变革活动（组织企业化、经营市场化以及变革国际化）虽在启动时间上存在差异，但至今仍在并行发展中，且均尚未完成其最终转型。

（一）旅行社组织企业化

在改革开放之初，中央政府为了满足国际旅游者入境旅游的需要，着手加强旅行社的建设。当时的旅行社是事业单位，工作内容以外事接待为主。1984年我国经济改革的重心从农村转向城市，开始了城市经济体制改革。这时，经过几年的发展，旅游业的原有管理体制已经越来越不适应市场需求。在此形势下，国务院就我国旅行社的体制改革作了两项决定：一是打破垄断，放开经营旅行社，但旅行社必须是国有企业；二是规定旅行社应由行政或事业单位改为企业。根据这一精神，国务院于1985年5月颁布了《旅行社管理暂行条例》。《旅行社管理暂行条例》将旅行社划分为一类社、二类社和三类社，规定了开办各类旅行社的条件。只要符合规定条件并经旅游主管部门批准，中央和地方各部门均可以办旅行社，凡是经批准开办的一类社就都有外联权。

《旅行社管理暂行条例》还规定旅行社必须是企业，条例颁布之后绝大多数的旅行社进行了企业化改造，有的实行了"利改税"，有的实行了"工效挂钩"或承包。有的旅行社在人事制度、分配制度等方面进行了不少改革。党的十四届三中全会提出了建立现代企业制度的改革方向，旅行社企业纷纷进行产权制度改革的各项尝试，努力使企业真正做到产权明晰、权责明确、管理科学。

目前，旅行社业在组织结构方面的改革方向主要包括产权制度改革、集团化经营和网络化布点。旅行社行业内的国旅、中旅、青旅等老牌大社已经建立起了各具特色的集团。在20世纪90年代中期，招商、康辉、铁旅三大网络成为旅行社业的后起之秀。这三个系统的共同优势是虽然进入市场较晚，但是凭借雄厚的资金和核心企业对地方企业全资控股的机制，迅速组成了以核心企业为中心的紧密型、半紧密型网络，因而发展的速度较快,前景好。根据1995年度旅行社业务年检的结果,这三个系统的国际旅行社总共达到55家,占全国总数的6%,资产总额3亿元,占全行业资产总额的2.5%,营业收入总额12亿元,占全行业的7%。这个系统虽然仅占全国国际旅行社总量6%的份额,但利润却占全行业的22%,这一数据客观反映了该系统相对优良的管理水平和显著的经济效益。

以上集团选择了不同的集团化发展道路,分别构建了各具特色的集团化模式。

(1) 国旅模式。

以中国国际旅行社总社为核心组建国旅集团,借助其原有的良好发展基础和在旅游方面的雄厚实力逐步得到发展。

(2) 中旅模式。

中国旅行社是我国国际旅行社业发展比较全面的综合性集团,其资产情况在我国国际旅行社业内规模最大。该集团从布局上看在广东和沿海地区尤其得到较快发展;从业务结构看,在酒店、商贸公司等方面规模较大、发展较快。

(3) 青旅、康辉模式。

青旅、康辉两个总社在成立时间上要比国旅、中旅晚一些,其在地方上的分社多是通过参股、资金注入方式建立的,青旅还通过这种方式在一些地方社摸索有限责任公司改造的道路。系统内部企业的资产联结程度较高。

(4) 招商模式。

以上几个集团基本借助一定的行政管理机构的相互联系建立自上而下的垂直结构。招商系统则是借助其总公司向各地注入资金这一渠道形成销售网络和集团基础。

(5) 业务联合体模式。

在业务联合体模式下,核心企业与协作企业之间一般没有资产关系,是紧密程度较低的集团发展形式。这种松散的组织结构中,协作企业主要依赖于使用核心企业的字号来保持品牌一致性,并通过保持一定的业务联系来维持合作关系。这种模式下的集团发展更多是基于业务协同而非资产联结,集团的整体灵活性和适应性相对较强。

20世纪90年代中期,全国总工会、总政治部、国家体育总局、文化部以及全国妇联等系统纷纷设立了国际旅行社,这些旅行社分别以"职工""金桥""体育""文化"和"妇女"等品牌命名,构成了旅行社行业中一个重要的中间层次力量。这个层次的突出特点是基本通过行政网络而存在,核心企业不突出,企业之间是极为松散的联合体的形式,所以呈现发展速度慢、网络优势不明显的特点。虽然这个层次的旅行社75家的总数远远超过第二个层次招商、康辉、铁旅等集团旅行社数量的55家,但是各项指标占全国的份额基本是2%左右,远远低于第二层次,充分证明行政网络本质上不等于市场网络。

20世纪90年代后期,产权制度改革效果比较突出的上海春秋国际旅行社(简称春秋国旅)和广州广之旅国际旅行社股份有限公司(简称广之旅)。

上海春秋国际旅行社在20世纪80年代起步,从国内散客旅游做起,最初专做国内散客市场，后来建立起全国旅游联合体，在全国设立旅行社专业的广域网络，并且尝试组织系列休闲包机、在国外设批发商旅行社、尝试中外游客同车游览等，业务规模不断扩大，品牌已经深入人心。同时，春秋国旅进行了垂直分工的尝试，构建了自己的批发—零售网络。

广之旅国际旅行社股份有限公司于1998年6月顺利完成整体转制，成为股份有限公司，是广州地区首家转制的国有大型旅行社企业。公司注册资本3800万元人民币，由35个股东共同发起。作为广州市最早进行股份制改革的大型国有旅行社，广之旅近年来积极拓展业务版图，已经在泰国、马来西亚、法国，以及我国香港、澳门、北京等地开设分支机构。2000年4月，广之旅在汕头开设了控股子公司，打破了地方保护主义的壁垒。

目前，我国北方在市场化改革方面比较突出的两个旅行社分别是中国青旅和北京神州国际旅行社集团。中国青旅的主要改革成果是组建青旅控股并率先上市发行股票，在北京市进行门市网络化布点，建立青旅在线网站开展电子商务，并积极探索在香港成立合资旅行社的可能性。北京神舟国际旅行社集团有限公司成立于2001年1月21日，由北京市政府授权经营的北京旅游集团、北京金东国际酒店集团（北旅集团子公司）及北京首汽集团共同投资组建。该集团是对北旅集团旗下多家旅行社及相关企业进行重组改革和业务整合后诞生的，包括北京中国国际旅行社、北京市中国旅行社、北京海外旅游公司、北京市旅行社、北京神州国际旅游公司、北京市方舟国际旅游公司等。新组建的神舟集团拥有资产近3亿元人民币，依托原有企业的各自优势，设立了入境旅游、出境旅游、散客旅游、门市代理、出租汽车五个专业化分公司，实现了全面发展。中国青年旅行社在北京先后两次推出12家连锁门市，而北京神舟国际旅行社则进一步扩展了网络旅游门市至25家，覆盖了北京市区及郊区县。

我国的旅行社目前正处在企业化改革的进程当中。有些旅行社已经找到了适合的改革路径，而更多的旅行社还处在探索阶段。尽管如此，整个行业在推进企业化改革的方向上已达成广泛共识，核心目标聚焦于完成产权制度改革的深化、促进行业分工的进一步细化、在条件成熟时推动旅行社集团的组建，以及加速实施网络化经营战略，以全面提升行业的竞争力和服务效率。

（二）旅行社经营市场化

进入20世纪80年代，我国旅游业面临供需严重失衡的局面，供给规模远不及市场需求，导致行业在供不应求的状态下快速发展，这种卖方市场环境成为推动我国旅游业高速增长的强大动力。到80年代末，随着旅游业的显著扩张，供需关系趋于平衡。但1989年6月后，我国旅游业第一次进入了供过于求的买方市场，此背景下旅游企业普遍遭遇客源短缺和经营挑战，行业内部为争夺有限客源展开了激烈竞争。由于当时企业经营机制尚不完善且市场发展不够成熟，无序竞争现象严重，主要表现为价格战和放宽外商付款条件，这直接导致了旅行社利润普遍下滑，应收账款激增，形成了广泛的"三角债"问题,严重影响了企业的资金流动性。尽管如此,经历此番困境后,众多旅行社开始重视促销策略,部分企业加强了经济核算管理,还有企业积极探索多元化经营路径,这些举措在不同程度上提升了企业的整体管理水平。

经过两年的努力,来华游客数量于1991年得以恢复并超越了1988年的历史峰值,旅行社的接待量也接近了1988年的水平。1992年,随着邓小平同志发表南方谈话和党的十四大的召开,全国范围内再次掀起了改革开放的热潮。入境旅游人数和旅游外汇收入均实现了超过30%的高速增长,同时国内旅游市场也展现出强劲势头,增长率达到了10%。此外,党的十四大明确将社会主义市场经济体制确立为我国经济体制改革的目标模式,强调了转换企业经营机制、建立现代企业制度的重要性,旨在使企业能够真正实现"自主经营,自负盈亏"。这一系列政策导向,标志着旅行社经营的市场化进程正式成为推动整个行业发展的核心内容之一。

旅行社经营的市场化内容主要包括建立与完善外部市场环境,依托市场体制调整供需矛盾,按照市场规律开展经营活动,建立有序的市场竞争秩序,依赖市场的力量使旅行社企业做到优胜劣汰。

（三）旅行社变革国际化

2001年,中国加入世界贸易组织。开放旅行社业是我国"入世"的条件之一,国际化经营的旅行社组织正在积极努力进入中国的旅行社市场。我国的旅行社业面对即将到来的国际竞争者,一方面积极研究旅行社国际经营惯例,学习发达国家旅行社的行业分工体系与市场经营规则,以改变自身的经营状况,迎接未来的挑战;另一方面,一些旅行社也在积极寻求与境外旅行社的合作,以拓宽销售渠道,并学习先进的管理经验和经营方式。1998年10月,国务院批准了《中外合资旅行社试点暂行办法》,为欲进入我国市场的外国旅行社规定了进入资格,打开了旅行社业开放之门。

1998年,中国国际旅行总社、云南旅游集团股份有限公司与瑞士力天集团有限公司共同投资,在云南滇池国家旅游度假区设立了云南力天旅游有限责任公司,这是我国首家中外合资旅行社的正式开业。1999年12月,由广东最大的旅行社国旅假期与香港连续多年组团量领先的辰达永安旅游(控股)有限公司联合注资的广东永安国际旅行社,在广州正式宣告成立并开始运营。2000年1月18日,广之旅与香港知名旅行社康泰旅行社携手,合资成立的广州康泰国际旅行社也顺利开业。同时,北京方舟国际旅游有限公司与香港星辰旅游有限公司的合作也取得了进展,合资成立的北京星辰方舟国际旅行社有限公司获得了官方批准,标志着合资旅行社的发展趋势正蓬勃兴起。

中国知名的大型旅游企业中国国际旅行社总社,在发展电子商务方面一直处于国内同行业领先地位。早在20世纪80年代初期,国旅总社在国内同行业中首先实现了组团业务电脑化和财务结算电算化。20世纪90年代初,全社组建了企业内部局域网,先后组织设计开发出适应本企业旅游业务发展需要的各种电脑应用系统,1997年就采用DDN专线方式将全社内部局域网与国际互联网互联,为全社开通了电子邮件和网络传真服务,不仅为全社员工提供了一个高效、经济、安全、方便的通信手段,而且也为全社开展电子商务提供了良好的网络环境。随后,国旅总社网站的开通和运行更为发展国旅总社电子商务提供了外部环境。国旅总社积极参与投资组建的华夏旅游网络公司,不仅为国旅总社经营管理现代化、网络化发展提供了重要的技术支持,而且双方在发展中国旅游业电子商务方面结成良好的战略联盟。国旅总社80%的饭店预订和长江游船预订业务实现了网络化。为进一步发展网上国际机票预订业务,国旅总社与伽利略公司建立合作伙伴关系,伽利略公司为总社提供面向国际互联网的航空预订系统接口专用软件,在网上直接提供对各大航空预订系统机票的实时查询和预订,大大扩展网上订票服务,这是国内首家旅行社机票预订系统与航空预订系统的直接互联。

四、旅行社市场化进程中存在的问题

旅行社的市场化进程是在国家总体改革方针的指导下进行的改革日益深入,由于没有先例可循,改革中势必会出现各种各样的问题。改革中出现的大多数问题,根本原因在于认识比较模糊,对一些问题的出现准备不足。比如,在20世纪80年代中后期,国有大中型制造企业为了激发职工的积极性,采用了部门承包等手段,旅行社业是新兴的行业,不存在职工生产积极性不足的问题,然而旅行社业仍盲目跟随改革潮流,引入部门承包机制,结果催生了大量个人经营和挂靠经营的旅行社,进而引发了旅游产品质量大幅下滑和市场秩序混乱的问题。但是,随着改革的持续深化,这些问题逐步得到了正视与解决。就目前来看,我国旅行社行业存在的主要问题如下。

(1) 业务模式不适应。

传统旅行社的企业业务模式已不适应时代发展,需要构建新的商业模式。

(2) 市场竞争加剧。

随着行业门槛的降低和技术的普及,越来越多的小型旅行社和自由行平台涌入市场,导致竞争加剧。旅行社需要与传统竞争对手抗衡,还要面对在线旅游平台和自助游模式的冲击。

(3) 客户需求多元化。

消费者对旅游的需求越来越多元化、个性化、散客化、互联网化,而旅行社提供的产品中很大一部分还是传统的观光产品、长线产品、大包价产品,对于周边游和本地游产品的开发力度和资源整合深度不够,对于旅游新产品开发的专业化能力不强,对于市场变化的应对能力不足。

(4) 技术应用不足。

数字化转型成为旅行社的必然选择,但许多旅行社在利用大数据、人工智能等技术方面存在不足,导致无法有效分析客户需求,提供个性化服务。

(5) 人才流失。

近年来,旅行社从业人员逐年下降,人才流失问题严重,这对旅行社的服务质量和持续发展构成挑战。

五、新经济下旅游管理体制改革策略及路径

随着科技的快速发展和社会经济的不断提升,新经济下旅游管理体制的改革已经成为当下亟待解决的重要问题之一。从国内旅游行业市场现状来看,乱象密布、规范不够、服务差异化等问题对生态环境和经济秩序都带来了损害。如何加强旅游管理机制,从日常监管、行业规范、投资发展等多个方面进行改革,为旅游市场垂直领域重新注入新的活力和新的生命,以适应新经济时代的发展需求,已成为旅游管理界的共识和呼声。

(1) 重新定位和优化旅游管理机构及部门的职责分工。

当前旅游管理部门将精力主要集中于旅游景区和酒店服务管理等,对于旅游产业的研究和发展,市场监管、安全保障、投资布局等方面的工作投入较少。在这方面,旅游管理机构需要进行重新定位和优化,建立更为细致、全面的职责分工,确保每个具体工作都有专门的管理部门予以负责和监管。从而实现对整个旅游生态系统的全面覆盖和深度管理。

(2) 市场监管机制的建立与完善,特别是加强监管对"黑旅行社"的打击力度。

在旅游市场中,由于发展不规范,存在一些虚假宣传、强制消费、不公开收费等问题,从而容易产生"黑旅行社"等商家,严重危害消费者的权益和市场的正常秩序。因此,旅游管理机构需要加强监管机制的建立和完善,将监管力度下放到县及以下的地方,建立安全督查、监测预警和应急处置等措施,制定完善的旅游投诉解决机制,强化对"黑旅行社"的打击力度,保护消费者的权益和市场的正常秩序。

(3) 吸引更多的国内外投资,积极开放旅游市场。

当前,随着投资发展进一步融入国际市场的力度加强,旅游管理机构需要在开放市场、服务能力、服务质量、促进创新方面"更加开放",吸引更多的国内外投资,并着眼于市场发展和消费变化带来的机遇,制定和构建专业的规划制度和信息化引导工作体系,以大数据、人工智能技术为重点,推动旅游市场和产品的创新和发展。在政策调整、创新定位、打造品牌等方面可开展针对性的工作,形成多元化、综合化的发展态势。

(4) 依托科技创新,智能化、数字化推进旅游管理。

新时代旅游管理体制改革不仅包括硬件环境的调整,同时还需要基于现代科学、信息技术等多方面的技术优势和创新意识,提高旅游管理效率和水平。依托新技术,打造智慧旅游,实现大数据化管理,实现一系列信息化、数字化、智能化的转型更迭,可创新管理方式,即加强对旅游活动的数据化、数字化、规范化、智能化管理,建立起企业管理与公众大数据平台,实现全过程数据传输和共享,及时解决举报,从而增强旅游市场监管的精准力度,保障旅游市场的健康有序发展。

（5）建立和规范各地旅游市场的公共信息平台。

根据不同的旅游市场特点和活动形式,需要建立和规范各地的旅游市场公共信息平台(WEB、WAP),形成统一的旅游市场信息管理平台,进一步提高对旅游消费者的服务水平和内容质量。同时还需要加强对旅游管理部门的监管,完善旅游市场应急管理体系,制定旅游市场监管的政策和法规,提高民众对旅游市场的认知度和管理机制的信任度。

综上所述,旅游管理体制改革对于新经济时代的旅游产业的可持续发展是十分重要的。需要旅游管理机构在职责、市场监管、投资及开放市场以及科技创新等多个方面进行改革和优化。旅游行业各界应加大改革力度,以更高水平、更高质量、更高效率的服务来满足消费者的需求,建立健全的旅游管理框架和体系,实现旅游市场的良性发展和生态环境的逐渐完善。

本章思考题

1. 国内外旅行社的定义和分类有何异同?
2. 20世纪初期,近代意义上的旅行社为何会在我国出现?
3. 当下旅行社如何积极实现国际化?
4. 走向广义的旅行服务,是旅行社在变革下的无奈之选,还是旅行社发展的逻辑进程决定的?
5. 我国旅行社行业的分工体系是如何变化的?经济的发展、交通工具的改善、科学技术的突破,对旅行社经营管理活动有何影响?

第二章
旅行社发展环境

本章阐述了旅行社及其分支机构的设立程序和条件、梳理了旅行社管理相关的法律及其主要内容。本章归纳总结了中央政府对旅行社的产业规制体系,地方政府对旅行社管理的主要方式及创新,以及行业协会在旅行社管理中的重要作用。

中国旅行社协会:为共同富裕提供新路径新模式

长期以来,中国是全球最主要的入境旅游目的地和出境旅游客源国之一,为国际旅游业创造了巨大的收益。2023年中国旅游业复苏利好政策频出,极大地促进亚太地区乃至全球的旅游业复苏。中国旅行社协会呼吁与国际同业同仁共同努力,为中外人员安全健康有序往来创造更好条件,为推动国际旅游业发展和世界经济复苏作出积极贡献。新时代的中国旅游业,将重视科学整合资源,重塑核心竞争力,参与国际同业互动,携手国际同仁,为共同维护全球旅游产业链稳定和世界旅游业复苏贡献中国力量。

旅行社应把近年来深耕本地游市场所推出的碎片化、深度体验化的旅游产品和服务,转化为可以吸引更多海外游客前来深度领略中国文化、体验中国百姓生活的旅游产品和服务,持续提升外国游客对"美好中国"的认知和来华旅游意愿。广大旅行社企业应探索创新旅游消费载体场景、引领旅游消费新潮流和新风尚、促进商旅文娱多业态融合发展,给消费者带来新体验,进而充分发挥好旅行社的作用,充分激发旅游消费市场新活力,有力提振旅游经济发展信心,为推动世界旅游业整体向好贡献旅行社力量。

课前思考:结合中国旅行社协会的工作,思考中国旅行社和世界旅行社应该如何发展?

第一节　旅行社的设立

一、旅行社设立程序和条件

在我国,旅行社行业属于有准入门槛的特许经营行业。旅行社的设立受旅游市场环境、国家有关政策法规和企业自身实力等多方面因素的影响。我国政府对旅行社的设立实行较为严格的管理制度,新设一家旅行社须在营业场所、人员配备和资金等方面符合相关规定。

根据《旅行社条例》(2020年修订版,以下简称《条例》)第六条,要成立旅行社首先要到市场监督管理部门注册成立公司,取得企业法人资格,注册资本不少于30万元。根据《条例》第七条,申请经营国内旅游业务和入境旅游业务的,应当向所在地省、自治区、直辖市旅游行政管理部门或者其委托的设区的市级旅游行政管理部门提出申请,并提交符合本条例第六条规定的相关证明文件。受理申请的旅游行政管理部门应当自受理申请之日起20个工作日内作出许可或者不予许可的决定。予以许可的,向申请人颁发旅行社业务经营许可证;不予许可的,书面通知申请人并说明理由。根据《条例》第十三条,旅行社应当自取得旅行社业务经营许可证之日起3个工作日内,在国务院旅游行政主管部门指定的银行开设专门的质量保证金账户,存入质量保证金,或者向作出许可的旅游行政管理部门提交依法取得的担保额度不低于相应质量保证金数额的银行担保。经营国内旅游业务和入境旅游业务的旅行社,应当存入质量保证金20万元;经营出境旅游业务的旅行社,应当增存质量保证金120万元。质量保证金的利息属于旅行社所有。

1. 旅行社设立需备材料

下面以上海市申请旅行社经营许可证所需的资料为例,具体流程如下,各地基本相似。

(1)许可经营旅行社业务申请书:内容包括申请设立的旅行社的中英文名称及英文缩写,设立地址,传真及电话号码,电子邮箱、企业形式、出资人、出资额和出资方式,申请人、受理申请部门的全称、申请书名称和申请的时间。

(2)旅行社企业章程。

(3)企业营业执照副本。

(4)营业场所证明(产权证或房屋租赁合同)。

(5)营业设施、设备的证明或者说明。

(6)法人履历表及身份证明。

(7)导游人员的劳动合同、导游证和社会保险凭证。

2. 旅行社分支机构的设立

(1)分社的设立。

旅行社设立分社的,应当向分社所在地的市场监督管理部门办理设立登记,并自设立登记之日起3个工作日内向分社所在地的旅游行政管理部门备案。旅行社分社的设立不受地域限制。分社的经营范围不得超出设立分社的旅行社的经营范围。

旅行社每设立一个经营国内旅游业务和入境旅游业务的分社,应当向其质量保证金账户增存5万元;每设立一个经营出境旅游业务的分社,应当向其质量保证金账户增存30万元。

(2)服务网点的设立。

旅行社设立专门招徕旅游者、提供旅游咨询的服务网点应当依法向市场监督管理部门办理设立登记手续,并向所在地的旅游行政管理部门备案。旅行社服务网点应当接受旅行社的统一管理,不得从事招徕、咨询以外的活动。旅行社设立服务网点不要求增存质量保证金。

根据2015年12月发布的《国家旅游局关于放宽旅行社设立服务网点政策有关事项的通知》规定,允许设立社在所在地的省(市、区)行政区划内及其分社所在地的设区的市的行政区划内设立服务网点,不受数量限制。

(3)申请成为出境社。

旅行社取得经营许可满两年,且未因侵害旅游者合法权益受到行政机关罚款以上处罚的,可根据业务需要向国务院旅游行政主管部门或者其委托的省、自治区、直辖市旅游行政管理部门提出经营出境旅游业务的申请,受理申请的旅游行政管理部门应当自受理申请之日起20个工作日内做出许可或者不予许可的决定。换发旅行社业务经营许可证后,应到市场监督管理部门办理相应变更登记。获得出境旅游业务经营许可的旅行社,应当增存质量保证金120万元。赴台旅游组团社,从已批准的特许经营出境旅游业务的旅行社范围内指定。

二、旅行社的业务划分

现代旅游形式的多样化发展,要求旅行社不断扩大和加强其业务活动。而在旅行社趋向成熟的过程中,旅行社最具代表性的基本业务也面临着进一步深化完善的问题。

(一)旅行社业务分类

1. 按照旅游活动空间划分

根据这一划分原则,旅行社业务可分为国际旅游业务和国内旅游业务。国际旅游业务又可以进一步分为入境旅游业务和出境旅游业务两种。前者指组织国外旅游者在国内进行的旅游活动；后者指组织本国公民前往境外进行的旅游活动。国内旅游业务是指组织本国公民在国内所进行的旅游活动。

2. 按照旅游服务形式划分

根据这一划分原则，旅行社业务可分为组团旅游业务和接团旅游业务。组团旅游业务是指旅行社预先制定包括旅游目的地、日程、交通或住宿服务内容、旅游费用在内的旅游计划，通过广告等推销方式招徕旅游者，组织旅游团队，为旅游者办理签证、保险等手续，并通过接待计划的形式与接团旅游业务进行衔接。接团旅游业务是指根据旅游接待计划安排，为旅游者在某一地方或某一区域提供翻译导游服务，或安排旅游者的旅行游览活动，并负责订房、订餐、订票以及各旅游目的地的联络等综合服务。

3. 按照旅游业务分工划分

根据这一划分原则，旅行社业务可分为旅游经营业务、旅游批发业务、旅游零售业务、特殊旅游业务和旅游代理业务等形式。旅游经营业务是指根据旅游资源和旅游设施提供的实际可能和旅游者的实际需求，结合旅游者不同的消费水平，制定若干不同的项目、日程和价格的旅游线路，并通过各种销售渠道在旅游市场推出。旅游批发业务是指专门从事各种旅游供给的组合。其本身并不制定旅游线路，而是根据获得的若干旅游线路的份额，通过零售网络或航空公司向公众进行广告等各种宣传以招徕旅游者。旅游零售业务是指接待旅游者或者代理旅游批发商去完成组织旅游者的业务，直接为旅游者提供有关旅游目的地、线路、交通工具、餐饮、住宿、观光以及其他旅游项目服务，并从中获得利润。特殊旅游业务是指专门从事奖励旅游、会议旅游、展销会和博览会等特殊旅游项目的组织业务，特点是业务内容专门化。旅游代理业务是指代表客源国或地区进行旅游销售业务。双方一般订有正式的书面合同，规定合同方式、期限与其他有关条件。

4. 按照旅游组织形式划分

根据这一划分原则，旅行社业务可分为团体旅游业务和散客旅游业务。团体旅游业务是指以团体为单位，通常设有导游或陪同的旅游活动。散客旅游业务是指以个人或少数人为单位，通常不设陪同的旅游活动。

（二）旅行社五大基本业务

从旅行社市场运作流程看，其业务可以分为三大核心板块，即市场板块、计调板块和接待板块。如果进一步进行细分，又可分为产品开发、产品促销、产品销售、旅游服务采购、旅游服务接待等五种基本的市场业务。

1. 产品开发业务

产品是旅行社赖以生存的基础，没有产品，旅行社的经营管理就无从谈起。旅行社的产品就是旅行社出售的能满足旅游者一次旅游活动所需的各项服务或者服务组合。旅行社产品的表现形式是多种多样的,可以是一次汽车接送或一次参观游览等单项服务,也可以是到某一旅游目的地的一系列综合服务等。在各种形态的旅行社产品开发中,旅游线路设计是最基本的产品开发形式,也是旅行社最重要、最关键的产品构成。一般来讲,旅游线路是在均衡旅游资源赋予、旅游设施配置和旅游需求之后,对旅游服务六大要素(吃、住、行、游、购、娱)进行的有目的、有策划的整合和配置,旅游线路最能体现旅行社产品的竞争力与吸引力。可以说设计旅游线路是旅行社市场经营业务活动的起点,直接影响旅行社其他业务的开展。

2. 产品促销业务

在旅游市场营销由传统的4P(产品Product、价格Price、渠道Place和促销Promotion)专项营销阶段向4C(顾客的欲求与需要Consumer's Needs and Wants,顾客获取满足的成本Cost to Satisfy Wants and Needs,顾客购买的方便性Convenience to Buy,以及沟通Communication)大营销阶段转换的过程中,旅行社产品市场促销业务在整个业务链中的重要性也日益突出。一方面,旅游产品的无形性所导致的不可转移性和不可储存性特点,决定了旅游产品最终无法以实物形态进入市场流通领域。因此对旅行社而言,要使旅游市场的目标消费群体知晓、熟悉、认同以至接受本企业的产品,旅行社必须主动开展各种各样的旅游促销活动,不仅要加大旅游信息传递与沟通的力度,而且要加快传递与沟通的速度,从而影响游客的购买行为。另一方面,当前旅游行业日趋激烈的市场竞争环境,要求旅行社在进行产品设计之初,就应筹划市场的促销策略。只有通过各种方式将产品信息以尽可能快的速度传递给旅游者,不断提高产品的市场感知度,旅行社才能在市场竞争中获得取胜的先机。

3. 产品销售业务

旅行社所有线路产品只有经过销售之后才能实现价值并为企业带来利润,因此市场销售业务对旅行社来说是具有关键性意义的业务运作环节。旅行社应该在明确目标细分市场的基础上,根据目标市场的特点和自身的经营实力选择适当的销售渠道和销售手段,并采取灵活的价格策略将其产品推向目标市场。需要指出的是,旅游产品的无形性特征使得旅行社在销售旅游产品时遇到了比销售有形产品更为复杂和激烈的挑战,旅游产品对销售渠道的依赖性也更为明显。可以说,旅行社产品销售渠道选择的有效性、畅通性、灵活性,直接决定了其产品价值与使用价值能否最终实现,以及实现的程度。所以说,旅行社的市场销售业务理所当然地成为其管理工作的重点。

4. 旅游服务采购业务

旅行社的采购业务是指旅行社为组合旅游产品而以一定的价格向其他旅游企业及与旅游业相关的其他行业和部门购买相关服务项目的行为。旅行社采购业务直接影响旅行社产品的成本与质量,是旅行社基本的市场业务之一。为全面满足旅游者的整体需求,旅行社必须协调好与协作企业或单位的关系,以法治化的经济合同为基础,真正实现互惠互利、友好合作。

5. 旅游服务接待业务

旅行社的服务接待过程是旅行社的直接生产过程,也是旅行社实现产品的市场价值转移和创造企业新价值的重要途径。旅行社产品的特点使得交易双方(旅行社和旅游者)在产品交易完成之后仍然保持着紧密的市场联系,而且这一联系一直持续到旅游者所参与的旅游活动结束,并有可能在旅行社完成相应旅游售后服务工作之后才会终止。由此可见,旅行社其他各项市场业务都是为旅游接待服务进行铺垫,最终目标就是实现企业的接待服务工作。旅行社接待业务的水准决定着旅游者对旅游产品开发、销售、采购业务的印象,体现了旅行社的总体经营管理水平,是旅行社最具代表性的基本业务。

第二节　旅行社的法律和制度环境

一、旅行社的法律环境

在旅行社的制度环境中,法律环境属于作用最为直接、权威性最强的组成部分。与我国旅行社行业密切相关的法律主要是民法和商法,这些法律构成旅行社生存与发展的基本环境,主要包括《中华人民共和国公司法》《中华人民共和国反不正当竞争法》《中华人民共和国消费者权益保护法》《中华人民共和国旅游法》《中华人民共和国电子商务法》等。

1.《中华人民共和国公司法》

《中华人民共和国公司法》(以下简称《公司法》)是为适应我国建立现代企业制度的需要而出台的,现代企业制度的重要形式就是公司。旅行社在目前市场经济发展环境当中,正在不断深化管理体制、走向市场化和规范化,公司制的旅行社也必将在《公司法》所规定的范围内开展经营活动。

《公司法》对我国旅行社行业管理的意义在于,提供了一个旅行社组建过程中的企业视角和行为规范,特别是为转型与变革时期的旅行代理机构提供了相关的制度基础。

2.《中华人民共和国反不正当竞争法》

《中华人民共和国反不正当竞争法》的主要目的是规范经营者的竞争行为,维护市场竞争秩序,又被称为"经济宪法"。为了保证公平的竞争秩序,使资源得到最优组合和最合理的配置,避免不正当竞争行为对市场规则的破坏,它对经营者的竞争行为明确规定了"禁区"。旅行社之间在市场上的竞争行为,要受这一法律的约束。

3.《中华人民共和国消费者权益保护法》

《中华人民共和国消费者权益保护法》(以下简称《消费者权益保护法》)是为保护消费者的合法权益、维护社会经济秩序、促进社会主义市场经济健康发展而制定的。经营者为旅游者提供服务时,要保护消费者的合法权益,遵守《消费者权益保护法》及其他相关法律的规定。

4.《中华人民共和国旅游法》

为保障旅游者和旅游经营者的合法权益,规范旅游市场秩序,保护和合理利用旅游资源,促进旅游业持续健康发展,2013年4月全国人民代表大会常务委员会发布了《中华人民共和国旅游法》(以下简称《旅游法》)。

《旅游法》主要对旅游管理者、旅游经营者、旅游者的权利义务进行了约束和规范,是我国第一部旅游领域的法律,对旅游产业发展具有重要的作用。

《旅游法》明确界定了旅游管理者、旅游经营者和旅游者的权利义务,构建了政府统筹、部门负责、有分有合的旅游综合协调机制,形成了四位一体的市场、全方位格局。同时,对"零负团费、黑导、欺客用客"等旅游市场突出问题提出了制度方面的设计,为治理旅游市场秩序提供了强有力的法律依据。

《旅游法》着力完善旅游市场规则,确定的若干制度和规范将构建起支撑旅游业做大做强的"六大核心体系",形成综合协调发展的旅游管理模式,更好地发挥市场配置资源的基础性作用,进一步解放和发展旅游生产力,推动旅游业全面、协调、可持续发展,加快实现旅游强国目标的进程。

《旅游法》在进一步厘清相关单位之间权利义务的基础上,更加重视和督促以旅游者为本,更加有力地保障了旅游者的合法权益,为有效调整旅游业发展所引发的新型法律关系提供了法律依据。

2016年,国务院根据中华人民共和国主席令第57号《全国人民代表大会常务委员会关于修改〈中华人民共和国对外贸易法〉等十二部法律的决定》对《旅游法》进行了修订,取消了相关条款中的"领队证"。通过取消"领队证"的相关表述,明确了领队业务为导游的具体业务分工,由企业和市场自行进行劳动分工和岗位设置,为《旅行社条例》的修订扫除法律障碍。

5.《中华人民共和国电子商务法》

2018年8月31日,第十三届全国人民代表大会常务委员会第五次会议审议并通过了《中华人民共和国电子商务法》(以下简称《电子商务法》),该法自2019年1月1日起正式实施,标志着我国电子商务领域进入了一个崭新的发展阶段,成为该领域发展历程中的一个重要里程碑。

《电子商务法》明确电子商务是指通过互联网等信息网络销售商品或者提供服务的经营活动,该法首次明确了《电子商务法》不仅监管通过互联网等信息网络销售商的行为,还监管通过互联网等信息网络提供服务的行为。因此,网约车、旅游服务等在内的各种网络平台提供的服务,都属于《电子商务法》所管辖范围。

《电子商务法》从两方面让国家监管部门和消费者对电子商务经营者信息有了更全面的了解。一是《电子商务法》要求电子商务经营者应当依法办理市场主体登记履行纳税义务,使得监管部门对电子商务经营者信息有了更加全面的了解和掌握,有效地支撑国家电子商务方面政策制定。二是《电子商务法》要求电子商务经营者应当在其首页显著位置持续公示营业执照信息以及与其经营业务有关的行政许可信息,当信息发生变更时要求经营者及时更新公示信息,该措施使得消费者对经营者信息有了更加全面的了解,经营者的合法性得到进一步认可。

此外,《中华人民共和国出境入境管理法》《中华人民共和国安全生产法》《中华人民共和国突发事件应对法》《中华人民共和国侵权责任法》《中华人民共和国行政处罚法》等法律也与旅行社经营管理有关系。约束外资企业的《中华人民共和国外商投资法》会对部分旅行社的业务活动产生影响。

二、旅行社的制度环境

长期以来,旅行社的不规范经营问题一直困扰着我国旅游业的健康发展,零负团费操作、强迫与变相强迫消费等严重侵害了游客权益,对旅游市场的B2C(Business-to-Consumer,商家对消费者)关系形成强烈负面冲击。2013年10月1日,《中华人民共和国旅游法》正式实施,我国旅游市场的制度环境发生深刻变化。如何规范旅行社经营行为,保障旅游者合法权益,是《旅游法》所关注的焦点问题之一。新制度环境下,旅行社与游客之间的关系变化备受关注。

(一) 导游制度

导游是旅游服务的核心,是整个旅游行业的灵魂。导游的工作质量直接影响旅游者对整个旅游行程的满意度,影响旅行社市场发展,影响区域旅游声誉和旅游目的地形象。导游制度是指包括制约导游行为人及利益相关者的行为规则的总和,包括法律法规、准则标准、惯例和企业内部管理制度。导游制度是有层次的,分为高层次的导游制度和低层次的导游制度。有国家委托的政府层次的制度和企业管理层次的制度。构成导游制度的基本要素有三个部分:国家规定的导游正式制度(正式约束)、社会认同的导游非正式制度(非正式约束)以及导游制度实施机制。

1. 导游正式制度

导游正式制度的层次有很多,目前与我国导游相关的正式制度主要有国家法律、行政法规(条例)、部门规章、行业标准、企业规章制度等层次。

(1) 国家法律。

国家法律是指全国人大及其常委会制定的规范性法律文件。导游正式制度的法律有《中华人民共和国旅游法》。导游正式制度伴着我国旅游业的发展和成熟得以逐渐完善,《旅游法》的颁布不仅填补了我国在导游正式制度方面缺乏全国人大及其常委会制定法律的空白,还为我国导游行业的规范化、法治化提供了坚实的法律基础。

(2) 行政法规(条例)。

行政法规是指国务院根据宪法和法律授权制定和颁布的有关国家行政管理活动的各种规范性法律文件。在导游领域,有两项重要的行政法规尤为显著:一是1996年颁布的国务院第205号令《旅行社管理条例》,后经1999年修订完善,成为第550号国务院令《旅行社条例》。该条例详尽地规定了旅行社的设立条件、经营规范、监督检查机制以及审核流程,为旅行社行业的有序发展提供了坚实的法律支撑。另一项关键法规是1999年发布的国务院第263号令《导游人员管理条例》,该条例专门针对导游人员的管理进行了全面而具体的规定,涵盖了导游人员的资格认证、职业行为准则、权益保障及违规处罚等多个方面,有效促进了导游队伍的专业化、规范化建设,为提升旅游服务质量奠定了坚实基础。

(3) 部门规章。

这里的部门规章是指文化和旅游部依据法定职权和程序制定的规范性法律文件。导游相关的部门规章有1996年的《旅行社管理条例实施细则》,是对《旅行社管理条例》的深入阐释与细化;1994年发布的《关于改革和完善全国导游人员资格考试工作的意见》等。

(4) 行业标准。

行业标准是指行业标准化主管部门批准发布的,在行业范围内统一的标准。与导游相关的行业标准主要有《导游服务规范》(GB/T 15971—2010)、《旅行社国内旅游服务规范》(LB/T 004—2013)、《旅游业基础术语》(GB/T 16766—2010)。

(5) 企业规章制度。

各旅游企业都有针对导游等旅游从业人员的规章制度,从而保证企业正常运转。

2. 导游非正式制度

导游非正式制度是在旅游行业内长期互动过程中自然而然形成的,它涵盖了对导游正式制度的补充、细化及潜在限制,是行业内广泛接受并实际遵循的一套行为准则和实践规范。旅游中各种约定俗成的习惯、风俗、文化传统、道德约束等行业和旅游企业规则都属于非正式制度,例如小费制度、回扣制度等。除了完善旅游法律规范体系之外,培育导游行业核心价值观是我国导游制度可持续健康发展的核心。核心价值观是意识形态的主要组成。受我国社会处于转型时期影响,传统的价值观体系受到多元文化的不断冲击,符合中国现代社会的核心价值观体系正在逐步形成。党的十八大首次提出了倡导富强、民主、文明、和谐、自由、平等、公正、法治、爱国、敬业、诚信、友善的社会主义核心价值观,导游行业核心价值观是社会主义核心价值观在具体行业的延伸和细化。导游行业核心价值观不仅要反映时代精神和中国的文化传统、涵盖导游活动各个方面,还要体现导游活动本质特性、引导导游行业科学健康发展。

3. 导游制度实施机制

增加导游制度违约成本是我国导游制度有效发展的保障。违约成本是行为人违反制度被发现和处罚的概率,以及违反制度的处罚的严厉程度。前面说到导游制度的是否有效不仅仅取决于正式制度和非正式制度的是否完善,更要看实施机制是否健全。违约成本的高低是检验导游制度实施机制有效性的标准,极高的违约成本将有效遏制人们违约时的侥幸心理。导游制度约束下的主体之所以会产生违约行为,前提是存在违约收益且该收益大于违约成本。当主体意识到违约行为所引发的违约成本显著高于其可能获得的违约收益时,将倾向于停止违约行为,以规避潜在的经济损失。

导游培训是提高导游自身素质、提升导游业务水平的重要手段,要坚持计划性、实用性、标准化、创新性的原则,通过不同形式的教育培训,培养思想过硬、业务知识过硬和语言水平过硬的导游队伍。随着国内旅游市场的快速发展,我国的导游队伍以及容载导游的机构规模愈加庞大。完善导游培训制度可以从政府管理部门、企业与协会、学校和社会等三个方面进行权责划分和定位。

(二)旅行社责任保险制度

旅行社责任保险制度是一种由旅行社根据保险合同的约定,预先向保险公司支付保险费用的机制。当旅行社因故意或过失行为导致与旅游者发生纠纷,且这些损失依法应由旅行社承担相应责任与赔偿责任时,保险公司将依据合同条款代替旅行社进行赔偿。此外,根据《旅行社管理条例》及其相关规定,旅游意外保险被设定为强制性保险,要求旅行社在组织旅游活动时,必须为旅游者办理旅游意外保险。

旅行社责任保险的承保范围明确界定了在旅游合同所规定的旅游期限内,若因旅行社的旅游经营活动或其组织者的原因导致经济损失,保险公司将负责赔偿由此产生的伤亡损失,涵盖医药费、残疾补助金、死亡丧葬费以及因人身伤亡引发的其他合理费用。此外,财产损失赔偿范围包括旅游者行李物品的丢失及损坏,但仅限于直接的物质损失,不涵盖间接损失或精神损害赔偿。保险责任还扩展至旅行社责任引发的民事赔偿纠纷所产生的诉讼费用,具体如诉讼费、经保险人书面同意并列入保险责任范围的律师费、评估费等,但需注意这些费用支出必须符合赔偿限额及双方约定的赔偿比例,且诉讼费通常仅包含起诉费及法院准许的相关费用。

值得注意的是,在保险事故发生后,旅行社有责任采取合理措施以减轻损失,若旅行社未能履行此责任,如放任事故结果或未及时采取必要措施,由此导致的额外损害部分,保险公司将不予赔偿。

从旅游者的视角出发,旅游意外保险由原先的法定保险转变为自愿保险,这一变化促使旅游者不得不调整其原有的依赖心态,即不再仅仅依赖旅行社来提供保险保障,而是需要主动采取行动,树立自我保护意识,自行选择并购买适合自己的旅游意外保险。这一转变有助于培养旅游者自我负责、自我保障的良好习惯。同时,保险公司支付给旅行社的损害赔偿金实际上可以称为对游客的一种补偿。因此,该规定在客观上为旅游者权益提供了更为有效的保障机制。从旅游行业的长远视角审视,实施旅行社责任保险制度能够显著降低旅行社的经营风险,从而鼓励其拓展业务范围,并扩大对旅行社自身的保护范畴,进而促进社会可流动资金的增加。同时,这一制度有效避免了旅游者因同一事件向多方索赔的情况,有助于维护市场秩序。此外,它还有助于规范旅游保险行业的运作,减少不正当竞争现象,推动该行业向更加规范化、体系化的方向发展。对于旅游者而言,这一制度降低了旅游过程中的潜在风险,鼓励其积极运用法律手段保护自身权益,提升维权意识,进而减少旅游纠纷,为旅游业的持续健康发展创造了有利条件。

第三节 地方政府对旅行社的监管

地方政府对旅行社业的管理主要是贯彻落实国家有关旅游发展的方针、政策和法律法规,体现在行业监管、产业促进、公共服务等方面。对旅游业、旅行社管理的总体架构体现在各地旅游条例的制定和修订上。

2015年以来,为全面推进依法治国、依法治旅、依法兴旅,各省(自治区、直辖市)纷纷以《旅游法》《旅行社条例》等相关法律法规为立法依据,修订完善各自的旅游条例,使旅游立法更加符合产业发展实践的需要,更好地引领旅游业改革发展。作为在各地行政区域内对进行旅游资源开发和设施建设、从事旅游经营、参与旅游活动、实施旅游管理的组织和个人进行约束的法规,地方性旅游法规中都涉及对旅游经营者的规范和要求。旅行社作为旅游业的重要组成部分,在法规当中一般都有专门的条款。

一、《旅游条例》中的主要相关内容

(一)旅游促进

各省市区的旅游条例在旅游促进方面形成了一系列符合当地旅游业发展的政策措施,不少地区通过立法将一些行之有效的促进政策上升到了法规层面,保证了其持久性和权威性。条款主要涉及将旅游业明确为战略性支柱产业;推进全域旅游发展;创新发展旅游新兴业态和特色旅游;加大对旅游业的财政投入,统筹利用各类旅游发展资金和相关资金,加强旅游基础设施建设、旅游公共服务和旅游整体形象推广;探索创新政府和社会资本合作的形式,设立旅游发展股权投资引导基金,用于建设特色旅游项目,完善旅游配套设施等;鼓励促进推动旅游项目所有权和经营权进入权益类交易市场有序流转;引导金融机构创新开发信贷产品;加大对小型微型旅游企业和乡村旅游的扶持力度;培育、扶持、鼓励旅游市场主体,促进其专业化、集团化品牌化等。

（二）旅游经营服务与市场规范

旅游经营与市场规范是依法治旅兴旅的关键,也是重点和难点。大部分省(市、区)将旅游经营单列一章,具体明确规范管理旅游经营服务。主要包括立法明确包括旅行社、景区、网络旅游经营等的经营资质许可和相关要求;明确旅游经营者的相关义务;规范民宿、乡村客栈等新兴、新型旅游经营者的经营行为;立法解决诸如零负团费、非法一日游、旅游合同不规范等一些旅游市场顽瘴痼疾;规范旅游服务合同;疏堵结合,完善旅游公共服务体系等。地方旅游立法针对本地旅游经营中存在的问题,关注旅游经营的各个环节,并对此进行全链条立法设计,从根源上系统治理,进一步改善旅游市场环境。

（三）旅游活动的规范与引导

旅游者是旅游法律关系最重要的主体之一,因此各地旅游立法基本都将旅游者单列为一章,详尽阐述旅游者的权利与义务条款。这些条款不仅涵盖了旅游者应享有的各项权益,也详细规定了他们需承担的义务范围,如明确旅游者的告知义务,明确旅游者文明旅游行为要求及责任,进一步强调旅游者在旅游活动中的安全义务(禁止旅游者擅自进入未开放区域游览或从事可能危害景区资源及人身安全的活动)等。此外,针对旅游服务提供者,尤其是旅游从业人员,地方立法也制定了具体规定,旨在规范行业行为,包括确立导游人员的薪酬制度以保障其合法利益、引导景区讲解服务的规范化发展,以及构建和完善旅游经营者及其从业人员的诚信体系等。

（四）旅游监管与治理

旅游监督管理是维持旅游市场良好秩序,保障旅游产业健康发展的重要保障。当前旅游监管领域面临的主要问题包括:监管部门职责交叉;多部门联合执法的过程中,协调与统筹机制尚不完善,影响执法效果;部分领域存在监管空白,未能实现全面覆盖;旅游行业协会的积极作用未能充分展现,其潜力有待进一步挖掘;同时,执法过程中还面临法律依据不清晰、执行标准缺失等挑战。针对这些问题,旅游监管立法内容主要集中在明确地方政府及相关职能部门的责任划分、加强旅游安全监管体系、优化旅游应急响应及突发事件处理机制、推动旅游联合执法机制的完善、促进旅游行业协会功能的全面发挥,以及建立健全旅游投诉与纠纷处理机制等方面。

二、地方政府的创新管理体制

（一）破除行政区域市场经营壁垒

为了消除区域间的旅游服务障碍,促进形成自由竞争的市场秩序,《海南省旅游条例》针对部分海南地区、旅行社对省外旅行社排外的问题,第十三条第三款明确规定:"县级以上人民政府及其有关部门应当消除区域间旅游服务障碍,禁止行业垄断和地区垄断。省外旅行社可以组织省外旅游团队直接到本省进行旅游活动,任何单位和个人不得歧视、刁难、设置障碍。"同时,针对海南旅游客运服务长期跨区域、跨市县运营受限的问题,确立了旅游客运一体化经营管理体制,《海南省旅游条例》第二十一条第四款明确规定:"县级以上人民政府交通主管部门应当采取措施,鼓励旅游客运经营者开发跨市县运营线路和产品,逐步实现区域旅游客运一体化经营和管理。"除《海南省旅游条例》外,《吉林省旅游条例》《陕西省旅游条例》《广西壮族自治区旅游条例》等多省区条例都对此进行了条款规定,这些条款为破除行政区域壁垒、各自为政的体制机制障碍提供了有力的法律依据。

(二)明确旅行社可平等参与政府采购、购买社会服务

为了进一步促进旅行社业务发展,同时节约国家机关、事业单位的公务服务花费,多省的旅游条例都立法明确了相关主体向旅游经营者购买服务的内容。其条款规定主要分为两个层次。

一是鼓励支持旅行社的此类行为,如《湖北省旅游条例》第三十八条规定:"支持旅行社参与政府采购和服务外包,接受国家机关,企业事业单位和社会团体的委托,为有关公务活动提供交通、住宿、会务等服务。"《广西壮族自治区旅游条例》第十八条第三款规定:"鼓励和支持符合条件的旅行社等旅游服务企业按照政府购买服务的有关规定为国家机关和事业单位公务活动提供交通、住宿、餐饮、会务等服务。"《吉林省旅游条例》第四十八条也有类似规定。

二是认可确立此类行为的合法性,如《辽宁省旅游条例》第十七条规定:"国家机关和事业单位的公务活动,可以委托旅行社等具有资质的旅游服务企业承办交通、食宿、会务、接待等服务事项。具体实施办法由省旅游主管部门会同财政、税务等部门共同制定,报省人民政府批准。"《浙江省旅游条例》《江苏省旅游条例》不仅通过立法确认了购买服务的合法性,同时扩大了购买服务的主体和相关情形,并将接受委托提供服务的旅游经营者范围扩大为旅行社、民宿、农家乐、乡村旅游经营者等。《浙江省旅游条例》第二十一条规定:"国家机关、事业单位、国有企业的交通、食宿、会务等活动和工会组织的职工疗养休养活动,可以通过政府采购、购买服务等方式委托符合条件的旅行社、民宿农家乐等旅游经营者提供服务。"《江苏省旅游条例》第二十八条规定:"国家机关、事业单位、国有企业的公务活动和工会组织的职工疗养休养活动,可以通过政府采购、购买服务等方式委托符合条件的旅行社、乡村旅游经营者按照有关规定提供交通、食宿、会务等服务。"这类条款相对于支持、鼓励性条款更有分量,含金量更高,更直接地为相关旅游经营者承办服务委托事项提供了立法支持,不仅为旅行社等旅游经营者松了绑,也能节约机关事业单位大量的人力、物力、财力。

(三)明确解决旅游旺季问题的多项规定

旅游旺季问题主要涉及客流疏导控制、旅游安全管理、投诉纠纷处理等方面,《辽

宁省旅游条例》对此做了系统性规定。

一是明确市、县级人民政府的责任，《辽宁省旅游条例》第四十二条第一款规定："市、县人民政府应当在重要节假日、旅游高峰期前，对区域旅游客流量和道路承载能力进行评估，根据需要制定并公布车辆分流通行方案，提供有利于旅游者出行的方便条件。"

二是明确景区的责任，《辽宁省旅游条例》第四十二条第二款规定："景区应当公布经核定的最大承载量，制定和实施旅游者流量控制方案，并设置监控、分流系统。"

三是明确旅游主管部门和相关职能部门的责任，《辽宁省旅游条例》第四十条第二款规定："旅游主管部门和公安、工商、质监、交通食药监等有关执法部门，应当在旅游旺季游客密集的景区、景点现场受理和解决旅游投诉纠纷。依法查处非法从事导游和诱导、欺骗、强迫游客消费以及串通涨价、哄抬价格和价格欺诈等旅游经营违法行为。"

四是对旅游者提出鼓励条款，《辽宁省旅游条例》第十六条规定："鼓励旅游者利用带薪年休假假期，错峰出行旅游。"此条款为有效解决旅游旺季相关问题提供了制度性的参考依据。此外，《北京市旅游条例》立法鼓励景区实行预约门票制。《北京市旅游条例》第三十三条规定："鼓励景区实行门票、讲解员预约制度，为旅游者合理安排行程提供便利。景区为了旅游安全的需要，可以在节假日期间或者在部分游览区域实行分时段预约参观制度。景区实行分时段预约参观的，应当提前30日向社会公布。"此条款可缓解重大节假日部分景区的拥堵问题。

（四）规范新兴特色旅游活动

建立部门备案制度，规范户外探险旅游者的行为。《陕西省旅游条例》第六十七条指出："在没有道路通行的地方或者旅游景区游览路线以外的地方，组织开展穿越山岭、攀登山峰等具有危险性的健身探险旅游活动，组织者应当向参与者做出风险提示并应当提前五日将活动时间、地点、路线、人员名单、保障措施、应急方案等向县级以上体育行政部门备案。地点、路线涉及军事设施保护区、自然保护区以及旅游景区的，依照相关法律、法规规定执行。"这一做法在很大程度上确保了旅游者的出行安全，增强了户外旅游者的安全意识，减少了户外探险旅游事故的发生，明确自驾旅游服务保障机制。随着自驾旅游成为越来越多旅游者节假日出游的重要方式，不少省区市在立法中进一步明确了自驾旅游服务保障机制。例如《江苏省旅游条例》第二十条明确规定："县级以上地方人民政府应当规划建设房车露营地、自驾游基地，完善自驾旅游服务保障体系，为自驾旅游者提供道路指引、医疗救助、安全救援等方面的服务。鼓励旅游经营者开发自驾旅游产品，鼓励汽车租赁公司开展异地还车业务。省人民政府有关部门应当加强对落地自驾旅游的政策支持，促进落地自驾旅游管理制度化和服务标准化。"这一条款一方面明确了政府及有关部门在完善自驾服务保障体系中的职责，另一方面鼓励旅游经营者开发配套的自驾游服务产品，丰富服务产品供给。《广东省旅游条例》第三十六条规定："县级以上人民政府应当推动建设自驾车房车营地、自驾游基地，完善自驾旅游服务保障体系,为自驾车旅游者提供路指引、信息咨询、医疗救助、安全救援等方面的服务。"此外,《安徽省旅游条例》与《重庆市旅游条例》等地方性法规均对户外旅游问题制定了较为详尽的条款规定。

各地均对文旅融合、旅游与其他产业的融合作出规定和引导。以山西为例,《山西省旅游条例》第二十二条规定:"县级以上人民政府应当促进旅游与文化、教育、工业、农业、林业、商业、卫生、体育等领域的融合发展,促进信息通信技术、科技成果和文化创意创新等在旅游领域的应用。"《山西省旅游条例》特别增设了第五章"特色旅游",该章节系统地规定了各地应依据本地实际情况,发展包括文化旅游、红色旅游、工业旅游、生态旅游、乡村旅游及体育旅游在内的多种特色旅游形式。相关条款在立法层面上,对各类特色旅游的发展依据、发展重点等进行了明确界定,从而为特色旅游产业的全面发展提供了更为全面和具体的规范与指导。

（五）就休闲、休假进行立法规定

为了顺应旅游业发展趋势,不少地方旅游立法在休闲、休假方面做了相关规定其中《山东省旅游条例》在此方面的规定较为全面。《山东省旅游条例》第十九条的规定:"县级以上人民政府应当推动机关、团体、企业事业单位和其他单位执行职工带薪年休假制度;支持单位安排错峰休假;鼓励单位调整作息,为职工周五下午和周末休闲度假提供便利。省人民政府应当推动设立地方性节假日。"此外,《山东省旅游条例》第五十四条第二款就保障旅游从业人员的休息休假权利做了相关规定:"旅游经营者应当与其聘用的劳动者订立书面劳动合同,及时足额支付劳动报酬,并依法为劳动者缴纳社会保险费用。旅游经营者应当建立健全工时和休息休假制度,保障劳动者的休息休假权利;根据行业特点和经营需要,不能实行标准计时的,可以依法申请实行综合计算工时工作制和不定时工作制等特殊工时制度。"这些条款一方面依法保障了旅游者、旅游从业人员等的休息休假权利,同时也为促进旅游产业休闲化提供了立法保障。

（六）系统治理旅游市场顽疾

针对部分旅游市场顽疾,《北京市旅游条例》就治理非法一日游、规范旅游团做了更加系统的条款规定,明确判定非法一日游的具体情形。个别省区除了通过当地旅游条例对旅行社业进行相关规制外,还出台了专门的旅行社管理办法,将《旅行社条例》相关条款具体化,突出对旅行社行业的高标准要求和地方特色。例如,上海市人民政府令第77号(1999年12月6日)发布了《上海市旅行社管理办法》,并于2006年进行修改;海南省第五届人民代表大会常务委员会第十七次会议(2015年9月25日)修订通过了《海南经济特区旅行社管理规定》。

第四节　旅行社行业协会

一、旅行社行业协会的性质和特点

（一）旅行社行业协会的概念

旅行社行业组织在推动整个行业健康有序发展的过程中，扮演着不可或缺的关键角色，特别是在旅行社这一享有特许经营权的行业领域内，其影响力显得尤为显著和重要。

《社会团体登记管理条例》明确了社会团体的性质和运作方式，指出其既非政府机构（国家机关以外的组织），又不是营利性机构。《中华人民共和国民法典》第八十七条同样指出："为公益目的或者其他非营利目的成立，不向出资人、设立人或者会员分配所取得利润的法人，为非营利法人。"

中国旅行社协会（CATS，China Association of Travel Services）成立于1997年10月，是由中国境内的旅行社、各地区性旅行社协会等单位，按照平等自愿的原则结成的全国旅行社行业的专业性协会，具有独立的社团法人资格。

（二）旅行社行业协会的特点

从旅行社行业协会的概念可以看出，其具有以下几方面特征。

第一，旅行社行业协会是企业间松散性民间经济联合组织，仅接受有关政府管理部门的指导，并非官方机构或行政组织。

第二，旅行社行业协会是旅行社为实现单个企业无力达到的目标而组成的共同利益集团。

第三，旅行社是否加入行业协会完全属于企业的自愿行为，而且企业可以根据自己的意愿随时退出。

二、旅行社行业协会的职能

旅行社行业协会具有服务和管理的两重功能，其基本职能可以概括为以下八个方面。

1. 代表职能

以市场经济为基本原则，代表加入旅行社行业协会全体会员（企业）的共同利益。

2. 沟通功能

首先，作为行业协会全体会员的代表与政府旅游管理部门或其他行业组织就相关事宜进行沟通，并向政府管理部门反映旅行社的合理要求和共同愿望。其次，协助政府管理部门制定和实施有关旅行社行业发展的产业政策、产业发展规划和相关的法律及法规。最后，为行业协会会员之间的信息沟通和交流创造条件。

3. 协调职能

制定各种行规会约和各类行业标准，规范行业内旅行社的市场经营行为，维持公开、公平和公正的市场经营秩序，并承担各种争议的仲裁和调解。

4. 监督职能

旅行社行业协会负责跟踪监督行业内各种旅游产品及旅行社的服务质量，同时严格监督旅行社企业的市场经营行为和经营作风，以保护企业诚信、维护行业信誉为目标。该协会鼓励市场公平竞争行为，并采取措施有效遏制企业的违法、违约行为。

5. 公证职能

受各级政府有关旅游管理部门的委托，对旅行社企业进行资格审查，签发相关证照。

6. 统计职能

对协会成员感兴趣的本行业市场基本情况、市场发展趋势等进行调查，统计、分析，并发布调查结果。

7. 研究职能

向协会会员递交对旅行社行业自身现状和国外同行业的发展状况以及所面临的问题进行研究的报告，提出建议，定期出版行业刊物。

8. 服务职能

向协会成员提供有效的市场信息，与企业一起开展联合的市场推销活动和联合的人员培训活动，为企业的决策提供咨询活动。

需要指出的是，旅行社行业协会行使的管理职能不同于政府部门的行政管理职能。它不带有任何行政指令性与管理强制性的内涵，行业协会管理的有效性完全取决于其自身对行业内企业凝聚力和吸引力，以及建立在凝聚力和吸引力基础之上的权威性。此外，旅行社行业协会与政府管理部门在会员管理范围上存在显著差异。政府管理部门对旅游行业实施全面覆盖的管理，而旅行社行业协会的管理权限则仅限于其成员组织，即加入行业协会的旅行社，实行有限的管理。

三、旅行社行业协会的建设

（一）加大旅行社行业协会的建设力度

由于行业协会是事关旅行社行业能否正常发展、旅游市场能否维持公平的经营秩序的大局，因此成为我国入世以后亟待解决的一大管理问题。旅游行业协会的管理职能没有真正体现，无法有效保障旅行社企业的利益，因此需要加快建设。尽管国务院以及各级地方政府部门的各种文件中三令五申，希望将有关的政府职能"交给中介组织"（此处指行业协会），但是受各种因素的制约，行业协会的管理功能仍旧非常弱小。旅行社行业协会功能转换的速度极其缓慢，不仅在管理职能方面严重滞后于旅游市场发展的现状，无法有效地保障旅行社企业的利益，而且因其僵化的管理方式有可能成为旅行社快速发展的绊脚石，所以加快旅行社行业协会的建设已刻不容缓。

（二）进一步发挥旅行社行业协会的作用

1. 完整凸显旅行社行业协会的作用

协会通过制订行规行约和行业标准，加强行业自律，规范会员企业的经营行为，提升整个行业的服务质量和信誉，包括开展专业培训和教育项目，提升从业人员的专业技能和管理水平，推动行业人才的成长。此外，协会参与制定和修订国家标准和行业指南，推动行业标准化和规范化发展。进一步，协会需开展与国际旅行社协会的交流与合作，帮助会员拓展国际市场，提升国际竞争力，以及引导会员企业履行社会责任，推动行业的可持续发展。

2. 建立旅行社行业协会的全国网络

在现有的各级旅行社行业协会的基础上，通过整合和协调，建立符合旅行社行业整体发展的全国行业协会网络。从旅行社行业协会的管理上讲，以利加强纵向的指导和协调能力；从旅行社企业的经营业务角度看，以利强化各地横向的业务联系、合作，打破地方保护主义。

3. 加强旅行社行业协会的自身建设

第一，要加快旅行社行业协会的专业化建设步伐，逐步减少行政化、官僚化的管理作风，充实青年管理人员。第二，旅行社行业协会是全体旅行社会员的组织，而不是大型骨干旅行社企业的代言人，要充分考虑并保护广大中小型旅行社企业的利益。第三，完善行业协会经费来源渠道。当前，众多旅行社行业协会面临经费不足的困境，这一问题若得不到有效解决，将严重制约其功能的全面发挥，使得协会在促进行业发展、维护行业秩序等方面的努力受到阻碍。

四、世界旅行社行业组织

（一）世界旅行社协会

世界旅行社协会（World Association of Travel Agencies）是一个国际性的旅游组织，经瑞士法律批准，创建于1949年，总部设在日内瓦。该协会是一个由私人旅行社组织而成的世界性非营利组织，其宗旨是将各国可靠的旅行社建成一个世界性的协作网络。

世界旅行社协会每年召开一次地区性会议，讨论地区问题、协调地区活动。设在日内瓦的常设秘书处向会员提供各种帮助和一些服务性项目，如提供旅游信息、文件和统计资料等。自1951年起，世界旅行社协会每年定期出版一本名为《万能钥匙》（Master Key）的综合性世界旅游指南。该指南详尽地收录了全球范围内约6000家饭店的价格、设施介绍，以及70多个国家旅行游览胜地的详细介绍和价格信息，为旅游者提供了全面而实用的参考。

世界旅行社协会为其会员提供了一系列优惠权益，允许会员凭借预订交换证在全球范围内为其客户预订饭店及其他旅行社服务项目。这种交换证机制促进了全球旅游资源的有效配置和便捷利用。此外，协会的正式工作语言确定为英语和法语，以便于国际交流与合作。协会的经费主要来源于会员缴纳的会费、存款以及通过出版发行资料性手册所获得的收入，这些资金为协会的日常运营和各项活动的顺利开展提供了坚实保障。

（二）世界旅行社协会联合会

世界旅行社协会联合会（Universal Federation of Travel Agents' Association）是目前规模最大的民间性国际旅游组织。该组织的历史可以追溯到1919年在巴黎成立的欧洲旅行社和1964年在纽约成立的美洲旅行社。1966年10月，这两个具有影响力的组织决定合并，随后于同年11月22日在罗马正式宣告了世界旅行社协会联合会的成立。自那时起，该联合会的总部便设立在比利时的布鲁塞尔，继续在全球旅游领域发挥重要作用。

世界旅行社协会联合会宗旨包括：一是团结和加强各国全国性的旅行社协会和组织，并协助解决会员间在专业问题上可能发生的纠纷。二是在国际上代表旅行社会员同旅游业有关的各种组织与企业建立联系，进行合作。三是确保旅行社业务在经济、法律和社会领域内最大限度地得到协调、赢得信誉、受到保护并得到发展。四是向会员提供所有必要的物质、业务、技术的指导和帮助，使其能在世界旅游业中占有适当的地位。

联合会的组织机构包括全体大会、理事会、执行委员会和总秘书处。其活动为每年一次的世界旅行代理商大会。此外，联合会还负责出版《世界旅行社协会联合会信使报》(月刊),即COURRIER UFTAA,该刊物作为行业资讯的权威来源,定期向会员及业界发布最新的行业动态、市场趋势及政策解读。

本章思考题

1. 在旅游发展的不同阶段出现的旅游法律法规主要相应解决哪些问题?
2. 旅行社的相关法律法规是否有需要改革的地方?
3. 旅行社应如何利用旅游标准化建设成果提升管理水平?
4. 旅游协会和旅行社之间是怎样的关系?
5. 搜集整理所在的地区对旅行社的特殊或创新政策,分析政策出台的原因。
6. 旅行社参与政府采购的合法性和企业实践有哪些?

延伸阅读

国际知识链接

第三章
旅行社市场需求分析与定位

本章阐述了旅行社实施市场预测时使用的科学方法,引导学生掌握市场细分的具体步骤,深入理解国内旅游市场及出入境旅游市场的动态变化趋势,并学习如何有效地进行市场定位与选择。

研学旅游市场需求旺盛

《2021—2026年中国研学旅行行业市场前瞻与未来投资战略分析报告》显示,随着素质教育理念的深入和教育、旅游产业跨界融合,研学旅行市场需求不断释放,在我国近2亿中小学生巨大基数的影响下,中国研学旅行市场总体规模将超千亿元。2021年研学旅行人数达494万人次,超越2019年的480万人次,2022年更是突破600万人次,创历史新高。研学市场的未来令人看好,但如何稳扎稳打做好研学,是一个难题。

研学旅行之所以能够获得家长的广泛认可,关键在于其内在的学习属性。这种旅行形式通过专业导师的带领与讲解,赋予了旅行活动以教育意义,从而与普通旅行在目的、内容及体验上形成了显著的区分。研学产品的定价通常相对较高,家长在为孩子安排研学活动时,相较于普通旅行,需要承担更高的经济成本。这种投入背后,家长普遍抱有较高的期望,希望孩子在研学过程中既能享受旅行的乐趣,又能在学习和体验中有所收获,实现寓教于乐的目的。国家文化和旅游部于2016年12月19日发布的《研学旅行服务规范》(LB/T 054—2016)明确提出,研学旅行的承办方是"与研学活动主办方签订合同,提供教育旅游服务的旅行社"。因此,即便是在教育领域具有深厚积累的教培行业,即使其内部拥有专业的研学导师团队,为了全面确保研学旅行的顺利进行,通常也需采购旅行社提供的专业服务。

除了专业研学机构外,很多具有旅行社背景的机构纷纷涉足研学领域,竞相打出研学招牌抢占这一市场份额。然而,由于市场尚未形成统一的标准与规范,这一领域不可避免地出现了乱象,比如普通的旅行团被简单包装成研学团。非专业的人员配备不仅难以保证学生的良好体验,还增加出行的安全隐患。除此之外,研学旅行有教育属性,旅行只是一种载体。研学的质量,很大程度上取决于研学产品的质量,把控研学产品设计是未来的重要方向。

课前思考:旅行社如何高质量地满足研学旅游市场需求?

第一节 旅游市场调研和市场预测

市场调研是探索市场价值的基本工具,可以帮助企业在开发某一特定市场之前识别和选择最有利可图的市场机会。旅游客源市场的波动性、季节性、异地性以及竞争性等特征,决定了旅行社市场经营活动不能凭空想象或主观臆断,而是需要借用市场调研等方式了解客源市场的基本形态,从而为旅行社目标市场选择、市场开发、新产品设计等提供参考。通过对调研活动以及其他信息渠道所搜集到的市场信息进行系统整理和深入分析,精准预测市场未来的变化趋势,为企业决策提供依据。

一、旅游市场调研的概念与内容

著名的市场营销学专家菲利普·科特勒认为市场营销调研是系统地设计、搜集、分析和提出数据资料,以及提出与公司所面临的特定的营销状况有关的调查结果。旅游市场调研是指运用科学的方法,以明确的目标为导向,有计划且有针对性地搜集、整理和分析旅游市场相关的各种信息资料,为旅行社市场的经营决策提供依据的活动。旅游市场调研是开展旅行社市场营销活动的重要环节。一般来说,旅游市场调研内容包括以下几个部分。

1. 宏观环境调查

这里所指的环境主要是指人口、经济、社会、科技、政治、法律等旅行社不可控制的因素,如国家和地区有关的法律法规、经济发展水平和增长速度、经济结构、居民消费能力和社会文化习俗等。其中,对旅游客源市场消费能力的调查是一项非常重要的内容。通过了解现实和潜在旅游者个人或家庭的收入水平、客源地的经济实力、城乡居民的收入差异、人口结构变化等情况,揭示旅游客源市场的消费水平和变化趋势。

2. 旅游动机和旅游行为调查

随着居民物质生活水平和精神文化水平的显著提升,旅游动机和旅游行为方式呈现出多样化和个性化趋势。为精准把握市场动态,旅行社积极展开对游客旅游动机和行为特征的调查,运用心理学、社会学和统计学等多学科方法,系统分析旅游者的出游动机、出游时间、出游地点、旅游方式、旅游习惯、旅游偏好以及旅游满意度等,从而更好地满足旅游者的需求。

3. 旅行社竞争状况调查

旅行社竞争状况调查包括市场占有率分析和竞争对手的状况分析。市场占有率的分析,即比较本旅行社与所有竞争对手的总销售量,计算本旅行社的市场占有率,并通过销售趋势分析,研究本旅行社未来市场占有情况;竞争对手分析主要是了解竞争对手的营销方案及产品特点,包括产品的质量、价格、款式、包装等。

4. 本旅行社营销状况调查

本旅行社营销状况调查包括对本旅行社的产品服务、产品价格、销售渠道以及广告促销等情况进行调查。例如,在制定定价策略之前,系统性地调查市场供求形势及所有可能影响产品价格的关键因素;在实施广告策略之后,则会进行广告效果的评估调查。

二、旅游市场调研的步骤和方法

(一)旅游市场调研的步骤

旅游市场调研是一项系统工作,应该对其进行科学规划。一般来说,市场调研包括调研准备阶段、调研实施阶段和调研总结阶段三个部分。其中调研准备阶段主要是确定调研课题,调研实施阶段主要包括拟定市场调研计划和收集相关信息资料两部分,调研总结阶段包括整理分析调研资料和撰写调研报告。

1. 确定旅游市场调研课题

旅游市场调研的首要步骤是清晰地界定调研对象及其具体范围,这涉及明确将针对哪些特定问题、何种情境或条件进行深入调查,以确保调研活动有的放矢,聚焦于关键议题。范围过宽或过窄都不利于调查工作的开展,也会影响调研的实际效果。根据调研目标的不同,可以将调研项目分为探索性调研项目、结论性调研项目、描述性调研项目、因果性调研项目、预测性调研项目等。

2. 拟定市场调研计划

拟定市场调研计划,又称编制市场调研提纲。主要包括以下几个方面的内容。

(1)摘要。摘要是对调研报告做的概括性的小结,主要介绍报告的基本内容,语言简洁、思路清晰。

(2)调研目的。调研目的是提出该项目的研究背景、研究任务以及研究结果所产生的实践效益和理论效益。在实践效益方面重点指出其社会效益、经济效益等。

(3)调研内容和范围。调研内容和范围是提出旅游市场调研的主要内容,明确调研的范围,即具体项目有哪些,什么是重点,详细内容是什么。

(4) 调研的方法。调研方法的确定非常重要,与调研结果的有效性和正确性直接相关。调研方法一般包括访问法、观察法和实验法。

(5) 调研进度和经费预算。详细列出完成每一步骤所需的天数以及起始终止时间。进度计划需要留有一定的余地,但也不能拖延过长。认真地估算,详细列出每一项所需的费用,编制出单项预算和总预算表。

(6) 附录。附录主要包括调研项目负责人及参加人员;调研技术说明及细节;问卷设计中的技术说明以及调研数据处理的方法和使用的软件工具等。

3. 收集相关信息资料

信息收集的来源可分为两大类:原始资料和经过加工的资料。原始资料的收集依赖实地调研,直接获得第一手信息,这一过程对于深入了解旅游客源市场的基本情况至关重要,是进行市场研究的基础;经过加工的资料则是指二手文字材料,这些材料可能源自前人在此方面研究成果、旅游企业内部保存的各项记录与统计报表,以及外部的来源如广告公司、期刊、报纸等。

4. 整理分析调研资料

整理分析调研资料主要是对收集到的信息资料进行编校、分类和分析。对资料进行编校的目的在于去伪存真,把无效、不完整或不符合实际的信息删除。资料分类主要是将经过编校的资料归入适当的类别,并通过绘制统计表格或图像来直观展示对象特征。资料分析则需要利用一些统计方法,对数据进行深入浅出的分析,揭示其中的基本信息和特点。

5. 撰写调研报告

调研报告是对市场调研结果的输出,是以文字、数字、表格、图片等形式对调研内容、调研结果等进行具体详细的说明。其编写要求严格遵循紧扣主题、突出关键信息、确保数据真实准确以及表达客观简练的原则,全面、系统地反映市场调研的实际情况与结论。

(二)旅游市场调研的方法

调研方法的使用是否适当,对调研结果的影响非常大。选择什么样的调研方法主要视调研对象、调研目的和调研内容等的具体情况而定。在旅游市场调研过程中,常用方法主要是文献研究法、询问法和观察法。

1. 文献研究法

文献研究法是对现有的各类文献进行收集和调查的一种方法。首先,该方法涉及对旅行社过往财务报表及相关政府部门统计数据的收集,这些资料为分析提供了基础数据支持。其次,它也涵盖了国家、地方政府、行业协会以及同行旅行社发布的统计资料、调查报告、专业研究报告及公开信息等内容。通过对这些丰富多样的文献资料进行深入调查与分析,可以客观把握旅游行业的最新发展动态与未来趋势,洞悉旅游消费者的行为变化与消费偏好,并准确评估本企业在行业内的市场地位及占有率情况。

2. 询问法

询问法是调查人员事先拟好调查事项,以口头或书面的形式向被调查者提问,从被调查者的回答中获取所需资料的方法。其中面谈访问和问卷调查是使用较广的方法。

3. 观察法

观察法是通过被调查者的活动来取得第一手资料的一种调查方法。这种方法在时间、金钱、人力以及物力等方面支出比较节省。

三、旅游市场预测的含义和内容

(一)旅游市场预测的含义

旅游市场预测是基于旅游市场调查所收集到的一手与二手资料及信息,采用科学的方法论,根据旅行社的具体需求,对旅游市场在未来特定时间段内的发展趋势进行系统性分析与预测的过程。市场需求预测是市场预测的核心内容,也是旅游市场价格预测、旅游效益预测的基础。

(二)旅游市场预测的内容

旅游市场预测的内容十分广泛,涉及的层面较广。一般来说,凡是与旅游市场变化相关的各项因素都是预测的内容,包括旅游环境预测、旅游市场需求预测和旅游市场供给预测。

1. 旅游环境预测

旅游环境预测是一种针对旅游环境未来发展状况的预估活动,其核心在于对影响旅游供求关系的外部宏观因素进行深入分析与预测。这一预测过程广泛涵盖了国际国内政治经济形势的变动、相关政策方针的调整与变化、国民经济发展水平的趋势分析,同时也涉及自然环境的演变、资源状况的变化,以及社会文化环境的变迁、生活方式的更新、人们消费水平的动态调整等多方面的预测内容。

2. 旅游市场需求预测

旅游市场需求预测主要是预测旅游市场需求状况及其变化趋势,包括旅游市场需求变化趋势、旅游市场需求变化量、旅游市场容量、购买力、人口等市场因素的市场状态及其变化对旅游市场需求的影响预测。

3. 旅游供给市场预测

旅游市场供给预测是预测旅游市场供给状况及其变化趋势。在了解旅游市场需求的同时,也必须了解与之相关的旅游市场供给状况和发展趋势。只有这样,才能够全面地了解旅游市场、认识旅游市场。

四、旅游市场预测的方法

旅游市场预测的方法主要包括传统的定性预测法和定量预测法,以及人工智能预测方法[①],如表3-1所示。

表3-1 常见的旅游市场预测方法

方法分类	方法构成		
传统预测方法	定性预测法	德尔菲法	
		经理判断法	
		销售人员意见法	
	定量预测法	时间序列分析法	天真法
			移动平均模型
			趋势外推
			ARIMA模型
		因果关系分析法	回归分析法
			经济计量分析法
			引力模型
人工智能预测法	灰色预测法		
	神经网络预测		
	粗糙集预测		

(一)定性预测法

定性预测法是一种经验推断法,是指预测者依靠熟悉业务知识、具有丰富经验和综合分析能力的人员与专家,根据已掌握的历史资料和直观材料,运用个人的经验和分析判断能力,对事物的未来发展做出性质和程度上的判断。随后,通过特定形式整合各方意见,形成综合判断,以此作为对未来发展趋势预测的主要依据。

1. 德尔菲法

德尔菲法又称专家意见法,遵循一套系统而严谨的程序进行预测。该程序首先明确预测的具体课题,随后邀请一定数量的专家背靠背地对需求预测的问题提出书面意见。接着,主持人负责汇总这些意见,并将整理后的汇总结果反馈给每位专家,以便他们能够参考其他专家的不同见解。专家在收到反馈后,有机会重新审视并调整自己的观点,随后再次将更新后的看法提交给主持人。这一过程将重复进行四至五次,直至专家们的意见趋于一致,最终形成一个较为统一的预测结论。

---

① 李君轶,马耀峰,杨敏.我国旅游市场需求预测研究综述[J].商业研究,2009.

2. 经理判断法

经理判断法是指以旅行社内部的经营管理人员所掌握的情况、经验为主,对预测对象的未来状况及其发展趋势进行分析、判断和估计。其形式主要是旅行社总经理召集熟悉市场情况、具有较为丰富的经验,又掌握业务活动情况和资料的管理人员开会,然后共同讨论,交换意见,对市场前景作出预测。

3. 销售人员意见法

销售人员意见法是指旅行社销售人员凭借他们对市场的熟悉敏感度,掌握本企业及各部门的产品销售变化和了解宾客需求的经验,对未来销售情况作出判断推测。然而,这种方法存在明显局限性,主要体现在销售人员对市场的认知可能不够全面,且由于缺乏系统性的预测技术培训,他们的预测往往受限于个人经验和主观判断。具体表现为,乐观的销售人员倾向于高估预测值,而保守的销售人员则可能低估,这导致了预测结果的不确定性。为了弥补这一不足,通常采用推定平均值法作为修正手段,以期获得一个更为客观、均衡的预测结果。

(二) 定量预测法

定量预测法是一种基于数学原理,通过运用特定的统计与计算方法,对既有历史数据进行科学处理与分析,旨在揭示不同变量间存在的规律性联系,进而对未来发展趋势进行精确预测的方法。其显著优势在于能够依据数据作出客观判断,预测结果往往具有较高的准确性。然而,该方法亦存在明显局限,主要包括对数据量与计算复杂度的高要求,以及难以全面融入非量化因素于预测模型之中,这在一定程度上限制了其预测的全面性和适用性。定量预测法常用的有两种,即时间序列分析法和因果关系分析法。

1. 时间序列分析法

时间序列分析法是一种专门用于处理动态数据的统计方法。该方法基于随机过程理论和数理统计学方法,遵循事物发展连续性的基本原理。该方法通过深入分析时间序列资料,借助构建预测模型的方式,旨在揭示并量化市场过去与未来之间的内在联系,进而识别出时间序列数据中的固有变动规律。常用的时间序列分析法有天真法、移动平均模型、趋势外推、ARIMA 模型等。

2. 因果关系分析法

因果关系分析法从事物的发展变化中探讨因果关系,运用统计方法构建市场变量之间的数量模型,以进行预测。常用的因果关系分析法有回归分析法、经济计量分析法、引力模型等。

(三) 人工智能预测法

市场预测的核心在于通过收集和分析市场数据预测未来的市场变化和趋势。人工智能技术在这一过程中发挥了重要作用,通过整合市场规模、销售增长率、价格和成本趋势、政治与法律环境、消费者行为以及竞争环境等多方面的信息,构建相应的模型,以预测未来市场的发展走势和可能的结果。人工智能能够凭借强大的数据处理和模式识别能力,帮助企业从海量的市场数据中提取关键信息。通过机器学习算法,人工智能可以构建复杂的预测模型,并不断进行优化和调整,提高预测准确性。此外,人工智能还可以通过分析与市场相关的文本数据,利用自然语言处理技术来了解市场的公众舆论和消费者意见,从而更精准地预测市场动态。

1. 灰色预测法

灰色预测法是一种对含有不确定因素的系统进行预测的方法。它通过分析系统因素之间的发展趋势差异来进行关联性分析,并对原始数据进行生成处理,以揭示系统变化的规律,生成具有显著规律性的数据序列,最终建立相应的微分方程模型。①

2. 神经网络预测

作为一种非线性的计算模型,神经网络预测拓展了计算非线性系统的可能性概念和途径,其模拟人脑的基本原理及其高维性、神经元之间广泛的互联性、自适应性等特点,使得神经网络具有大规模并行、分布式存储和处理、自组织、自适应和自学习能力,特别适用于复杂的现代社会经济系统中的经济信息处理。②

3. 粗糙集预测

粗糙集是一种处理含糊和不确定性信息的新型数学工具,其主要思想是,在保持信息系统分类能力不变的前提下,通过简化知识,导出问题的决策或分类规则。

第二节　旅游客源市场细分

市场细分是旅行社准确定位旅游客源市场的关键。旅游市场细分是根据特定标准将市场划分为不同的消费者子集,每个子集都可能成为目标市场,并受到相应的营销组合的影响。根据这一定义,旅游客源市场细分就是根据某种标准将旅游市场划分为若干独特的旅游者群体,每个群体都有可能成为目标市场,并受到符合其特征的旅游营销策略的影响。

由于旅游是一种个性化很强的综合消费活动,因此旅游市场具有鲜明的异质性特征。随着社会经济文化的不断发展,旅游活动内容的日益增加和丰富,人们对旅游的个性化要求也越来越高。这个过程中,旅游市场的异质性将越来越明显。这就要求旅行社更为细致和科学地进行市场细分,从而把握好市场脉搏,选择合适的目标市场。

---

① 刘思峰.灰色系统理论及其应用[M].北京:科学出版社,1999.
② 王娟,曾昊.人工神经网络:一种新的旅游市场需求预测系统[J].旅游科学,2001.

一、旅行社客源市场细分的重要性

1. 有利于更好地满足旅游者的特定需求

旅游者的需求是多种多样的,不同旅游者有不同的兴趣爱好和旅游倾向。例如,有人喜欢游览自然山水风光,有人喜欢考察人文景点,有人热衷激烈探险。此外,人们还有单独旅行和集体出游的偏好的差异,以及对水域、海滨、森林、高山等自然景观的偏好差异等。一般意义上讲,单个旅行社都不可能满足整个客源市场和所有旅游者的需求,因此有必要将客源市场按照其不同特点细分为若干小块,基于不同群体的兴趣爱好、文化背景、消费习惯等个性特征,提供更个性化、定制化的旅行产品和服务,满足旅游者的个性化需求,从而提升旅游者的忠诚度,获得良好的口碑。

2. 有利于旅行社制定有针对性的营销策略

同类旅游者群体具有相似的需求和特点,而不同旅游者群体之间则存在显著的差异,这一特性决定了旅游市场的细分是必要的。旅行社通过市场细分,可以针对不同市场采取具体措施,如设计多样化的旅游线路、制定不同的价格策略,并提供量身定制的旅行产品和服务。此外,利用互联网平台精准投放广告,可以提高广告的曝光率和转化率,从而更有效地满足各类旅游者的需求,提高旅游者体验和满意度,同时也能获得最佳经济效益和社会效益。

3. 有利于旅行社选择适当的目标市场

旅游客源市场本质上是一个多元化的集合体,缺乏细分市场策略会导致旅行社的产品或服务泛化至整个市场,缺乏明确的目标受众,这不仅限制了经济效益的提升,还易造成市场资源的低效利用。旅行社的人、财、物等资源是有限的,其市场经营的核心在于运用这些有限资源实现市场效益的最大化。因此,旅行社必须认真分析自己的优势和劣势,以及竞争者的有关情况,选择某一个或某几个细分市场作为企业的客源目标市场,集中精力进行开发和经营。这一策略对小型旅行社尤为重要,因其难以在短期内全面抗衡大型旅行社的综合实力。通过市场细分,小型旅行社能专注于特色旅游产品,塑造市场品牌,往往能实现更有效的市场渗透和竞争优势。随着市场竞争的日益激烈化,旅行社为保持竞争力,必须进行市场细分并科学定位。综上所述,市场细分在旅行社营销中占据至关重要的地位,是后续市场定位策略的基础。

由于资金、资源、政策等现实因素的限制,旅行社往往无法提供覆盖完整市场的产品与服务,而市场细分策略的应用有效解决了这一问题,通过将旅游市场划分为多个具有特定特征的细分市场或目标客户群体,为其提供个性化的旅游产品和服务,提升市场营销效果,并最终提高竞争力和市场份额。市场细分使旅游企业能够客观评估各细分市场的需求规模,精确分析主要竞争对手的实力与优势。通过对比企业自身优势与竞争对手,企业能理性决策是否进入或适时退出特定细分市场,避免重复建设和恶性竞争等盲目行为。当一个细分市场机会庞大,需要企业投入大量的基础设施、资金规模和人力资源等,而企业规模较小时,即便进入该市场,也可能因资源不足难以满足市场需求,难以形成竞争优势,从而迅速面临竞争压力;反之,若细分市场机会有限,而旅游企业规模与实力显著,即使完全占据该市场,也可能因市场容量不足而难以支撑企业的持续生存与发展。因此,市场细分机制客观上促进了旅游企业对市场机会与自身实力的匹配性进行评估与调整,维持二者间的动态平衡。

二、旅行社客源市场细分的标准

旅行社客源市场细分的标准又称为市场细分的指标,实际上是旅游者的一些特征变量的集合,主要有四方面内容:地理空间因素、社会经济与人口学因素、心理学因素以及行为因素。这些变量可以将旅游者划分为不同的客源细分市场,如表3-2所示。

表3-2　旅行社进行市场细分的标准

变量因子	具体细分变量及举例
地理空间因素	综合地理区域(如洲别、国别、地区等) 空间区位(如近程、远程、长中短线路等) 气候与自然环境(如热、温、寒带,高山、沙漠气候区等) 人文地理环境(如人口密度、城镇规模、城市类型等) 经济地理变量(如发达国家、发展中国家等)
社会经济与人口学因素	年龄(如1—4岁、5—10岁、11—18岁、19—34岁、35—49岁、50—64岁、65岁及以上) 性别(男、女) 种族(如白种人、黄种人等) 国籍(如中国、美国、意大利、日本等) 民族(如汉族、蒙古族、壮族等) 受教育程度(如小学、初中、高中、大学、研究生等) 职业(如学生、工人、农民、公务员、商人等) 收入(如1000元以下、1000—2000元、2000—3000元等) 家庭规模(如单身、两口之家、三口之家等) 宗教信仰(如佛教、基督教等)
心理学因素	社会阶层(如白领、蓝领等) 生活方式(如保守的、自由的等) 性格气质(如内向的、外向的、活泼的、沉静的等)
行为因素	购买动机(如观光、度假、商务、探亲等) 利益追求(如方便舒适、新奇有趣等) 购买时机(如旺季、淡季、节假日等) 购买频度(如首次购买、多次购买等) 购买形式(如团体、散客等) 价值取向(实用型、观赏型等) 对产品的态度(热情型、冷淡型等) 品牌忠诚度(专一型、摇摆型、无所谓型等)

（一）地理空间因素

地理变量是市场细分中最基本和最常用的变量，往往通过旅游者来源地的不同进行划分。这个来源地可以大到一个洲、一个国家，小至一个市县、一个村庄。此类细分策略基于一种客观观察，即来源于同一地区的旅游者具有相似的需求，旅游者的偏好会因居住地的差异有所不同。从地理空间角度进行市场细分有以下几种方法。

1. 按大尺度区域特征划分国际旅游市场

世界旅游组织根据地区间自然、经济、文化等方面的差异，将世界旅游市场划分为欧洲市场、美洲市场、东亚及太平洋市场、南亚市场、中东市场和非洲市场六大区域。在这六大旅游市场中，欧美市场在接待人数、旅游收入以及市场占有率等方面占据主要地位，而且它们还是世界旅游市场的主要客源输出地和接待地。近年来，亚太地区旅游市场发展迅速，尤其是中国作为新兴的旅游目的地和客源地国家在世界旅游市场中的影响力与日俱增。

2. 按国别细分客源市场

按国别细分客源市场是旅行社在国际旅游市场中常用的细分方式，其依据在于来自同一国家的旅游者往往因共享相似的文化传统而展现出某些共同特征，相比之下，不同国家的旅游者在风俗习惯、旅游偏好等方面则呈现出较为显著的差异，这一细分标准相对易于掌握和应用。

3. 按旅游者流向进行划分

国际上通常按照不同客源地旅游者流向某一旅游目的地人数占该地总接待人数的比例来细分市场。一是在同一目的地接待旅游者的总人数中，来访者占最大比例的若干个客源国或客源地区可划入一级市场，需要指出的是，这些国家或地区的游客数量占接待总数的40%—60%；二是来访者占相当比例的一些客源国或客源地区，可划为二级市场；三是那些来访人数目前较少但呈现出日益增长趋势的客源国或客源地区，可归类为具有潜力的机会市场，也常被称作边缘市场。

4. 按客源地与目的地之间的差异划分

旅游客源地与旅游目的地之间在自然或社会环境方面往往存在着较大差异，这就成为旅行社进行市场细分的又一个依据。异地间存在的气候、地形差异以及丰富多样的民风民俗，构成了对旅游者的显著吸引力。例如我国北方地区的人冬天喜欢到海南避寒，体验热带海滨风光；而南方人却更倾向于到哈尔滨、长白山等地度假，欣赏北国风光。现代都市人对气势宏伟的自然山水、原始淳朴的民俗风情更感兴趣；久居乡镇的游客却希望欣赏摩天大楼的雄伟和感受繁华商业街区的热闹。

5. 按旅游者的出游距离划分

旅游客源地和旅游目的地之间的空间距离是旅游活动的自然障碍因素，而这两地之间的交通条件则具有克服这一障碍的重要作用。若两地之间的距离显著增加，会导致旅行时间的延长和旅行费用的上升,这两者共同构成了影响旅游活动的显著障碍因素。基于此,旅游市场可以被客观地细分为远程市场、中程市场和近程市场。远程市场的游客虽然数量小,但一般停留时间较长,消费水平高,其支出往往数倍于近程旅游者;近程旅游市场由于与客源地距离较近,进入门槛低,生活习惯接近,不仅游客数量大,重游率高,而且发展潜力大,常被视为重点营销的市场对象;中程市场则介于两者之间。

(二)社会经济与人口学因素

1. 年龄因素

人口年龄是旅行社进行市场细分的基本标准之一。依据年龄阶段,旅游客源市场可以划分为老年人市场、中年人市场、青年人市场以及少儿市场四个部分。

第一,老年人市场是近年来颇受关注的客源市场,又称为"银发市场"。由于老年人退休后空余时间多,加上有一定储蓄,在身体条件允许的情况下一般都愿意外出旅游散心,出游目的以观光度假、探亲访友、宗教活动为主。针对老年人的特点,旅行社应开发一些旅游节奏较慢、安全性高的旅游产品来满足老年人的需要。

第二,中年人年富力强、工作繁忙,有一定经济基础,是消费水平较高的一类群体。他们通常旅游经验丰富,对旅游产品要求较高,出游目的以观光、会议、商务旅游居多,可作为较理想的目标市场。针对这一市场,旅行社宜提供方便、舒适的成熟型旅游产品。

第三,青年人对旅游充满激情,喜欢探险,热衷尝试新事物,出游频率高。虽然青年人消费水平不高,但人数众多,出游频繁,也是一个不容忽视的主要客源市场。其中学生市场也是近年来值得开发的市场。

第四,少儿求知欲强,通常与父母一起出游,而父母往往依据孩子的意愿选择目的地,形成一个人带动多个人出游的局面。这里的关键在于家长们普遍认识到旅游对于拓宽孩子视野的重要性,并愿意在此方面投入资源。旅行社可根据少年儿童的特点,开发一些寓教于乐、科普性趣味性强的产品来充实少儿市场。

2. 性别因素

根据性别可将旅游市场分为男性市场和女性市场。男性游客独立性强,精力充沛,倾向于知识性、运动性、刺激性强的旅游产品。而女性则注重陪伴感,喜欢购物,对价格敏感,重视安全、卫生和舒适的旅行体验。随着女性社会地位的改善和受教育程度的提高,近年来女性旅游市场发展很快,商务女性客人日益增多,已经引起旅行社的高度关注。

3. 职业、收入和受教育因素

这三个变量可以说是互相关联的,一般来讲,受教育程度越高,职业越好,收入也越多。收入是旅游的基础,尤其是家庭可自由支配收入是实现旅游活动重要的前提条件之一,而且其水平的高低直接影响旅游消费构成和消费水平。因此以消费者收入水平细分市场具有较为普遍的意义。根据有关资料,美国最经常旅游的人家庭年收入超过25000美元,进行远距离旅游的人,家庭年收入至少达到50000美元。一般受教育程度越高,审美意识越强,旅游品位也越高。从职业方面看,从事商业、管理工作的人由于有较多机会出差,旅游的次数也较多。

4. 家庭生命周期因素

根据家庭生命周期可分为未婚、已婚和空巢期三个阶段。每个阶段的旅游活动都有其相应的市场特点。

首先,未婚游客通常喜欢自由的旅行方式,喜欢交友,了解新事物,对食宿要求不高。旅行社宜将这类旅游者组合在一起,为他们提供互相交流的机会。

其次,已婚游客中值得注意以下两方面:一是处在蜜月期的新婚夫妇,他们喜欢浪漫,追求时尚,消费水平高,旅行社可提供"海上蜜月旅行"等产品;二是带小孩旅游的家庭,旅行社要考虑孩子的体力和兴趣对父母出游行为的影响。

最后,空巢期是指家庭中孩子已成年并离开父母独立生活,家庭中只剩下老年夫妻两人。这时夫妇二人空闲时间多,也没有什么负担,但有时难免觉得寂寞,旅游是很好的调节心情的活动。旅行社应做好促销宣传,制定内容丰富和价格适当的产品。

(三)心理学因素

1. 按照社会阶层划分

不同社会阶层对旅游产品的兴趣和支付能力存在着明显的差异。处于社会上层的游客多倾向于时尚、新奇、奢华的产品,对价格不敏感,选择高档旅游产品是显示其身份的一种标志,如到国外度假、滑雪等;而处于社会中下阶层的旅游者在选择产品时会受经济因素的制约,物美价廉的产品较受欢迎。

2. 按照生活方式划分

生活方式能反映旅游者的心理需求。美国斯坦福国际咨询研究所的学者将16岁以上成年人的生活方式分为三大类型。①需求促使者:这类人群绝大部分处于社会底层。受人类最基本的需求驱使,在贫困线上挣扎求生或勉强维持生计,显然不是旅游业所要开发的市场。②外界指挥者:这类人群受相关群体影响大,根据所信赖的人群的看法来安排自己的生活,又可细分为附属者、效仿者和成功者三类,这三类人群在教育程度和收入水平方面呈现出由低到高的渐进趋势。③内因指挥者:这类人群根据自己内心的需求和喜好生活,主要细分为三种类型:一是自我中心者,大部分20岁左右,喜欢时尚,易自我陶醉;二是实验者,年龄在20—30岁,寻求丰富的精神生活和直接的经历,追求享乐和标新立异;三是喜欢户外活动的热心社会者,社会意识较强,对异域文化较感兴趣。

3. 按照性格气质划分

性格气质构成了个人生活方式的基础,并且是旅游动机中一个不可忽视的影响因素。一般来说,生性谨慎的人喜欢选择熟悉的旅游目的地和娱乐活动,全部行程要事先安排妥当;活泼好动的人喜欢新奇、不寻常的旅游场所,活动量大,愿意接触他们不熟悉的文化和当地人,希望旅行社能为其提供更加灵活和宽松的行程安排,以便他们拥有更大的自主空间;性格沉静的人不喜欢喧闹的景点和过快的旅游节奏,倾向于有充足时间在宽松宁静的环境中慢慢欣赏。因此,旅行社应根据几种主要的气质特征来设计相应的旅游产品,以确保产品能够精准对接目标客户群体,提升竞争力。

(四)行为因素

在旅游市场中,旅游者的行为变量,包括行为目的、选择时机、追求的利益、使用者状况、产品使用率以及忠诚程度等,成为将旅游者划分为不同细分市场的核心依据。这些变量客观地反映了旅游者对旅游产品的了解深度、利益诉求、消费模式及反应态度,从而指导了市场细分策略的制定。

1. 按购买目的细分市场

按一般旅游者外出旅游的目的来细分市场,大体上可划分为以下几种:①度假旅游;②商务旅游;③会议旅游;④探亲访友;⑤外出购物旅游;⑥工作假期旅游;⑦宗教或精神探索旅游;⑧探险旅游;⑨体育保健旅游;⑩以教育为目的的旅游。这些细分市场,由于旅游者购买目的的不同,对旅游产品的需求特点也有差异。例如,度假旅游者倾向于寻求高服务质量的体验,决策需要较长时间并依赖指导意见,同时会频繁进行价格比较。他们的度假时长通常较长,且行程安排易受季节变化影响。相比之下,商务旅游者的决策更为迅速,出行通知的提前时间较短,出行特点为时间短但频次高,对价格变动的敏感度较低,且不受季节因素制约。他们更看重服务的快捷性、便利性、灵活性以及完善的单据管理。

2. 按购买时机细分市场

根据旅游者产生需要、购买或消费产品和服务的时机,可将他们区分开来。例如,某些产品和服务主要适用于某些特定的时机,诸如五一假期、国庆节假期、春节假期及寒暑假期等。旅行社可以把购买时机作为细分指标,专门为某种特定时机的特定需求设计和提供旅游服务。例如,在春节期间设计年夜饭配套旅游服务,以及针对学生的寒暑假期,提供专门的特色旅游服务。

3. 按旅游者寻求的利益细分市场

根据旅游者对旅游产品和服务所追求的不同利益来划分不同的消费群体。一般来说,旅游者购买某种产品,都是在寻求某种特殊的利益。因此,旅行社可以根据旅游者对所购产品追求的不同利益来细分市场。旅行社在采用这种方法时,要判断旅游者对旅游产品所追求的最主要利益是什么,他们各是什么类型的人,旅行社的各种旅游产品提供了什么利益,旅游者追求的利益与旅行社提供的利益是否匹配等。只有了解旅游者寻求的真正利益,旅行社才能通过为旅游者提供最大的利益来实现自身的营销目标。

4. 按使用者状况细分市场

旅游市场可被细分为某一产品和服务的从未使用者、曾经使用者、潜在使用者、首次使用者和经常使用者。在某种程度上，经济状况将决定旅行社把重点集中在哪一类使用者的身上。在经济增长放缓的背景下，旅行社应当调整策略，将关注焦点转向吸引首次使用者以及那些处于生命周期新阶段、寻求新体验的顾客群体。同时，为了稳固市场地位并防止忠诚客户流失，旅行社还需致力于维护品牌的高知名度与影响力，并采取有效措施，确保忠诚客户群体的持续忠诚度，避免其转向竞争对手。

5. 按使用率细分市场

使用率是指旅游者使用某种产品和服务的频率，被细分为少量使用者、中度使用者和大量使用者。例如，相较于非经常性旅客，旅行社的常客在假日旅游方面展现出更高的参与度、更强的变革接受度、更丰富的知识储备以及更乐于成为意见领袖的特质。这些常客频繁出行，习惯于从报纸、杂志、书籍及旅游展览会上广泛搜集旅游资讯。鉴于此，旅行社应当指导其营销团队，主要借助电信营销、专属合作计划以及定制化的促销活动，将营销重心精准地聚焦于这些高价值的常旅客群体上。

6. 按旅游者忠诚程度细分市场

旅游者忠诚程度是指一个旅游者更偏好购买某一品牌产品和服务的一种持续信仰和约束的程度。根据旅游者的忠诚状况将他们分为四类：①坚定忠诚者，即始终不渝地购买一种品牌的消费者；②中度忠诚者，即忠诚于两种或三种品牌的消费者；③转移型忠诚者，即从偏爱一种品牌转换到偏爱另一种品牌的消费者；④多变者，即对任何一种品牌都不忠诚的消费者。旅行社可以通过深入分析坚定忠诚者的特征，来明确自身产品的优化与开发战略；通过研究中度忠诚者的行为偏好，可以识别出市场上对自身最具竞争性的品牌，从而制定差异化竞争策略；同时，审视那些转移型忠诚者，有助于揭示营销环节中的薄弱环节，并据此制定改进措施，以期挽回并增强顾客忠诚度。至于多变者，旅行社则可采用灵活多变的销售策略，创新销售方式，以吸引并留住他们的兴趣与青睐。

第三节 客源市场变化趋势分析

一、国内旅游市场结构的变化

（一）产品市场：定制化及小团化趋势明显

进入"十四五"时期，随着中产阶级及以上消费群体的不断壮大，我国消费者将经历显著的消费升级,这直接驱动了旅游市场向更加差异化、个性化的方向发展。这一趋势促使旅游服务提供商积极响应,推出更多定制化、个性化的旅游产品和服务,以满足市场日益增长的需求。以往的旅游方式,包括团队游、自助游等常规的旅行类型,已经不能有效满足顾客对品质化、个性化旅游的追求。旅游服务定制成为旅游消费市场的新形态,这种形式既能满足人们对高品质旅游服务的追求,又能充分彰显顾客的个性化需求特征。根据艾瑞咨询机构发布的数据,尽管2021年受疫情的影响,中国旅游定制市场的交易规模仍然突破了1.3万亿元,这一领域已成为高端顾客群体的首选旅游方式。

旅游定制是一种新兴的旅游服务类型,也是一种商业模式。在实施过程中,旅游服务定制围绕六要素等基础性的需求,充分满足顾客的个性化偏好,最大化地提升顾客的体验感。旅游服务定制是典型的需求导向型产品,涵盖了旅游市场上各种非标准化的产品构成要素。在业务流程层面,旅游服务定制提供商紧密围绕顾客的具体需求与期望体验,精心打造个性化的旅游服务方案;在具体服务层面,现有的旅游服务定制主要包括行程前的需求沟通、方案策划、路线制定、手册制作、机票和酒店预订以及保险签证等协助服务,以及行程中和行程后的辅助服务等。其中,行程前定制方案的质量直接决定了顾客的整体旅游服务定制体验。

此外,精品小团、私家团在诸多旅游产品中脱颖而出。相较于传统跟团游产品,以私家团为代表的"新团队游"产品具有参团人数偏少、行程更契合个性需求等特点,虽然整体客单价偏高,但更受游客的青睐。从目前旅游市场上的产品表现形式来看,与传统跟团游相比,精品小团、私家团等旅游产品的参团人数规模偏小。携程在2019年发布的数据显示,出境私家团平均一张订单的人数约为3人,相比以前多达三四十人的出境旅游团,私家团人数缩减到原来的十分之一。由于精品小团、私家团、定制游的机票、酒店、车辆、地接要针对小团队进行安排,团费一般比常规跟团游高出约两成。

精品小团、私家团、定制游是跟团游的另一种表现形式,也是跟团游产品的升级迭代。随着人们对个性化及高品质旅游需求的日益增长,未来旅游市场将呈现出明显的大团向小团转变的趋势。这一变化不仅反映了游客对旅行方式的偏好变迁,还体现了从简单的打卡式旅游向追求深度体验转变的强烈愿望。因此,团队游的内容将会更加丰富多元,以满足游客对于独特、深入和个性化旅行体验的需求。

(二)年龄市场:旅游队伍凸显老少主力

以往旅行社总是把中青年作为旅游客源市场的主力,但是市场研究表明,我国国内的旅游客源市场已发生了结构性的变化,老年旅游和学生旅游异军突起,成为目前国内旅游市场中新的旅游主力军。

1.老年旅游呈现强劲的增长态势

改革开放以后,我国社会生产力不断发展,人民生活水平有了极大提高,但人口老龄化现象却越来越严重,我国成了世界上老年人口最多的国家。截至2022年末,我国老龄人口已超过2亿,占人口总数的16%以上,其中60—70岁区间的老年人总数已达到老龄人口的一半以上。面对老龄化人口数量的直线上升,扩大旅游市场范围,提高旅游行业老龄人口市场营销能力,将成为未来阶段旅游产业发展重点。随着网络对大众影响逐渐加大,一些原本属于年轻人的网上娱乐活动,逐渐成为我国老年人日常娱乐生活的一部分。例如,部分短视频软件在老年群体中广泛传播,直接反映出我国老年人群心态向年轻化转变,尤其是对新鲜事物的接受能力,也随着精神文明水平的不断提高而提升。老年人群身体健康水平相对较差,对高强度旅游运动的兴趣不足。简单的旅游服务难以保障老年人群旅游安全。因此,针对老年人群的安全需求,营销宣传应聚焦于展现旅游服务的全面性与高度便捷性,确保服务设计能够充分顾及老年人的身体状况,从而精准对接其旅游需求。

2. 研学旅游方兴未艾

自2017年起,研学旅游市场经历了显著的增长期,迅速在全国范围内普及开来。2018年国内研学旅游人数达到了420万人次,从2015年到2018年,短短三年时间参与人数实现了翻倍增长,市场规模达到128亿元,人均单次消费约为3048元。进入2019年,我国研学旅游市场规模已经达到了164亿元。业内预计,在未来几年内,国内研学旅游市场将达到千亿的量级。中小学生是研学旅游市场的重要客户群体之一,该群体的消费能力不容小觑。研学旅游市场展现出以下特点。

(1) 以青少年学生为中心。

青少年学生是研学旅游的主体和中心,是研学旅游能否成功开展的核心要素。不难发现,许多国家在进行研学旅游前期设计时,会对研学内容、时间安排、活动距离、线路规划等进行充分考虑,主要的依据就是孩子们的兴趣爱好和身心特点。低年级的学生由于身心发展尚未成熟,对父母、教师的依赖性较强,所以为了确保他们研学旅游安全,活动范围较小,主要为周边场所;到了中学,学生的自理能力和求知欲望增强,所以研学旅游范围有所增大,甚至是跨出国门。而且与课堂教学相比,研学旅游更注重让孩子们以轻松愉快的游乐方式进行学习。

(2) 以学校为主要组织单位。

学校是教育的组织机构,也是研学旅游的主要组织单位,其中包含内部的班级和年级单位。从各国实践来看,以学校为组织单位的好处在于:一来有助于让青少年在熟悉的集体中开展学习活动,培养集体意识;二来便于校方组织和管理,提高活动的安全性和针对性,同时节约活动成本。

(3) 以明确的主题和目的为关键。

是否有明确的主题和目的,是活动能否取得预期效果的一个关键因素。名校游可以说是一个典型。学生假期游访高校,目的是尽可能地了解各高校专业特色、校园环境等信息,以便为将来升学选择做好准备;高校在接待这些高中生时,也希望通过讲座、校园参观等方式,尽可能吸引他们选择本校。

（三）性别市场：女性旅游不容忽视

新时代的女性是旅游消费的重要力量,对于整个旅游市场的消费变迁和发展有着重要的影响。中国女性的消费随着经济的变化,正在向发展型、品质型转变,旅游消费已经在新时代女性消费支出中占据重要比例。在众多喜欢旅游的女性当中,旅游动机也是各不相同,呈现出多元化状态。部分女性旅游是为了舒缓平时工作的紧张状态,部分女性旅游则是为了锻炼身体和娱乐。除了旅游动机以外,旅游女性的经济条件、家庭结构、受教育程度、兴趣偏好等方面都存在着多元化特点,导致了旅游消费的多元化。女性旅游市场因其独特性,展现出一定的特点,主要表现在如下几个方面。

1. 消费动机特点

通过研究发现,绝大多数女性的消费动机都集中在旅游观光、体验新事物以及购买产品等方面。

2. 消费结构特点

女性旅游消费结构主要集中在吃、住、游和购物等方面,而她们在旅游过程中的娱乐活动则侧重身心的放松与休闲。

3. 安全需求高的特点

女性的安全需求一般较高。特别是在旅游时,身处异地,女性对于安全方面的需求往往会更高。单独出游的女性往往也会通过加入旅行团的方式来确保自身在旅游过程中的安全。

二、入境旅游市场格局的演变

（一）市场格局的变化

经过几十年的发展,入境旅游市场格局已发生了翻天覆地的变化。20世纪80年代,日本、美国两国遥遥领先,为当时中国入境旅游的一级市场;西欧的英国、法国、德国和东南亚的菲律宾、新加坡、泰国共同构成入境旅游中的二级市场。到了90年代中后期,随着东南亚五国（新加坡、马来西亚、泰国、菲律宾、印度）和韩国来华旅游人数的激增,以及周边其他国家来华游客输送量的递增,入境旅游市场格局出现了重大的调整。此时,洲内入境旅游市场基本划分为东亚、东南亚和北亚三大板块,并与传统的欧美地区一同构成了多元化的入境旅游市场格局。

2008年中国入境旅游市场一览表如表3-3所示。

21世纪,我国亚洲入境旅游市场格局发生了新的变化。自2001年以后,外国游客所占入境旅游客源市场的份额较之港澳台同胞略有上升,且从2003年之后,超过了港澳台同胞的份额,并一直保持稳定状态[①]。2013年,中国新增主要入境旅游客源国包括

---

① 巫丹,史春云,杨礼娟,等.中国大陆入境旅游客源市场结构的时空格局与特征分析[J].江苏师范大学学报(自然科学版),2015.

越南、印度和缅甸,并且入境规模扩张明显;2017年,缅甸和越南分别成为中国入境人数排名第一与第二的旅游客源国;随着中国"一带一路"建设的深入实施,中国与东南亚地区的贸易交流更加频繁,最终使得缅甸和越南超越韩国和日本成为中国前两大入境旅游客源国。

表3-3　2008年中国入境旅游市场一览表

市场划分	游客数量/万人次	市场划分	游客数量/万人次
东亚:日本、韩国	740.65	北亚:俄罗斯、蒙古国	382.87
东南亚:新加坡、马来西亚、泰国、菲律宾、印度	370.25	欧美:美国、加拿大、英国、德国、法国	383.15

(资料来源:根据国家统计局网站相关数据整理制作。)

(二)客源市场结构变化

1. 旅游者年龄结构的变化

当前,入境游客群体的年龄构成主要集中于25—44岁的青壮年游客群体,以及45—64岁的中年游客群体。中国经济展现出的强劲活力与广阔市场机遇,正成为吸引中青年商务人士来华进行各类商务旅游活动的主要因素之一,从而显著影响了入境游客的年龄结构变化。

2. 团队游客和散客游客比重的调整

在旅行社接待的入境旅游者中,团队旅游者比重显著下降,而散客旅游者人数却实现了快速增长。20世纪90年代初期,散客仅占入境旅游者总数的35.4%,但至90年代中期,这一比例已急剧上升至67%。特别值得注意的是,我国台湾地区旅游者的结构变化尤为典型,20世纪80年代末其团队与散客比例约为8∶2,而到了20世纪90年代中期,该比例迅速转变为2∶8。散客旅游者的增加是国际旅游市场发展的大趋势。随着我国旅游接待设施的优化、交通条件的改善和通信设备的完善,入境散客旅游者数量的增加已成为一种必然的发展趋势。

3. 客源市场越来越分散

在21个主要入境客源地中,亚洲地区作为中国入境旅游的主要来源地,其市场份额从2004年的57.78%降低至2013年的49.45%。同时,中国入境旅游排名前10位的客源地的合计市场份额也从2004年的74.66%减少到2013年的63.7%,这一数据变化客观地反映了中国入境客源市场的分散化趋势,以及市场构成的日益多样化[①]。

[①]陆叶. 中国和日本入境旅游客源市场结构差异及机理研究[D].苏州:苏州大学,2016.

4. 旅游者旅游动机的变化

入境旅游动机主要包括会议和商务、观光休闲、探亲访友、技术服务等,其中1978—2017年,会议/商务入境旅游和观光休闲入境旅游一直约占入境旅游游客总量的20%和40%。近年来,中国入境游客旅游动机更加多样化,以探亲访友、度假等目的为主的游客都占到一定比例。

(三) 客源流向的变化

在2000年以前,外国人入境旅游目的地主要以北京、广东、上海和江苏等沿海开放省(市)为主,内陆地区的外国人入境游客相对较少。中国入境旅游呈现出"胡焕庸线"的空间分布特征。2000年之后,广东省入境游客数量远远超过北京和上海等其他沿海省市。2017年上海、云南、浙江、北京的国际游客接待量明显高于其他省市,分别为589.48万人次、507.52万人次、430.13万人次、332万人次[①]。黑龙江、内蒙古、山东、陕西等省(自治区)在入境旅游人次排名中逐渐崭露头角,位于前列。

入境游客的流向变化,说明我国的旅游目的地的市场吸引力正在悄然发生变化。近年来,国际旅游者在我国境内的流向表现出两种倾向:由沿海城市逐渐转向内地城市;由传统的旅游目的地逐步转向新兴的旅游目的地。入境旅游者在我国境内的流动趋向逐渐向西南、西北地区的旅游目的地发展。这种转变的主要原因可以从以下三方面分析:一是内地城市住宿、交通、通信等条件的迅速改善,有效缓解了以往制约旅游发展的不利因素;二是一大批新兴旅游目的地的崛起,成为国际旅游市场新的吸引物;三是政治环境的开放,如云南于2014年以来实施"72小时过境免签"政策使得云南的国际游客量由2013年的287万人次增加至2014年的570万人次,增长幅度高达98.6%。

(四) 旅游方式的变化

受国际旅游市场发展潮流的普遍影响,我国的入境旅游者在旅游方式上也出现了与国际潮流同步的趋势。

1. 旅游者停留天数减少

伴随国际旅游交通条件的改善和长途交通费用的降低,越来越多的人可以利用较短的时间完成原来需要较长时间才能从事的长途旅行活动,从而导致发达国家的人们不再是每年仅做一次较长时间的旅游活动,而是将一次长假分割成2—3个短假期分别使用,以致来华旅游的游客停留时间出现相应降低的趋势。1990年,入境过夜旅游者人均停留时间为10.3天;2000年,下降到6.5天,其中团体游客从9.7天下降到6.3天,而散客从11.5天下降到6.6天;如今,原来比较常见的停留15天以上的旅游团已经极为鲜见了。

---

① 阮文奇,郑向敏,李勇泉,等.中国入境旅游的"胡焕庸线"空间分布特征及驱动机理研究[J].经济地理,2018.

2. 旅游者经停城市数趋减

当前,走马观花式的旅游体验对于国际旅游者而言,其吸引力正逐渐减弱,对中国的向往与迷恋情绪也从过去的冲动性转变为更为理性的态度。这一转变在旅游活动中具体表现为,国际游客在单次旅行中游览的中国城市数量相比以往有所减少,其中约80%的入境旅游者选择仅游览1—3座城市。值得注意的是,相较于散客而言,团队游客在单次旅行中游览的城市数量通常略多一些。

3. 旅行随意性增强

以往,我国旅行社对外进行产品销售常常要提前半年,甚至一年以上。而今这种情况已发生相当大的改变。当前,境外入境游客进入中国具有更强的临时性。从我国看,各种配套设施的逐步完善也为入境游客的便捷出行提供了现实的条件。这一变化在旅游市场上产生了直接影响,具体表现为旅行社能够提供的系列旅游团数量有所减少,客户组团预报的时间周期缩短,同时,旅行社在外联工作方面面临的难度相应增大。

4. 买方选择变多

过去,旅行社主要采取事先搭配好的产品进行捆绑式销售,拥有较大的市场自主权。然而,当前趋势已转变为由海外客户直接提出具体的观光游览需求,再由旅行社据此编排游程,这种"点菜式"选择方式显著限制了旅行社在产品组织与市场销售方面的主动权,并加剧了市场竞争的激烈程度。据相关统计数据,我国入境旅游者中,多次来华者占据主导地位,特别是入境4次及以上的过夜旅游者比例接近50%。这一数据客观反映了海外游客对中国已有相当深入的了解,进而要求我国旅行社在满足客户需求时,必须采取更加灵活多样的手段和策略。

三、出境旅游市场的演变

来自联合国世界旅游组织的数据显示,1995—2019年,中国出境旅游人数由0.05亿人次增至1.55亿人次。哪些因素驱动或者阻碍了人们选择出境旅游,这是出境旅游研究的逻辑起点。出境旅游需求影响因素主要包括经济因素、制度因素、产业因素和人口特征四个方面。

1. 经济因素

经济因素是出境旅游需求最根本的决定因素,直接影响着出境旅游的有效需求,主要包括游客收入水平和旅游价格(汇率变动)两个方面。国民收入的提高是出境旅游需求增长的根本原因,长期收入水平的提高有助于出境旅游规模的扩大。旅游价格是影响需求的另一主要变量,由于出境旅游是一种跨境消费行为,涉及国与国之间的货币交换,因此汇率变动会引起旅游产品价格的相对变化,进而影响出境旅游需求的变动。

2. 制度因素

制度因素主要涉及签证制度、休假制度、外汇管控政策等。一方面，便利的签证制度对各国出境旅游需求具有促进作用；另一方面，随着双休日、公共假期和带薪休假制度的实施，中国公民拥有更多的休闲时间，这无疑促进了中国出境旅游规模的扩大。

3. 产业因素

出境旅游消费的核心产品是旅游目的地的自然或人文资源，这些商品具有不可移动性，需要旅游者前往目的地消费。旅游产业的发展带动了消费者的出境旅游需求，主要包括旅游资源、旅行社业和交通运输三个方面。国与国之间自然或人文资源的差异无疑是出境旅游需求存在的关键。旅行社业的有效竞争改善了旅游行业的供给数量和供给水平，客观上方便了人们出境旅游愿望的实现。

4. 人口特征

中国出境旅游的快速发展是中国社会结构变化在消费需求上的反映，城镇居民核心家庭规模减小、少儿抚养比下降正向影响了中国出境旅游的需求。

第四节 旅行社目标市场选择与定位

一、目标市场的概念

旅游市场表现为旅游者需求的总和，它包含着千差万别的需求形态。任何一个旅行社，无论其规模如何，它所能满足的也只是旅游市场总体中十分有限的一部分，无法满足市场的全部需求，不可能为所有的旅游者提供有效的服务。因此旅行社在经营旅游业务时，必须寻找其目标市场，并确定自己在旅游市场中的经营层次和竞争地位。

在目标市场被明确锁定，并全面总结其特征之后，旅行社需集中有限的人力、物力及财力资源，以重点开发和经营这些特定市场。这一过程就是旅行社目标市场的选择，构成了旅行社市场营销战略中不可或缺的关键组成部分。

每个旅行社都有自己相应的目标市场。所谓目标市场，是指旅行社根据旅游市场的一般规律，在市场细分的基础上，从满足现实客源市场旅游者的需求和研究潜在客源市场旅游者消费趋势的立足点出发，结合旅行社自身的经营能力，选定若干切实可行的特定客源市场作为旅行社的经营目标。换言之，目标市场的客源就是旅行社市场营销的重点和旅游产品的主要消费对象。旅行社目标市场选择一般分为以下几个步骤，如图3-1所示。

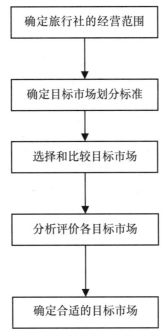

图 3-1　旅行社目标市场选择步骤

二、目标市场选择的主要标准

（一）客源市场要具有合理的规模

旅行社选定的目标市场必须具有一定的市场规模，也就是要有足够大的市场容量和市场潜量。这里必须考虑两个相关的问题，一是客源市场所在地目前的出游率相对要高。所谓出游率，是指外出旅游人数占人口总数的比例。如果一个国家出游率较高，而人口基数较小，这就意味着市场的发展潜力受到限制，通常难以成为旅行社的主要目标市场。二是目标市场人口基数相对要大。人口基数大，出游率高，表明市场容量大。当然，仅有人口数量，而现实出游率较低，也不足以构成旅行社现实的主要目标市场。前者如比利时，虽然居民出游率高达 90%，但是国家人口总数仅有 900 万；后者如印度，尽管人口总数超过 10 亿规模，但是居民出游率相对较低。因此，对旅行社而言，只有当出游率和人口基数两者都达到一定的程度，才是旅行社比较理想的客源目标市场。

对于尚未开发的旅游市场，可通过抽样调查获得其一定时间内可能形成的旅游消费人次和平均意愿的消费价格，两者的乘积可以作为这个市场的潜量估算值。

（二）客源市场所在地经济状况良好

经济条件是产生旅游消费的基础。一个国家若经济发展态势稳健，外贸进出口保持平衡或呈现顺差，且外汇储备充裕，则成为旅行社选择理想目标市场时的重要考量条件。在其他条件相同的情况下,外汇储备量的高低成为决定客源市场居民出游率高低的促进因素或限制因素。具体而言,当一个国家经济发展强劲,外贸收支大幅度顺差,其货币往往会升值,从而使出境旅游费用相对降低。此外,这样的经济表现还可能促使政府管理部门放宽对居民出境旅游的限制,甚至采取鼓励措施,以减少与其他国家在外贸领域的摩擦,从而进一步推动居民出境旅游的增长,日本在1987年实施的5年海外旅行倍增计划就属于这种情况。而当一国深受经济和金融危机的影响,货币贬值,外汇储备急剧降低,出国旅游费用相对上涨,且政府管理部门还会采取严格措施,大幅度削减外汇的兑换量,以限制居民的出国旅游,如1997年东南亚金融危机爆发后,泰国政府管理部门就采取相关的手段限制本国居民出国旅游,以减少本国外汇的流失。

(三)居民可自由支配收入高

旅行社选择和衡量客源市场的一个非常关键的硬性指标,就是客源地居民可自由支配收入程度的高低。按照国际惯例,可以通过客源地人均国内生产总值这一标准,并结合居民消费结构的恩格尔系数进行估算。旅游作为一种高层次的消费活动,其实现前提在于个体在满足基本生活需求之余,仍拥有可自由支配的收入。因此,可自由支配收入的增加直接促进了出游机会的增多。

(四)居民可自由支配时间长

居民拥有的闲暇时间的长短是开展旅游活动的另一个重要条件。旅行社选择客源市场所要考虑的是该地居民节假日时间的分配与带薪假期的长短,这是构成客源地居民从事出国旅游活动密度和频度的重要参数。一个国家或地区经济发展状况良好,只是说明客源市场具备了理想的经济大环境;当地居民可自由支配收入高,也仅仅表明人们已具有从事出国旅游的经济基础。然而,如果不具备相应的能够进行出国旅游的时间条件,同样不可能成为旅行社的客源目标市场。据统计,世界主要发达国家居民带薪假期大致维持在5—6周的时间规模。①

(五)与目的地之间来往交通便捷

客源市场与目的地之间的距离远近直接影响旅游的费用和时间。若距离旅游目的地较近,交通方便,旅游者花在路途上的时间和费用就相对较少,说明这个客源市场前往旅游目的地的交通可到达性好,产生启动居民出游行为的可能性就越大。在国际旅游中,远程国际旅游的交通费用占国际旅游者总开支的20%—30%。国际旅游中的距离杠杆作用决定了旅行社目标市场的选择以近距离的洲内市场为主,以远距离的洲外市场为辅这一基本规律。在我国入境旅游市场人数位居前15位的国家中,亚洲内市场的国家就占了9家,其余6家属洲外市场国家。倘若从游客数量上讲,洲内游客要占

---

① 魏小安,冯宗苏.中国旅游业:产业政策与协调发展,北京:旅游出版社,1993.

到70%左右,而洲外游客仅占30%左右。这就充分说明交通距离在旅游市场选择中的重要作用。

(六)客源地居民对旅游目的地的兴趣程度较高

根据国际旅游市场游客流动的一般规律,大致可以概括出以下四个特征。

第一,客源地居民出游首先选择的是在文化、语言以及其他方面有千丝万缕联系的洲内国家或地区,如欧洲地区的英国、法国、西班牙三国居民的出游首选就是在这样一个三角区域里流动,又如东亚地区的中国、日本和韩国三地居民的彼此流动。就国内旅游而言,江浙沪三省(市)之间的游客流动量显著,占据了这三个地区居民外出旅游总量的50%—60%。

第二,因一些历史原因,客源市场与一些洲外国家和地区形成了密切的联系,如英国游客喜欢选择印度、澳大利亚等英联邦成员国,而法国的游客则喜欢原来非洲法属殖民地国家。

第三,不同区域巨大的文化差异也是产生旅游兴趣的动因。西方游客对东方古老文明的向往,成为欧美游客向亚洲目的地市场流动的永恒动力。

第四,长途国际旅游中途经的一些有特色旅游资源的国家或地区。当然,还有其他一些特征,需要指出的是,旅游者出游的兴趣具有很大的可变性,特别容易受到外界的影响。

以上概括的旅行社市场选择标准虽说具有一定的通用性,但也是相对的,应该根据具体的市场目标,随时进行适当的调整,以使客源市场的选择更具有科学性和准确性。

(七)旅游目标市场的潜力与风险

旅行社进入某一市场是期望能够有利可图,如果市场规模狭小或者趋于萎缩状态,企业进入后难以获得发展,此时,应审慎考虑,不宜轻易进入。旅行社选定的目标市场必须具有一定的市场规模,也就是要有足够大的市场容量和市场潜量。一是客源市场所在地目前的出游率相对要高;二是目标市场人口基数相对要大。除此之外,客源地市场的经济状况、消费群体的可支配收入水平与可支配时间,以及客源地与目的地市场之间往来的便捷程度,都是影响旅游目标市场潜力的重要因素。

风险是评估细分市场吸引力的另一个重要指标。风险通常衡量不利事件发生的可能性。损失可能性较大的项目被认为比损失可能性较小的项目风险更大。在市场营销领域,风险可能代表细分市场的市场潜力低于平均值的可能性。如果吸引旅行支出的可能性很低,或者由于需求波动,支出水平在一年内或几年之间急剧变化,那么细分市场的吸引力就不如具有高概率和稳定支出的细分市场。

(八)旅游目标市场结构的吸引力

目标市场可能具备理想的规模和发展特征,然而从盈利的观点来看,它未必有吸引力。哈佛商学院教授迈克尔·波特认为一个行业的竞争态势取决于五种基本力量。这五个群体是同行业竞争者、潜在的新参与的竞争者、替代产品、购买者和供应商。这些群体具有如下威胁。

1. 目标市场内激烈竞争的威胁

如果某个目标市场已经有了众多的、强大的或者竞争意识强烈的竞争者,那么该目标市场就会失去吸引力。若进一步考虑市场处于稳定或衰退阶段,伴随着生产能力的持续大幅扩张、固定成本居高不下、退出市场的壁垒高昂,以及竞争者已投入巨额资金等因素,市场状况将更为严峻。这些条件往往促使价格战、广告竞争白热化以及新产品频繁推出,迫使旅行社若要参与竞争,必须承担高昂的成本和代价。

2. 新竞争者的威胁

如果某个目标市场有可能吸引新的竞争者,这些新进入者将增加新的生产能力和投入大量资源以争夺市场份额,那么该目标市场的吸引力将会降低,问题的关键是新的竞争者能否轻易地进入这个目标市场。如果新的竞争者进入这个目标市场时遇到森严的壁垒,并且遭受目标市场内原来的旅行社的强烈报复,他们便很难进入。目标市场的保护壁垒越低,且原有占领该市场的旅行社的报复意愿越弱,则该目标市场在吸引力上显得更为不足。某个目标市场的吸引力随其进退难易的程度而有所区别。根据行业利润的观点,最有吸引力的目标市场应该是进入的壁垒高、退出壁垒低,在这样的目标市场里,新的公司很难打入,但经营不善的公司可以安然撤退。如果目标市场进入和退出的壁垒都高,那里的利润潜量就大,但也往往伴随较大的风险,因为经营不善的公司难以撤退,必须坚持到底。如果目标市场进入和退出的壁垒都较低,公司便可以进退自如,然而获得的报酬虽然稳定,但不高。最坏的情况是进入目标市场的壁垒较低,退出的壁垒却很高。在经济繁荣时期,由于市场吸引力增强,各方纷纷涌入市场;然而,在经济萧条阶段,由于退出壁垒较高,市场参与者难以撤离,导致整体生产能力过剩,进而造成收入普遍下降。

3. 替代产品的威胁

如果某个目标市场存在着替代产品或者有潜在替代产品,那么该目标市场就失去吸引力。替代产品会限制目标市场内价格和利润的增长。旅行社应密切注意替代产品的价格趋向。如果在这些替代产品行业中技术有所发展,或者竞争日趋激烈,这个目标市场的价格和利润就可能会下降。

4. 顾客讨价还价能力加强的威胁

如果某个目标市场中顾客的讨价还价能力很强或正在加强,该目标市场就没有吸引力。顾客会设法压低价格,对产品质量和服务提出更高的要求,并且使竞争者互相斗争,这些行为都会使销售商的利润受到损失。在以下情况下,顾客的讨价还价能力会显著增强:顾客群体相对集中或有组织;该产品在顾客总成本中占比较大;产品难以差异化;顾客的转换成本较低;顾客因自身利益较低而对价格变动高度敏感;顾客有能力向后联合。为应对这种情况,旅行社可采取的策略包括选择议价能力最弱或转换销售商意愿最低的顾客群体作为目标市场。更为有效的防御策略是提供市场上无法替代的高质量产品,以此抵御顾客议价能力的提升。

5. 供应商讨价还价能力加强的威胁

如果旅行社的供应商有能力提高价格、降低产品和服务质量,或减少供应数量,那么这将直接削弱该公司所在目标市场的吸引力。此外,当供应商群体集中、有组织,市场上替代产品稀缺,供应商提供的产品是旅行社运营中的关键投入要素,转换供应商的成本高昂,或者供应商有能力向前联合时,其讨价还价能力会显著增强。因此,为了有效应对这种情况,旅行社应采取的策略包括与供应商建立稳固的合作关系,并积极探索和开拓多元化的供应渠道,以确保供应的稳定性和可控性。

(九)旅游目标市场与旅行社经营目标与形象相吻合

某些目标市场虽然有较大吸引力,但不能推动旅行社实现发展目标,甚至分散旅行社的精力,使之无法完成其主要目标,这样的市场应考虑放弃。市场竞争激烈,旅行社需要通过与目标市场的匹配来区分自己。如果旅行社形象与目标市场相吻合,能够在市场中建立起差异化优势,提高竞争力。例如,如果旅行社的目标市场是高端奢华旅游客户群体,那么它的经营目标和形象就应该体现出高品质、豪华的特点,以吸引这一客户群体。

现代市场经济条件下,制造商品牌和经销商品牌之间经常展开激烈的竞争,也就是所谓品牌战。一般来说,制造商品牌和经销商品牌之间的竞争,本质上是制造商与经销商之间实力的较量。在制造商具有良好的市场声誉,拥有较大市场份额的条件下,应多使用制造商品牌,无力经营自己品牌的经销商只能接受制造商品牌;相反,当经销商品牌在某一市场领域中拥有良好的品牌信誉及庞大的、完善的销售体系时,利用经销商品牌也是有利的。因此进行品牌使用者决策时,要结合具体情况,充分考虑制造商与经销商的实力对比,以求客观地作出决策。

(十)旅游目标市场与旅行社拥有的资源相匹配

为了确保提供符合市场需求的旅游产品和服务,进而实现业务增长和竞争优势,旅游目标市场的选择与旅行社所拥有的资源之间需保持高度匹配。这种匹配性涵盖多个方面,其中之一便是旅行社能够依据其目标市场的特性,精准选择并有效利用相匹配的自然景观资源和人文底蕴资源,以丰富其旅游业务内容和提升服务品质。例如,如果目标市场倾向于自然风光,旅行社可以选择拥有丰富自然景观的目的地,并利用这些资源设计和开发相关旅游产品。旅行社需要根据目标市场的需求提供相应的设施和服务;针对高端市场,旅行社需要拥有高品质的酒店、豪华交通工具和个性化服务等资源,以满足客户的高要求。旅行社可以与其他相关企业建立合作伙伴关系,共享资源和优势,提供更全面和多样化的旅游产品和服务。例如,与航空公司、酒店集团、当地旅游部门等展开合作,互利共赢,提升整体竞争力。

通过与目标市场相匹配的资源,旅行社可以提供更准确、个性化和专业的旅游产品和服务,满足客户需求,并在竞争激烈的旅游市场中取得竞争优势。同时,合理利用和整合资源也有助于降低成本,提高效率,实现可持续发展。

三、旅行社目标市场的选择

旅游目标市场是旅行社基于战略考量所确定的要进入并服务于其特定需求与偏好的顾客群体。旅行社在对国际旅游市场进行宏观分析的基础上,结合测定目标市场的标准以及其他相关因素对目标进行选择和排列,为旅行社今后的市场营销策略奠定坚实的基础。

(一)划分洲内外目标市场

按照市场的衡量标准,将客源市场划分为洲内市场和洲外市场两大目标市场体系。从国际旅游客源市场的发展经验以及我国旅行社的实践看,洲内客源市场在旅行社的市场选择中往往占据最重要的地位。

(二)对目标市场进行排列

根据客源市场的选择标准以及旅行社能够实际进行市场拓展的能力,对旅行社选定的市场进行区分,主要划分为两大类:一是洲内目标市场;二是洲外目标市场。在此基础上,已选定的目标客源市场要按照洲内和洲外两大板块按序进行分别排列,形成梯度发展的结构。同时,根据旅行社市场发展战略,选择未来可进行开发的潜在市场。

(三)分析机会市场

除了现实的目标市场外,还要分析机会市场,即那些具有较大出境旅游潜力的国家或地区。不过由于种种原因,这些国家或地区居民目前来华旅游的时机也许尚未成熟。一旦环境改变,条件具备,处在机会市场的国家或地区就有可能成为旅行社的现实目标客源市场。对此,旅行社要有明确的客源市场发展战略构想,进行相应的超前准备。

(四)市场选择策略

市场选择策略是旅行社根据自身内部条件和外部竞争状况所确定的关于选择和占领目标市场的策略,目的在于充分发挥旅行社的优势,增强竞争能力,更好地适应环境变化,以较少的投入获取最大的经济效益。

1. 无差异策略

无差异策略是旅行社市场策略的一种,其核心在于将整个市场视为统一目标市场,通过提供单一产品及配套营销方案,旨在吸引最广泛的潜在购买者。此策略的优势在于简化了市场细分流程,降低了生产成本与开支,因集中资源于单一产品,促进了大规模生产,并简化了销售渠道管理。对于具有高度垄断性和广泛吸引力的旅游产品,如故宫、长城、秦始皇兵马俑及埃及金字塔等世界自然文化遗产,无差异策略能有效汇聚大量游客,实现高效的市场覆盖。

然而,该策略亦存在明显局限。首先,市场需求本身具有多样性和动态性,单一产品及服务难以满足所有消费者的差异化需求,长期而言,其市场吸引力可能减弱。其次,当多家旅行社均采用无差异策略时,市场竞争将趋于白热化,部分细分市场的特定需求可能被忽视,对旅行社及消费者均非理想状态。再者,此策略易使旅行社在市场竞争中处于被动地位,一旦竞争对手推出更具针对性的产品和服务,采用无差异策略的旅行社可能面临市场份额被侵蚀的风险,且难以有效应对。

2. 差异性市场策略

差异化市场策略是一种将整体市场细分为多个具有特定特征的细分市场,并针对每个细分市场量身定制营销策略与产品组合的方法。其优势在于能够提供多样化的产品选择,拓宽市场覆盖范围,同时增强产品的灵活性和针对性,更好地契合不同消费者的需求,从而有效促进旅游产品的销售。此外,通过在多个细分市场上运营,旅行社能够分散经营风险,并在成功渗透几个细分市场后,提升品牌形象及市场占有率。

然而,差异化市场策略也伴随着一定的挑战。其一,产品种类的增加会直接导致开发和营销成本的上升。由于需要为不同的细分市场开发独立的产品和营销计划,旅行社在市场调研、促销活动和渠道管理等方面的投入也会相应增加。其二,该策略可能导致资源分配上的分散,使得旅行社难以集中资源打造拳头产品,形成竞争优势。在某些情况下,内部资源还可能因不同细分市场间的竞争而出现争夺现象,进一步削弱整体竞争力。

3. 集中性策略

集中性策略是集中力量进入一个或少数几个细分市场,实行专业化服务和销售。集中性策略的核心指导思想在于,通过集中有限资源于某一特定领域或细分市场,以实现突破性的成功,而非广泛分散资源于多个领域以求得微弱的整体效果。这一策略尤为适用于资源相对有限的中小型旅游旅行社。由于财力、人力等资源的限制,中小旅行社在整体市场上往往难以与大型旅行社抗衡。然而,通过精准定位并集中优势资源于大型旅行社尚未充分渗透或尚未建立绝对优势的细分市场,中小旅行社能够更有效地展开竞争,从而提高成功的可能性。

集中性策略也存在其局限性。其一,由于目标市场区域相对狭窄,中小旅行社的市场发展空间可能受到一定限制,难以实现快速或大规模的扩张。其二,该策略还蕴含着较高的经营风险。一旦目标市场发生突变,如消费者兴趣迅速转移、强大竞争对手突然介入或市场上出现更具吸引力的替代品,中小旅行社可能因缺乏灵活调整的空间而陷入困境,因为其所有资源均高度集中于该细分市场,缺乏应对市场变化的回旋余地。

（五）市场反馈分析

最终选出的目标市场，需要旅行社根据实际的市场业务业绩、历年及当年所接待的来自客源市场旅游者的人次、人均停留天数、人天消费指标等相关数据进行分析和验证。此外，旅行社还需密切关注客源市场动态，预测并评估潜在的市场变化，据此灵活调整目标市场的优先级排序，以确保其市场定位始终与最优的客源市场选择保持高度契合。

四、旅行社目标市场的定位

（一）目标市场定位的定义

市场定位是20世纪70年代由美国两位资深的广告和营销策划专家阿尔·顿斯和杰克·特鲁塔提出的一个重要营销学概念。市场定位就是旅行社根据目标市场上同类产品竞争状况及和自身状况相比较的差异，针对顾客对该产品某些特征或属性的重视程度，为本企业产品塑造强有力的、与众不同的鲜明个性，并将其生动形象地传递给顾客，形成目标市场顾客对本企业形象的认识和评价，以赢得顾客认同，在顾客心中形成一种特殊的印象或偏爱。

市场定位体现在旅游产品的供给、价格、促销、广告等多方面，尤其是广告宣传方面，实质就是使本企业与其他企业严格区分开来，使顾客明显感觉和认识到这种差别，从而在顾客的心目中占据特殊的位置。

（二）目标市场定位的步骤

旅行社一旦选定了目标市场，下一步就应该对其进行合理的定位，目标市场定位步骤如图3-2所示。

图3-2　目标市场定位的步骤

1. 分析市场特点，发掘竞争优势

每个市场都有其自身特点，市场定位的第一步就是要分析目标市场的特点，以便有的放矢进行合适的定位，这是从企业外部条件角度考虑的。例如，旅行社选定的目标市场旅游者的消费水平较高，企业就可采取高价位、高质量的市场定位方针。至于从企业内部角度来说，要善于挖掘经营潜力，提炼市场竞争优势，这种优势主要体现在降低市场经营成本和形成产品特色上。为了降低产品成本，旅行社需在旅游产品营销策略与企业内部经营管理流程上不断优化与改进。同时，旅行社的产品特色构建则直接依赖其产品创新能力的强化及市场实施能力的有效运用。另外，旅行社还应密切注意竞争对手的动态,尽量避免与竞争者定位雷同,尽可能抢占市场先机,以保证旅行社在市场竞争中立于不败之地。

2.选择期望定位,树立市场形象

当旅行社分析了客源市场的特点和自身优势后,可以对所选定的目标市场进行理想定位。所谓理想的市场定位,对旅行社而言,目标市场定位并非越高越好,关键在于合理和正确。因此理想的市场定位就是符合旅行社实际情形和市场竞争状况的定位,而且这个定位要易于为客源市场的旅游者所接受。旅行社选择期望的定位就意味着将在旅游者心目中树立起特定的企业形象和产品形象。树立企业良好的市场形象对于一个旅行社来说是极为重要的,因为旅游者很容易凭印象做出行为的选择。企业形象一旦遭到破坏,要想在短期内进行修复就比较困难。

3.制定相应策略,扩大定位影响

旅行社对目标市场进行了理想定位以后,还要设法使客源市场的广大旅游者认识和了解企业的定位能够给他们带来的益处,并形成深刻印象,这样才能实现旅行社的根本目的。在目标市场定位的同时,企业应制定相应的市场运作策略,扩大定位的市场影响程度,将企业进行市场定位的宗旨传达给客源市场的旅游者。

(三)目标市场的定位策略

1.根据价格和质量定位

不同的价格和质量为不同收入水平的旅游者所接受。价格与质量的关系如图3-3所示。

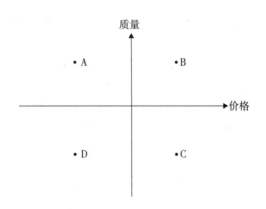

图3-3 价格与质量的关系

(1)A点表示高质低价产品。从市场的实际反映看,这无疑是最受大众旅游者欢迎的产品了,但是采用这样的市场定位,通常需要旅行社具有较强的实力和较好的市场信誉,并能够在保持产品质量的前提下最大限度地降低成本。旅行社在组织新的旅游产品上市时,采取这种高质低价的市场定位目的就是要迅速占领市场。

(2)B点代表高价高质产品。旅行社定位在这里的大多是垄断性产品,一般企业难以模仿,所以即使高价也有一定的市场需求。因为对中高档的游客群体来说,高质高价的旅游产品事实上就是一种社会身份的象征。旅行社采用这样的市场定位,就是为了满足这部分特殊的高消费者的需求。

(3)C点表示高价低质产品。这种产品无疑是不受欢迎的,因此正常情形下不会有旅行社将市场定位在这一点上。

(4)D点表示低价低质产品。一般地讲,低价产品可能会吸引一些收入水平较低的旅游者。但需要看到,旅行社实施低质产品定位的结果将造成没有回头客的结局,最终会失去市场,失去旅游者。所以对旅行社来讲,在降低成本时采用市场的低价定位是可以的,但是绝不能以牺牲产品质量为代价,而应在保证产品质量的前提下尽量降低产品的价格,给旅游者提供物美价廉的产品。

2. 根据产品带来的利益和体验定位

旅游者购买旅游产品是为了获得美好的体验和享受,如果旅行社塑造的市场形象并不能为旅游者带来实际利益,这样的市场形象必然是无效的,甚至可能给旅游者造成虚构的假象。旅行社要设法使旅游者知道,购买本企业产品或服务不仅能获得实际利益的满足,更重要的是能获得生理和心理上难以忘怀的双重旅游体验,因为旅游者购买旅游产品的根本目的就在于此。旅行社可根据旅游者希望获得不同层次的体验来进行市场定位。例如,旅行社推出"惊险之旅"系列产品,能满足喜欢冒险、追求刺激体验旅游者的需要;推出"浪漫之旅"系列产品,能迎合年轻恋人或新婚夫妇期望从中获得甜蜜美好体验的精神需要。

3. 根据竞争状况定位

旅行社在市场定位时还应考虑竞争对手的实际情况,再根据自身状况找准市场定位。旅行社有以下几种市场定位方式可以借鉴。第一,靠近竞争者定位。采用这种定位策略的旅行社要求自身实力较强,通常规模较大,销售渠道较宽,即使产品与竞争者的产品类似,也能凭借自己的优势与竞争者抗衡甚至战胜竞争者。第二,远离竞争者定位。对于实力较弱的中小型旅行社来说,尽量要避免与强大的旅行社发生正面的冲突,更不要推出与竞争者雷同的产品,而应着力开发与竞争者相异的产品来开辟新的市场。第三,等距离市场定位。既不远离,也不靠近竞争者,与竞争者保持适度距离。这种策略比较适合实力中等的旅行社。

4. 综合定位

旅行社在进行市场综合定位时,应综合运用多种策略,这要求旅行社既要审视自身的实力与资源,也要深入分析竞争对手的动态,即遵循"知己知彼,百战不殆"的原则,以确保对整体市场有全面而清晰的认知。随后,旅行社需综合考虑产品的品质、价格定位以及市场竞争态势等多个维度,通过对各影响因子进行系统性分析,科学梳理它们之间的相互作用与影响,从而明确这些因子如何共同作用于旅行社的市场定位决策。最终,基于这一综合分析过程,旅行社能够得出一个精准且合适的市场定位结论。

（四）目标市场定位方法

1. 产品差异化

产品差异化表现在产品的特色、风格、性能、设计等多方面。特色就是指产品的基本功能的某些增补；风格是产品给予顾客的视觉和感觉效果；性能是产品主要特点在运用中的水平；设计是一种综合性要素，设计是从顾客的要求出发，能影响产品外观和性能的全部特征的组合。

2. 服务差异化

服务差异化策略显著体现在提升顾客体验的多个环节，包括订货便捷性、送货时效性、安装安全性、优质维修服务以及便捷的客户咨询通道等。在旅游产品订购领域，旅行社通过设立免费订购热线或构建互联网信息系统，实现了旅游产品的便捷获取，同时推广在线订购服务，进一步简化了顾客的购买流程。此外，旅行社致力于积极响应顾客需求，迅速且细致地处理顾客的请求、咨询、投诉及疑问，展现出高度的服务意识和责任感。在服务过程中，旅行社将每位消费者视为独特的个体，通过提供个性化的关怀与服务，确保消费者感受到被充分理解和重视，从而增强了顾客满意度与忠诚度。

3. 人员差异化

为了突出人员差异化优势，旅行社应重视优秀人才的聘用与持续培训，以此作为实现差异化服务的关键。这一策略的核心在于培养员工具备六大核心素质：第一，员工需具备必要的专业技能与知识，以胜任其岗位职责；第二，礼貌待客，对每位顾客都应展现出友好与关怀，设身处地为顾客考虑；第三，保持诚信态度，使顾客感受到坦诚与信赖；第四，确保服务的可靠性，即能够始终如一、准确无误地提供优质服务；第五，强化服务响应能力，对顾客的请求与问题能够迅速且有效地作出回应；第六，注重沟通能力，深入理解顾客需求，并准确传递相关信息，确保沟通顺畅无阻。这些素质的综合提升，将助力旅行社在人员方面形成鲜明的特色与优势。

4. 渠道差异化

通过设计分销渠道的覆盖面，建立分销专长和提高效率，企业可以取得渠道差异化优势。旅行社应考虑旅游产品是否购买方便，销售网点分布是否合理，经销商和零售网点的工作人员是否经过良好训练。促销手段的有效性直接关联于其能否通过分销渠道顺利传达，并深入渗透至目标市场，同时也在目标市场中构建起深刻的品牌形象。这些促销手段在实施过程中的差异性，不仅塑造了旅行社之间的独特市场定位，还成为抵御旅游产品同质化趋势的重要策略。因此，合理运用和创新促销手段，对于旅行社在竞争激烈的市场环境中脱颖而出、增强品牌辨识度具有至关重要的作用。

5. 形象差异化

形象是公众对企业及其产品的认识与看法。旅行社或旅游品牌形象可以对目标顾客产生强大的吸引力和感染力,促其形成独特的感受。旅行社要做好企业形象设计,旅行社形象是一个有机整体,它涉及旅行社的方方面面,具有明显的综合性。

本章思考题

1. 什么是旅行社市场细分?
2. 旅游需求的一般特征有哪些?
3. 当前旅游者的旅游需求正在发生哪些变化?
4. 我国的旅游市场供需结构性矛盾主要体现在哪些方面?
5. 旅游需求信息的主要来源有哪些?
6. 试说明旅游需求的定性调研方法。
7. 说明旅游需求问卷调查的操作注意事项。

第四章
旅行社产品开发设计

本章对旅行社产品的定义进行了阐述,对旅行社产品的构成、类型和特征进行了介绍,对旅行社产品生产的原则、新产品的设计与开发以及现有产品的筛选等进行了探讨。

贵州启黔之窗旅行社:研发特色旅游产品,让游客爱上贵州

"贵州旅游高质量发展,我们旅行社核心团队在深耕旅游行业10多年后,于2018年创建了贵州启黔之窗旅行社,真是遇上好时机。"贵州启黔之窗旅行社有限公司总经理说。

10多年来,启黔之窗旅行社核心团队经历了贵州旅游业的蓬勃发展,见证了新的消费需求下旅游链的裂变与升级,确定了不同于传统旅游行业的独立定位思想,立足于贵州本土优质旅游资源,以私密化、小团化、定制化、主题化来开发新产品和打造品牌,精心推出定制游、亲子游、研学游等主题游产品,让游客享受旅游的美好与快乐。

三年来,启黔之窗研发推出了"山地贵州""科技贵州""非遗贵州""韧者贵州"四大主题路线,让游客抵达超级工程"中国天眼",攀上"天空之城"梵净山,穿越亿万年前的"大贵州滩",抵达"转折之城"遵义和英雄赤水河。"我们一直在努力研发贵州特色研学游产品,让世界各地的朋友来到贵州,体验贵州、拥抱贵州、爱上贵州。"贵州启黔之窗旅行社有限公司总经理说。

贵州省委第十二届委员会第八次全体会议指出,大力推进旅游产业化,构建高质量发展现代服务业体系。该公司总经理表示,"推进旅游产业化,增强了旅行社立足贵州旅游新发展阶段、新发展理念、新发展格局,精心研发打造定制、主题旅游产品和品牌的信心。"作为一家贵州本土新创立的旅行社,启黔之窗将紧跟贵州省旅游产业化推进步伐,以未来十年、二十年乃至更长远的时间维度为规划蓝图,以立足国内、面向国外的开放眼光,打造升级旅游产品和服务品质,打造具有持久生命力的旅游产品品牌。

课前思考:旅行社进行产品研发时如何突出地域特色?

第一节　旅行社产品

一、旅行社产品概念及其性质

(一)旅行社产品的界定

所谓旅行社产品,一般意义上是指旅行社在特定的时间里和区域内,为满足旅游者在旅游过程中的所有需要,向旅游者提供的各种有偿使用的旅游资源、旅游设施和服务活动的总和①。构成旅行社产品的要素可以分为旅游目的地的资源、旅游目的地的各种设施、从旅游者居住地到旅游目的地的各种交通以及旅行社所提供的各种服务四类。

(二)旅游线路与旅游行程

旅游线路可以从广义和狭义两方面进行理解。广义上的旅游线路通常与旅行社产品同义。狭义上的旅游线路专门指旅行社为游客制定的从居住地到目的地,以及在目的地从事的旅游活动在空间上的演变轨迹。

旅游行程是指旅行社根据游客的需求,按照时间顺序,安排游客从居住地到目的地,以及在目的地进行与吃、住、行、游、购、娱相关的旅游活动的具体计划。

(三)旅行社产品的性质

旅行社产品包括有形的物质服务和无形的劳务服务两部分内容。对旅行社性质的认识可以从产品的核心功能、形式功能和附加功能三个层面展开,做进一步的深入分析。

1. 旅行社产品的核心功能

旅行社产品的核心功能是指向旅游者提供的最基本的产品的直接使用价值,即产

---

①旅行社产品的概念有广义和狭义之分。狭义的旅行社产品,是指旅行社为游客提供的各种单项服务,如预订酒店、预订机票等;广义的旅行社产品,是指游客参加旅行社组织的从离开客源地或居住地开始旅游到结束旅游返程回出发地这一过程中所包括的全部内容,是一系列的服务项目。李云霞,刘惠余.现代旅行社管理与运作[M].昆明:云南大学出版社,2007.

品的实用性,包括吃、住、行、游、购、娱六大部分,以满足旅游者进行旅游活动的基本需求。

2. 旅行社产品的形式功能

旅行社产品的形式功能,是指旅行社产品核心功能得以实现的基本形式——在旅游市场上出售旅行社产品的实物和劳务的外观,有时又称作旅游产品的品质功能。旅行社产品的形式功能包括产品的品质、形态、商标、价格等。

3. 旅行社产品的附加功能

旅行社产品的附加功能是指旅游者在购买旅游产品之前、之中和之后所得到的各种延伸的接待服务和物质享受及满足,有时又称作旅游产品的延伸功能,特别是指旅游者潜在心理服务愿望的满足,良好的售后服务等。

二、旅行社产品类型

旅行社产品的分类主要有三种方法:按照旅游者的旅游动机分类;按照旅游者的出游范围分类;按照旅游产品的形态分类。

(一)按照旅游者的旅游动机分类

1. 观光旅游

观光旅游产品是指旅行社利用旅游目的地的自然旅游资源和人文旅游资源组织旅游者参观、游览及考察。观光旅游产品一般具有资源品位高、可进入性强、服务设施多、环境氛围好、安全保障强等特点。

2. 度假旅游

度假旅游是游客选择一个固定的旅游目的地,以散客的方式(大多以家庭方式),进行休闲、娱乐、健身、疗养等消遣性旅游活动。度假旅游产品包括海滨度假、山地度假、湖滨度假、滑雪度假、森林度假、乡村度假等。度假旅游的特点是服务要求高、康乐设施齐全,客人花费大、停留时间长。

3. 专项旅游

专项旅游产品又称为特种旅游产品,具有主题繁多、特色鲜明的特点。专项旅游产品包括商务旅游、会议旅游、体育旅游、探险旅游、医疗旅游、宗教旅游、修学旅游、康复旅游、购物旅游、生态旅游,以及各种专业旅游等。

(二)按照旅游者的出游范围分类

1. 周边游

周边游通常从大城市或省会城市为中心展开,游客能够在出发当天抵达这些中心城市的周边地区以及邻近省份的城市并进行游览。此类旅游活动的行程时长大多设定为1—3天,且主要集中在周末进行,形成了以短途休闲游为特征的旅游市场。周边游的优点在于时间灵活、规划决策少、开支较小、出游方便。2022年的五一劳动节假期,本地游和周边游占据旅游市场的主导地位,携程旅游平台的"露营"访问热度达到历史峰值,搜索热度增长90%,民宿的订单量更是增长了144%,"2小时度假圈"成主流。在广州地区,本地游订单量在总订单量中的占比接近八成,进一步凸显了周边游在当前旅游市场中的受欢迎程度。

2. 长线游

长线游是指旅游行程时间较长的一种出游方式,通常情况下行程时间超过一周。长线游注重深度体验和全面了解目的地的风土人情、历史文化、自然景观等。长线游可以涵盖多个城市或地区,以此来丰富旅游的内容和体验。目前旅行社推出的长线游产品以跟团游为主,以方便游客在城市地区之间的转移,同时也有小部分私家团,让游客的行程选择更自由。

3. 出境游

出境游是指游客从自己的国家前往其他国家或地区旅游,一般情况下由旅行社负责如签证等出境手续的办理。出境游是一种广泛的旅游方式,可以让人们领略不同国家或地区的文化、风景、历史和生活方式,丰富个人阅历和扩宽视野。出境游涵盖了多种旅游方式,具体包括自由行、跟团游以及定制游等不同的形式,以满足不同游客的需求和偏好。

(三)按照旅游产品的形态分类

旅行社产品的形态是多种多样的,而且在不同的阶段会发生新的变化,目前主要包括团体包价旅游、散客包价旅游、半包价旅游、小包价旅游、零包价旅游、组合旅游、委托代办服务和定制旅游。

1. 团体包价旅游

团体包价旅游是指旅行社按照事先计划好的游览观光日程,将游程、食宿、游览项目、交通工具等各项内容的分散价格加以综合,以一种全包的旅游价格出售给旅游者。旅行社对所提供的各项服务内容在质量和数量上给予保证,而游客则必须在旅游活动开始之前,将购买旅游产品所需费用一次性付清或按同旅行社商定的付款期限支付。

(1) 团体包价旅游包含两层含义:一是指团体的旅游活动形式,由10人以上的旅游者组成;二是采用包价的旅游形式,即旅游者采取一次性预付旅费的方式将各种相关旅游服务全部委托给一家旅行社办理。

(2) 团体包价旅游的服务项目通常包括按照协议规定提供相应等级的客房、一日三餐和饮料、固定的市内游览用车、翻译导游服务、交通集散地接送服务、游览场所门票、文娱活动入场券和全陪服务等。

(3) 团体包价旅游作为一种旅游方式,其优点与缺点并存。从旅行社的角度来看,其优势在于预订周期相对较长,使组团与接团流程更为程序化,便于业务操作。同时,由于团体旅游涉及人数众多,有助于降低单位经营成本,对旅行社的营业额与利润提升具有显著作用。然而,团体包价旅游也面临一些制约因素,如实际出游人数可能低于预计,导致旅行社面临经济损失。为规避此风险,部分旅行社可能会采取转团或卖团措施,将损失转移至游客。此外,在旅游旺季,旅行社采购旅游服务可能遇到挑战。

对于游客而言,参与团体旅游能享受到较为优惠的价格,并将旅途中的食宿行等事务交由旅行社安排,从而减轻个人负担,使旅行更为顺畅愉快。但另一方面,团体旅游也存在灵活性不足的问题,往往难以兼顾每位游客的个性化需求,导致部分游客无法获得完全定制化的服务体验。此外,团体旅游的行程安排通常较为紧凑,可能使游客感到疲劳。

2. 散客包价旅游

散客包价旅游是指人数少于10人的包价旅游团。需要指出的是,散客包价旅游是在团体包价旅游的基础上发展起来的,从一定意义上讲,它既保留了团体包价旅游的优势,又在一定程度上避免了团体包价旅游存在的一些缺陷。当然有以下几方面必须注意:一是这里的散客是指散客旅游者,它是与团体包价旅游相对应的一个概念;二是参加散客包价旅游团的游客同样也是一次性预付旅费,将各种相关旅游服务完全委托给一家旅行社办理;三是散客包价旅游的价格相对较高,与团体包价旅游相比无价格优势;四是参加散客包价旅游的游客往往需求专业化和个性化的服务,对旅行社服务人员要求较高。

3. 半包价旅游

半包价旅游是在全包价旅游的基础上根据市场现状和游客的需求进行调整以后出现的一种旅游包价产品形式。具体地说,半包价旅游是指在全包价旅游的基础上,扣除午餐和晚餐费用的一种包价形式。半包价旅游产品的目的在于适当降低旅游产品的直观价格,降低旅游者的旅费支出,提高产品的市场竞争力,增加游客用餐的灵活性和自主性。在近年来旅行社的实际市场运作中,团体包价旅游和散客包价旅游都可采取半包价旅游的形式。

4. 小包价旅游

小包价旅游是顺应散客旅游市场趋势发展而来的一种新型旅游活动形式,它通过对半包价旅游形式的创新整合,为旅游者提供了更多选择性和自主性强的旅游体验,因此也被视为一种可选择性的旅游形式。小包价旅游在人数上具有灵活性,可适用从单人到数人的不同规模。

其服务内容主要分为非选择性与可选择性两部分。非选择性内容,如接送服务、住宿安排及早餐提供,由旅行社统一规定并需预先支付费用;而可选择性内容则涵盖导游服务、游览项目、娱乐活动及特色餐饮等,游客可根据个人喜好自由挑选,相关费用既可预付也可以现场支付。小包价旅游的优势显著,包括价格透明、经济实惠、手续简单及行程安排灵活等。

5. 零包价旅游

零包价旅游是国际旅游市场上非常流行的一种独特的包价旅游活动形式。它是指参加零包价旅游的游客必须随团一起前往和离开既定的旅游目的地,但在旅游目的地,游客完全可以按照自己的意愿自由安排所有游览活动。零包价旅游活动的最大优点就在于,游客能够获得同团体游客一样的优惠机票价格,并可由旅行社统一办理旅游签证等。

6. 组合旅游

组合旅游是一种融合了团体旅游与散客旅游的旅游形式,它在保留两种模式各自特点的同时,通过灵活的时间安排,进一步提升了游客在随团旅游过程中的自由度。参加组合旅游团的游客一反过去必须统一从同一地方一起赶赴旅游目的地的传统做法,而是在一个规定的时间内,游客可以分别从不同的地方直接赶往指定的旅游目的地,然后由事先确定好的旅行社组织各种旅游活动。与其他旅游活动形式相比,组合旅游团具有以下一些特点:一是组合团采用无领队的管理方法;二是组团时间短,通常一周内就可成行;三是组团方式灵活,不必沿袭过去不到10人不成团的传统做法;四是游客活动的自由度大,选择性强。

7. 委托代办服务

委托代办服务又称单项服务或零星代办服务,是指旅行社根据旅游者提出的特殊服务要求而提供的各种形式的非综合性有偿服务的总和。由于国际旅游市场上商务旅游和散客旅游数量的急剧增加,委托代办旅游服务已经成为国际旅游活动中的主要业务形式。

第一,委托代办的形式。旅游者可以根据自己行程安排的需要,采用当地单项委托、联程委托,或国际委托等不同的方式,请旅行社予以办理。单项委托是指旅行社替旅游者代订本地或异地的客房住宿,代租汽车、轮船等交通工具,以及代订、代购机(车、船)票等。联程委托是指旅游者在出发站委托旅行社办理途经若干个地方的旅行或游览活动,另外还可为旅游者代办行李提取和行李托运业务,以及代办旅游签证等。

第二,委托代办的主要内容。委托代办旅游是旅行社根据旅游者的具体要求而提供的各种有偿服务。对旅游者而言,委托代办旅游更具自由度,更能满足个人不同的旅游要求。委托代办旅游的主要服务项目包括中英文导游服务、交通集散地接送服务、代办交通票据和文娱演出票据、代订酒店客房、代客联系参观游览项目、代办签证和代办旅游保险等。

8. 定制旅游

定制旅游是指根据个人或团体的需求和喜好量身定制的旅游行程。与传统的旅游形式相比,定制旅游更加个性化和灵活性。在定制旅游中,旅行社或旅游规划师会与客户进行详细的沟通,了解他们的兴趣、偏好及在预算和时间等方面的要求,然后根据这些信息为其设计独特的旅游行程。定制旅游可以包括选择目的地、行程安排以及住宿、交通、导游等各个方面的定制化服务。定制旅游可以更好地满足旅行者的旅行需求,使他们体验到更加独特和个性化的旅行体验。

定制旅游通常分为团队定制旅游和私人定制旅游。团队定制旅游是为团体客户(如企业、组织、学校)而量身定制的旅游服务,以会议旅游、商务旅游和度假旅游等为主,可以满足不同团队的不同需求和特点,帮助客户打造独特和有意义的旅游体验,增强团队凝聚力和归属感。私人定制旅游是指按照个人客户的需求和喜好,为其量身打造的高度个性化的旅游服务。私人定制旅游根据客户提供的信息,为客户设计专属的旅游行程,包括目的地选择、行程安排、住宿、用餐、交通、导游等各个方面的定制化服务。通过私人定制旅游,客户可以自由选择旅游行程的细节,并享受专属的待遇和服务。这种方式带来了更高的个性化和自由度,满足了客户对特殊旅行体验的追求。

基于以上分析可以发现,从团体包价旅游到定制旅游,旅行社产品服务要素的构成方式各不相同。一方面,旅游市场需求的不断演变是推动旅行社产品形态不断变化的外在因素;另一方面,旅行社为了提高产品的市场竞争力和占有率,是驱动旅行社产品形态和服务方式优化和深化的内在因素。

第二节　旅行社产品开发策略

一、影响旅行社产品开发的因素

影响旅行社产品开发的因素主要包括资源构成、设施配置、旅游需求、旅游政策与法规四个方面。

(一)资源构成

一个国家或地区内各类资源的合理配置程度,直接决定了旅行社产品开发的主要方向及其基本内容。资源构成对旅行社产品开发的影响主要体现在以下几个方面。

1. 自然资源

自然资源是构成旅游活动的重要条件,它通常是指没有经过人类加工改造就能给旅游者带来审美享受的自然环境的物象组合。从一般意义上讲,只有具备交通可进入性、资源可观赏性和环境可承载性的自然资源才有可能被设计成旅游产品。例如我国青海省著名的三江源(长江、黄河和澜沧江的发源地)虽然属于世界级旅游品牌,但由于受到这些关键条件的限制,很难成为可开发的旅游产品。另外,可开发成旅游产品的自然资源,其美感度、奇特度、知名度等固有的自然特点,对旅行社产品的开发也具有决定性的影响,这一切构成了潜在的自然资源转变成旅游经济资源的基础。近年来,在开发自然旅游资源的过程中,坚持保护和开发并举的可持续发展原则,已经成为旅行社进行旅游产品开发的先决条件。

2. 人文旅游资源

人文资源包括人类在各种活动中创造的,并能够激起人们旅游动机的物质财富和精神财富的总和。人文资源的富裕程度决定了一个国家或地区文化旅游产品开发的深度和广度。换句话说,那些具有特色乃至独一无二的人文资源,可以成为旅行社推向国际市场的旅游特品或精品,这些产品也因此成为旅行社参与市场竞争的基本要素。从旅游活动最基本的需求可知,旅游活动是跨地域和跨文化的一种社会文化活动形式,人文资源在人们旅游活动过程中的重要性是显而易见的。

3. 社会旅游资源

社会旅游资源是指在特定社会文化区域中,对旅游者产生吸引力的人群以及与其生活有紧密联系的各种社会事件、现象、事物和活动,民俗风情、节庆活动、会展活动等都是其表现形式。譬如,每年一届的上海旅游节,已经成为上海打造国际化大都市的城市旅游名片,旅游节期间成千上万的国内外游客汇聚上海,共享节庆的欢乐气氛。社会资源是动态的活动形式,使游客在旅游活动过程的一系列体验中,能动地成为其中重要的一部分,满足游客对社会资源的新鲜感、奇异感、动态感的了解和认同。因此在旅行社产品开发过程中,要注意充分利用当地社会旅游资源,加深产品的文化内涵。

4. 现代建设成就和艺术资源

现代建设成就和艺术资源构成了当代人在推动城市建设、制定经济方针、开展艺术创作等活动中所创造的一系列现代化人工吸引物。例如法国巴黎的蓬皮杜艺术中心、澳大利亚悉尼歌剧院都已成为两个国家的标志性建筑,成为众多国际游客不能不看的旅游景点。又如,北京的鸟巢、上海的东方明珠以及世博会的中国馆,无不构成我国都市旅游产品的基本要素,不仅反映改革开放以来我国特大城市建设发展的建筑和设施成就,还成为国内外游客向往的现代都市旅游风景线。

5. 人口资源

人口资源是旅游产品开发过程中一个不可忽视的基本要素。这里所讲的人口资源包括目的地人口数量、人口特征、人员素质、当地居民对外来旅游者的接受程度等内容。目的地居民对外来旅游者的接受程度与旅游者的文化背景、行为、价值观有关,也与旅行社所安排的旅游者来到目的地的密度和频度相关,还有可能与旅游者的到来对当地居民的社会生活、经济生活等的影响有关。因此对旅行社来讲,必须全面考虑上述诸因素,有针对性地、适度地、适量地开发旅游产品。

（二）设施配置

旅行社产品的开发必须以旅游目的地具备一定的旅游设施为基础，否则旅游活动难以开展或者说难以形成一个完整的过程。各类旅游设施是旅游者实现旅游目的的物质媒介和载体，设施本身也会因其自身的功能、形状、色彩等引起旅游者的兴趣，构成旅游活动内容的延伸部分。一个地区，无论其旅游资源的丰富程度或资源品位的高低如何，若缺乏必要的基本服务设施和基础设施，即未能构建起支撑旅游者进行旅游活动的基础设施体系，则该地区无法转型为真正意义上的旅游目的地。为旅游活动提供服务的旅游设施可以分为旅游专门设施和旅游基础设施两大类。

1. 旅游专门设施

旅游专门设施是指专门（或直接）为旅游者提供服务的物质条件，包括住宿设施、交通设施、餐饮设施、游览设施、娱乐设施、购物设施、咨询服务设施等。

2. 旅游基础设施

旅游基础设施是指旅游目的地配置的一些基本设施，包括交通道路设施，水、电、气、热的供应设施，废物、废气、废水的排污处理设施，通信设施，金融保险设施，医疗卫生设施和其他各种管理设施等。旅游基础设施是确保旅游专门设施得以正常运行和发挥功能所必需的基础性条件。

旅行社产品开发要根据当地旅游设施建设情况决定其规模，不能超过目前旅游设施的负荷能力，否则会给旅行社经营带来负面效果。

（三）旅游需求

旅游需求是指旅游者在一定时期内以一定价格愿意购买的旅游产品的数量。旅游需求不仅与旅游者的闲暇时间、可自由支配收入的多少密切相关，而且与旅游者的出游动机紧密相连。旅游者的需求决定了旅行社产品开发的基本方向，在开发旅行社产品过程中，不仅要通过市场调查及时了解旅游者需求的趋势和变化，开发出适销对路的产品，还要根据旅游者闲暇时间和可支配收入的变化情况，调整产品结构。

一般意义上的旅游需求可以分为相近旅游需求和相异旅游需求两种类型。所谓相近旅游需求，是指旅游者需求的产生是由于旅游客源地和旅游目的地之间的相近性而引起的，大量日本和韩国游客来华旅游就是这种情况，上海游客到苏州、无锡和杭州旅游也符合这个规律。而相异旅游需求则反映出旅游者需求的产生是由于旅游客源地和旅游目的地之间的相异性所造成的。例如，欧美游客到我国旅游，旨在探索古老的东方文明；而我国沿海地区的游客则倾向于前往内蒙古、新疆、青海、西藏等内陆地区，寻求文化上的显著差异与体验。

（四）旅游政策与法规

旅游政策与法规对旅游产品的开发有着重要的影响，它们为旅游行业的运营和发展提供了框架和规范。

1. 旅游目的地

旅游政策可能会影响目的地的选择和开发。一些国家或地区可能会采取措施来吸引和支持旅游业,例如提供税收优惠、投资旅游设施建设等,从而鼓励开发特定的旅游目的地。

2. 签证和入境规定

签证和入境规定对于旅游产品的开发至关重要。不同国家和地区的签证政策各不相同,可能会对旅游者的国籍、目的地、停留时间等设定不同的要求。旅游产品开发方需要根据这些规定来设计合适的行程和服务,确保游客能够顺利入境。

3. 安全与保险

旅游政策与法规通常也涵盖了旅游安全和保险的规定。旅游产品开发方需要遵守相关的安全标准,确保游客的人身安全和财产安全。此外,旅游业也通常需要购买相应的责任保险,以应对可能发生的意外事件。

4. 文化和环境保护

旅游政策也会关注文化和环境保护。一些目的地可能对游客的行为有所限制,以保护自然环境和文化遗产。旅游产品开发方需要遵守这些规定,设计符合可持续发展原则的旅游产品,并鼓励游客尊重当地文化和保护环境。

5. 质量标准与认证

一些国家或地区可能制定了旅游质量标准和设立了认证机构,旨在提高旅游服务的质量和可靠性。旅游产品开发方可以根据这些标准和认证机构的要求来提升自身的服务水平,增加市场竞争力。

总之,旅游政策与法规对旅游产品开发具有指导性和约束性作用,旅游从业者需要密切关注并遵守相关规定,以确保旅游产品的合法性、安全性和可持续性发展。

二、旅行社产品组合类型

(一)产品组合

旅行社产品组合是指旅行社为了满足旅游者的需求,将旅游活动中所涉及的各种不同类型的旅游项目、活动形式、活动数量和活动设施进行重组和配置的过程。

旅游项目是指旅游产品中的一个独立的单元,如东方明珠,就是上海都市旅游产品中的一个单元。活动形式是指旅游者在接触一个旅游项目过程中与这个项目发生的一种关系,即表明旅游者在活动中是参观型的,还是参与型的。

(二)旅游产品组合类型

旅游产品组合应以最有效地利用资源、最大限度地满足市场需求和最有利于竞争为标准。常见的旅游产品组合有四种类型:全面全线型组合、市场专业型组合、产品专业型组合和特殊产品专业型组合。

1. 全面全线型组合

旅游产品的全面全线型组合是指在一个旅游目的地或旅游企业中,提供丰富多样的旅游产品,涵盖不同类型和层次的需求,覆盖全面的线路和服务范围。全面型组合意味着提供多样化的旅游产品,以满足不同旅游者的需求,这包括文化旅游、自然旅游、冒险旅游、休闲度假、商务旅游等各种类型的产品。全线型组合指的是提供完整的旅游产品线路,旅游产品线路通常包括行程安排、交通、住宿、餐饮、导游服务等。通过全面全线型组合的设计,旅游企业能够满足不同旅游者的需求,为旅游者提供个性化和定制化的旅游产品。旅游者可以根据自身的兴趣和时间安排选择合适的线路和服务,获得更丰富、更便捷的旅游体验。对于旅游目的地来说,全面全线型组合的旅游产品能够促进旅游业的发展,增加旅游收入,提升目的地的知名度和竞争力。

2. 市场专业型组合

旅游产品市场专业型组合是指在旅游市场中,针对特定的客户群体或特定需求而设计的专业化旅游产品组合。这种组合主要通过深入了解目标客户的需求和兴趣,并提供与之匹配的独特旅游体验来实现。如面向专业人士或学习者,提供相关领域的培训和学习型旅游产品,满足旅游者对于专业技能和知识的需求。通过市场专业型组合的设计,旅游企业能够准确定位目标客户群体,能够增加产品的差异化竞争优势,吸引更多有独特需求的旅游者,提升企业的市场份额和品牌价值。

3. 产品专业型组合

产品专业型组合是指只经营一种类型的旅游产品来满足多个目标市场的同一类需求。专注于一种类型的旅游产品可以使旅行社更加专业、高效,深入了解并满足该领域内不同目标市场的需求。如旅行社只提供导游服务,但针对不同目标市场的需求进行定制化。通过专注于一种类型的旅游产品,旅行社可以建立起在该领域的专业知识和声誉,这使得旅行社能够为旅游者提供高质量、独特的旅游体验,并建立品牌忠诚度。

4. 特殊产品专业型组合

特色产品专业型组合是针对不同目标市场的需求提供不同的旅游产品。例如,向欧美市场提供观光度假旅游产品、向日本市场提供宗教旅游产品、向东南亚市场提供探亲访友旅游产品,或是经营探险旅游产品满足青年市场的需要、经营休养度假旅游产品满足老年市场的需要等。这种产品组合能针对性地满足不同的目标市场需求,有利于旅行社占领市场、扩大市场销售份额、降低市场经营风险。

(三)旅游产品组合的原则

1. 完整性

产品组合的完整性具有以下三个特征:一是旅游产品内容丰富,能够为游客提供一次完整的旅游过程;二是旅游产品结构合理,活动过程有始有终,行程张弛有度;三是旅行社提供的服务热情周到、无微不至。

2. 针对性

要针对客源市场旅游者的具体需求来设计和组合旅游产品,不同的市场和不同的客源层次要有不同特征的旅游产品组合。

3. 多样性

旅游者的社会学特征和心理学特征反映出旅游者的需求存在极大的差异性和多元性,这就要求旅行社提供的产品种类和层次丰富多样,且设置多档价格,给旅游者更多的选择。

4. 互补性

旅游产品组合中的不同产品应相互补充,形成一个整体,使客户可以获得更完整的旅游体验。例如,可以将景点参观、文化活动、美食体验等结合在一起,为旅游者提供丰富多样的旅游服务。

5. 可行性

旅游产品组合应符合实际可行性,包括可行的资源和供应链、合理的成本控制和利润预期,以及能够满足客户需求的运营和服务能力。

6. 优惠性

旅游组合产品由于其批量采购的特性,通常能以较低的市场价格提供给旅游者,从而为旅游者带来实惠,这一优势有效吸引了大量旅游者的购买。旅行社应采取相应措施,在购买次数、支付方式上给予旅游者适当的优惠,鼓励旅游者多旅游、多消费,多得优惠。

7. 可持续性

旅游产品组合应考虑环境保护、文化尊重和社会责任等方面的可持续性。推出符合可持续发展原则的旅游产品,对旅行社的形象和长期发展有益处。

(四)旅游产品线和产品组合度

1. 旅游产品线

旅游产品线是指密切相关的、满足客源市场中同一类旅游者需求的一组旅游产品。例如,一家旅行社经营观光旅游产品,那么观光旅游产品就是它的一条产品线。如果旅行社在经营观光旅游产品的同时,还经营度假旅游、休闲娱乐旅游等不同的旅游产品,以满足不同游客的需求,我们就认为这家旅行社经营多条旅游产品线。

2. 产品组合的广度

旅游产品组合的广度是指旅行社所经营的旅游产品线种类的总和。旅行社产品线种类越多,产品组合的宽度就越大。

3. 产品组合的深度

旅游产品组合的深度具体指的是，在旅行社所提供的每一个旅游组合产品中，所包含的不同类型、不同档次以及不同特色旅游单元产品的数量或种类丰富程度。

4. 产品组合的相关度

产品组合的相关度是指旅行社经营的各大类旅游产品和各小类旅游产品，在生产、消费之间的联系程度。旅行社经营的各种产品在构成条件、销售渠道或其他方面可以存在某种联系，也可以是互不相干的。

例如一个旅行社经营4条国际旅游线路和4条国内旅游线路，共计8条旅游线路，那么8条旅游线路就是该旅行社产品组合的广度；而每一条旅游线路各自包含若干旅游产品项目，就构成了旅行社产品组合的深度；旅行社所经营的8条旅游线路及其所包含的若干产品项目之间的相互依存和相互交叉关系，则构成了该旅行社产品组合的相关度。

总而言之，拓宽旅游产品组合程度有利于充分发挥旅行社市场经营的资源潜力，强化开拓新市场的能力；加深旅游产品组合程度，可适应旅游市场更多层次的特殊需求，加大旅游市场渗透力；加强产品组合之间的关联性，可以提高旅行社资源利用的效率。

（五）确立旅游核心产品地位

在旅行社产品组合的实际操作中，要注意确立核心产品的地位，打造和培育旅行社自己的核心产品。具体而言，就是在一系列的产品构架中有核心产品项目和明星产品项目。

所谓核心产品项目是指在一个组合产品或一条旅游线路中，居核心地位的产品项目。例如在北京的旅游活动中，故宫、天安门、长城、天坛等就是核心产品项目，而其他旅游参观项目、娱乐设施、餐馆、住宿设备、商场等都作为旅游辅助产品。核心产品又可被称为首要产品项目、领导性产品项目或是旗舰产品项目。

所谓明星产品项目是指在一个旅游目的地中具有象征性意义的产品项目，如我国海南岛的亚龙湾海滩。确立旅游目的地明星产品项目的目的就是要在旅游市场的促销中进行重点推广，以引起旅游者的重视。

三、旅游产品组合策略

旅游产品组合策略即针对市场的变化，调整现有产品结构，从而寻求和保持产品结构最优化。主要包括如下策略：①扩大产品组合策略；②缩减产品组合策略；③高档产品策略；④低档产品策略。旅行社在调整产品组合时，可以针对具体情况选用合适的产品组合策略。

（一）扩大产品组合策略

扩大产品组合策略是开拓产品组合广度和加强产品组合深度。开拓产品组合广度是指增添一条或几条产品线，扩大产品经营范围；加强产品组合深度是指在原有的产品线内增加新的产品项目。扩大产品组合策略的具体实现方式包括：①在维持原产品品质和价格的前提下，增加同一产品的规格、型号和款式；②增加不同品质和不同价格的同一种产品；③增加与原产品相类似的产品；④增加与原产品毫不相关的产品。扩大产品组合策略的优点是：①满足不同偏好的消费者多方面需求，提高产品的市场占有率；②充分利用企业信誉和商标知名度，完善产品系列，扩大经营规模；③充分利用企业资源和剩余生产能力，提高经济效益；④减小市场需求变动的影响，分散市场风险，降低损失程度。

（二）缩减产品组合策略

缩减产品组合策略是削减产品线或产品项目，特别是要削减那些获利小的产品，以便集中力量经营获利大的产品线和产品项目。缩减产品组合策略的方式有：①减少产品线数量，实现专业化生产经营；②保留原产品线削减产品项目，停止生产某类产品，外购同类产品继续销售。缩减产品组合策略的优点有：①集中资源和技术力量改进保留产品的品质，提高产品商标的知名度；②生产经营专业化，提高生产效率，降低生产成本；③有利于企业向市场的纵深发展，寻求合适的目标市场；④减少资金占用，加速资金周转。

（三）高档产品策略

高档产品策略，就是在原有的产品线内增加高档次、高价格的产品项目。实行高档产品策略的好处有：①高档产品的生产经营容易为企业带来丰厚的利润；②高档产品可以提高企业现有产品声望，提高企业产品的市场地位；③高档产品有利于带动企业生产技术水平和管理水平的提高。采用这一策略的企业也要承担一定风险；由于企业生产廉价产品的形象在消费者心目中不可能立即转变，使得高档产品不容易很快打开销路，从而影响新产品项目研制费用的迅速收回。

（四）低档产品策略

低档产品策略，就是在原有的产品线中增加低档次、低价格的产品项目。实行低档产品策略的好处是：①借高档名牌产品的声誉，吸引消费水平较低的顾客慕名购买该产品线中的低档廉价产品；②充分利用企业现有生产能力，补充产品项目空白，形成产品系列；③增加销售总额，扩大市场占有率。与高档产品策略一样，低档产品策略的实行能够迅速为企业寻求新的市场机会，同时也会带来一定的风险：如果处理不当，可能会影响企业原有产品的市场声誉和名牌产品的市场形象；此外低档产品策略的实施需要有一套相应的营销系统和促销手段与之配合，这些必然会加大企业营销费用的支出。

第三节　旅游线路设计

一、旅游线路

（一）旅游线路的构成

旅游线路一般由两部分内容组成：一是构成旅游线路的节点；二是各个旅游节点连接的方式和连接线路。

旅游线路的节点指的是具有相对完整旅游意义的区域，多指旅游目的地。如果再细分的话，可以指旅游城市或是相对较大的旅游景区。如果将旅游线路比作一串珠链，那么节点犹如珠链上的明珠。旅游节点反映了旅游线路的主要内容，属于旅游活动的静态组成部分，体现了旅游线路的类型和特色，是旅游线路的主体部分。

旅游节点的连接方式是指旅行社采用某种交通方式将旅游者从一个旅游目的地转移到另一个旅游目的地，旅游节点之间的连接线路是指航空、铁路、公路和水运的交通网络。旅行社在具体线路连接中往往是采用复合式的交通方式完成旅游者的旅游活动过程。显然，旅游节点的连接方式和连接线路担负着旅游者地域空间转移的任务，属于旅游活动的动态组成部分。

（二）旅游线路的空间展开形式

以旅游线路在空间展开的特征为标准，可以将旅游线路分为流线型、环型、辐射型和网络型等四种。具体旅游线路的空间模式如图4-1所示。

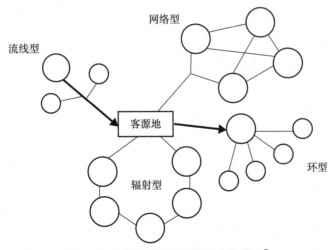

图4-1　旅游线路选择的常见空间模式①

---

①杨振之.旅游项目策划[M].北京：清华大学出版社，2007.

1. 模式一：流线型

流线型旅游路线是指旅游线路只有一个起点和一个终点，旅游活动从起点开始，在终点结束。在景点分布比较均衡、交通相对方便的旅游目的地，都采用流线型线路的空间分布形式，且游客通常以火车为主要交通工具，旅游活动安排易于管理，前后景区的衔接也十分流畅。

2. 模式二：环型

环形旅游路线是指旅游线路的展开呈现出一个闭合型的旅游回路，起点和终点重叠。该类线路没有重复道路，基本不走回头路，接触的景观景点也比较多，旅游者会感到游览行程很划算。这种线路的设计形状，通常比较适用于岛域型和山地型的旅游目的地，这是因为受到特殊的地形和交通的条件限制。

3. 模式三：辐射型

辐射型旅游路线是指旅游线路只有一个起点，而有多个终点，也即有多条旅游路线可供选择。该类线路以一个旅游城市为核心，其他所有旅游目的地都与之连接，形成一个辐射系统，其特点是有明显的集散地，便于服务实施的集中和发挥规模效益。实际上，这是一种由多条流线型旅游线路组成的混合线路展开形式，只是将旅游线路的出发点选定在一个有代表性的起始点上。

4. 模式四：网络型

网络型旅游路线是指以若干重要的旅游城市为枢纽连接其他的旅游目的地，几个枢纽旅游城市间有线路直接相连，可供旅游者任选景点与道路，这种分散客流聚集点的方式有利于缓解某一枢纽在旅游高峰时的承载压力。例如"沪—宁—杭"旅游线路就有多个枢纽旅游城市，在一定程度上缓解了长三角地区的客流压力。

在现实情况中，游客行为空间模式受到旅游资源分布和游客旅行兴趣偏好的双重作用，旅行社在线路设计时应视具体情况灵活调整。

二、旅游路线设计的原则

（一）市场导向原则

旅行社产品开发的目的是通过产品销售获得经济利益。旅行社产品开发要以市场需求为导向，根据充分的市场调查结果，研究和预测市场需求演变趋势，分析旅游者的出游动机，才能针对不同目标市场客源的需求，在最大限度地满足旅游者需求基础上，获取最大的经济利益。具体地说，市场导向原则可以体现在以下三个方面：首先，根据客源市场的现实需求，开发产品，以实现旅行社的短期利益；其次，根据旅游中间商建议，开发专项旅游产品，占领特殊游客消费市场；最后，根据旅游市场的变化趋势，从培育旅游市场消费群体的战略高度出发，以引导旅游消费走向为目的，开发具有时尚特征的新概念旅游产品。

（二）效益驱动原则

效益驱动原则就是在旅游线路设计的过程中,尽量以相对低的消耗获取相对高的效益。旅行社在设计各种旅游产品过程中也有各种成本支出,如交通费、餐饮费、住宿费、市场推介费等。旅行社把经济效益放在重要地位,作为推动旅行社发展的基本动力,就需要加强成本控制,在保证旅行社产品质量的前提下降低各种消耗,寻求成本最优化的产品组合方案。

旅行社市场效益原则可从三个层面客观阐述:首先,产品的可持续性,即旅行社需确保旅游产品的持续市场供应能力,并维持高质量的服务标准,这是奠定其经济效益的基石;其次,产品的市场适应性,意味着旅行社提供的产品需契合市场需求,满足游客期望,能够成功完成市场交易,并具备重复销售的潜力,这是实现盈利能力的关键环节;最后,盈利性考量,旅行社推出的旅游产品不仅需具备市场销量,更需实现可观的利润回报,这是衡量其市场效益的最终客观标准。此外,为减少经济损失,旅行社还应努力维持接待能力与实际接待量之间的平衡,避免接待能力闲置。

（三）合理配置原则

在旅游线路设计的过程中,要合理选择旅游目的地,科学配置和组合各个旅游景点,以达到旅游线路设计最优化的目的。

1. 合理选择旅游目的地

旅游目的地是形成旅游产品的最基本要素和核心内容。旅行社在选择旅游目的地的时候,需要考虑以下几个因素:一是旅游目的地必须具有资源优势和环境优势;二是在具有多个目的地的时候,必须考虑目的地之间的互补性和差异性;三是各旅游目的地等级和类型的合理调整。

2. 旅游景点合理配置

旅游景点配置在旅行社线路的设计中是一个难点问题,也是一个矛盾聚焦点。然而,通过深入剖析旅游线路的独特特征与内在运行规律,可以提炼并遵循一系列原则性指导,以有效应对这一难题。

第一,控制旅游景点的数量。普遍观点认为,通过让游客在相对有限的时间内以较低的花费尽可能多地游览景点,可以提升旅游体验。尽管这一观点的出发点是积极的,但它未能充分遵循旅游线路设计的客观规律性与市场原则。从旅游的规律性讲,在一个特定的时间里,游客参观的景点过多,易产生心理和生理的双重疲劳感,无法实现旅游的根本目的;从市场角度看,提供的景点过多,实际上是一种粗放型的市场经营行为,对旅行社的市场资源是一种极大的浪费,会导致回头客减少,重复购买率降低。因此线路中的景点数量安排要适中。

第二,景点内容的独特性至关重要。通常,除了特定的专业考察旅游外,应避免将性质相同或景色相近的旅游景点纳入同一旅游线路中。这是因为基于心理学中的边际效用递减原则,重复的内容会导致旅游者的观赏兴趣显著降低,降幅可能达到50%。因此,在规划旅游线路时,应努力避免安排内容重复或相似的景点,即使是单一景点的多次出现也应视为简单重复。此外,还需注意防止线路设计的重复,即尽量避免让旅游者走回头路,以确保旅游体验的新颖性和连续性。

第三,景点之间的距离安排要合理。从大尺度空间交通距离的安排看,在整条旅游线路中,耗费在城市间交通上的时间不能超过全部旅程的三分之一,否则可能使旅游者将大量的费用和时间花费在交通上。从小尺度空间角度讲,景区内各个景点的步行距离不宜过长,一般步行距离在1—1.5千米之间。步行距离过长,会给游客带来过度疲劳的感觉。

第四,景点安排要有顺序性。一条旅游线路中各个景点的安排顺序应遵循旅游活动内在的基本规律,不仅景点的吸引力编排要有顺序,而且游览内容的编排也要突出顺序特点。大多数线路都是以旅游景点的吸引力强弱为线路安排的基本原则。由吸引力一般的景点过渡到吸引力强的旅游景点,使游客的热情和兴致一直处于不断高涨的状态。此外,景点的编排还需考虑游览内容的逻辑性和连贯性,例如,针对国际游客设计的中国五城市旅游线路(广州—桂林—上海—西安—北京),其正向组合之所以优于逆向,主要在于它遵循了文化和历史内容的递进顺序,为外国游客提供了一个逐步深入了解中国文化和历史的顺畅路径。

(四)交通可达性原则

设计旅游线路的过程中,各个节点之间的连接方式和连接线路的选择都应以快捷、舒适和安全为基本标准,同时针对不同旅游人群的特点进行适当调整。例如针对以老年人为主要目标市场的旅游线路,在设计与开发过程中应优先考虑交通的舒适度,而非单纯追求速度。此外,交通工具的选取应与旅游活动的主题相契合,以增强整体体验的连贯性。在节点间的交通集散地安排上,也应注重减少游客的等待时间,提升旅行效率与满意度。

(五)特色原则

旅游产品的吸引力和竞争力核心在于其独特的差异性。面对旅游市场日益激烈的竞争和旅游资源相对趋同的现状,旅游线路的设计显得尤为重要,需融合巧妙构思与大胆创新。以"昆明—大理—丽江—西双版纳"旅游线路为例,该线路成功展示了中国26个少数民族独特的自然风光、丰富的民俗文化及鲜明的宗教特色,包括古老的东巴文化、大理白族深具寓意的"三道茶"迎客仪式、泸沽湖畔摩梭人独特的母系氏族生活方式、丽江古城的美丽与淳朴,以及纳西族妇女别具一格的"披星戴月"服饰等,这些元素共同构成了该线路独一无二的魅力,深深吸引着国内外游客。这些旅游线路和项目在全球范围内均属罕见,具有不可替代性,充分体现了"差异化竞争,特色化发展"的理念。

（六）主题突出原则

旅行社设计的旅游线路，都需要有一个吸引游客的内涵和主题，只有主题突出的旅游线路，才能满足游客的需要，获得市场认可并展现持久生命力。如云南旅游线路的设计，除"彩云之南"优美的风景外，特色主要在于云南少数民族的民俗风情及当地的建筑和特色古镇等，这是世界上任何地方都没有的特色旅游线路[①]。类似的旅游线路如"草原风光旅游""中国名酒考察旅游"等，都有自己鲜明的主题。同时，旅行社还应该围绕主题安排丰富多彩的旅游项目，让游客通过各种活动，从不同侧面了解旅游目的地的文化和生活，领略美好的景色，满足游客休息、娱乐和求知的欲望。

（七）新奇与熟悉结合原则

在旅游线路设计中，需要考虑游客多样化的需求和普遍追求探新求异的体验。为实现这一目标，遵循新奇与熟悉相结合的原则显得尤为重要。这意味着设计时应融合热门景点与相对冷门的、为游客所不甚熟悉的景点，即引入新奇元素。然而，需谨慎控制新奇元素的量度，避免新奇元素过多超出游客的认知与适应能力范围，以免引发恐惧、不安等负面情绪。因此，旅游线路在追求新奇性的同时，必须合理穿插游客相对熟悉的景点，以确保旅行体验既充满探索的乐趣，又不失舒适与安心。[②]

（八）安全性原则

安全性原则是旅游线路设计中至关重要的原则，它包括对景点、交通、住宿等各个方面的安全性考虑。遵循安全性原则可以保证游客的人身安全和财产安全，避免发生事故和危险，确保旅行的顺利进行。以下是一些常见的安全性原则：在规划旅游线路时，应该详细了解目的地的安全情况，包括当地的治安、交通、自然环境等方面的安全；根据游客的年龄、健康状况、个人习惯等因素来制定旅游线路，避免出现身体不适或无法适应的情况；避免过度疲劳或长时间连续行程，旅游行程安排应该合理，保证游客能够有充足的休息时间；预先做好应急处理预案，如突发疾病、意外事故等情况的处理方法，以保证游客的安全和健康等。

（九）保护先行的开发原则

旅游线路设计的原则之一就是强调保护先行的开发原则，这意味着我们应该优先考虑保护那些具有较高价值且脆弱的旅游资源，而不是仅仅保护现有的景点和设施。由于部分旅游企业的短视行为，过度追求眼前的经济效益，把热点景区简单串联组成旅游线路推向市场，导致景区人满为患，超过了景区的承载力和接待能力。这样的行为既破坏了景区的生态环境，又影响了游客的旅游质量，特别是对人文旅游资源的破

---

① 李焱.基于旅游"六要素"的旅游线路设计与策略研究[J].中学地理教学参考,2014.
② 魏占慧.旅游体验视角下旅游线路设计研究[D].大连：辽宁师范大学，2017.

坏严重。保护先行的开发原则可以保证旅游业的可持续发展,并且对于保护生态环境、提升游客的体验感和满意度也起到了积极的作用。

三、旅游线路的设计流程

旅游线路的设计是一个系统而有序的过程,它从创意的广泛收集起步,随后经历构思、细致选择、全面评估以及必要的修订阶段,整个过程前后连贯,旨在实现有计划和有目的的旅游体验规划。

旅游线路的设计流程涵盖了从确定方向至供应市场的全过程,具体分为分析构思、方案筛选、试产试销、新线路投放市场后的评估及检查评价五个关键阶段。这些阶段相互依存、彼此影响,既促进也制约,共同构成了旅游线路设计的程序化框架,体现了其设计的阶段性与各阶段间的紧密衔接性。

(一)分析构思阶段

一个地区在一定的时期内,旅游资源、旅游服务设施和其他客观条件是相对稳定的,关键就在于旅行社如何根据市场需求,经过科学的分析和巧妙的构思,设计出吸引旅游者的旅游线路。旅游线路设计的分析构思阶段主要从调查分析和构思创意两方面来把握。

1. 调查分析

设计一条旅游线路首先要分析市场行情,了解各类旅游群体的不同需求,然后对旅游交通状况、旅游区(点)状况、旅游可进入性状况、旅游设施和服务状况等进行详尽的研究和精心的选择。信息资料的来源尽可能全面、准确,这些资料可通过实地考察、与中间商合作,以及利用网络资源、报纸、旅游行政部门发布的信息、旅游开发商提供的数据、酒店宾馆的反馈以及交通管理部门的资料等途径获得。特别重要的是,需紧密关注铁路、民航等交通运输部门的最新时刻表及动态信息,以确保旅游线路设计的时效性和准确性。

2. 构思创意

根据调查分析掌握的情况,提出旅游线路的设计构思,即确定旅游线路的主题。构思越多,旅行社选择的余地就越大。旅行社只有具备创造性的构思,才能拟定出具有竞争力的线路设计方案。

(1)线路设计创意。一条全新的旅游线路的开发首先是从线路设计的创意开始的,这里的创意是指有关旅游线路设计的思想、点子、立意、想象等思维成果。

(2)创意来源的多元性。旅行社开发新线路的创意来源是多方面的。旅游者的需求是旅行社开发新旅游线路构思的主要来源。从市场营销的角度出发,顾客的需求和欲望是寻找产品构思的合乎逻辑的起点。旅行社得以生存和发展的条件就是满足旅游者的需求,所以旅游者的建议和意见是旅行社开发新旅游线路的重要构思来源,必须得到高度重视。旅行社通常采用组织市场调查的方式来收集关于开发新旅游线路的实际方法,通过向旅游者征询意见,了解他们对现有旅游线路的不满与需求,进而获取关于新旅游线路设计的灵感。

从旅行社的角度看,旅行社从业人员,尤其是一线员工和营销人员,他们在开发和销售旅游线路的过程中,与旅游者接触密切,最了解旅游者的需求。因此,为了促进旅行社内部创新,应建立并实施一项奖励制度,以鼓励工作人员积极提出关于新旅游线路的构思。旅行社开发新的旅游线路的创意来源如图4-2所示。

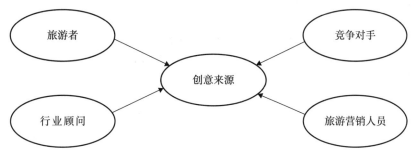

图 4-2　创意来源示意图

其他旅行社的旅游线路也可以成为新旅游线路构思来源的一个重要组成部分,因为其他旅行社热销旅游线路也间接反映了市场的需求。行业顾问及其他行业咨询公司的建议也是旅行社开发新旅游线路的构思来源之一,他们通过专业的市场调查和系统分析,为旅行社推荐具有显著市场需求潜力的旅游线路方案。这些建议不仅有助于旅行社减少在自主市场调查上所需投入的资金与人力资源,而且行业顾问基于专业知识所得出的前瞻性结论,应当被视为旅行社规划新旅游线路时不可或缺的创意来源之一。

(3)方案的构思。在调查和综合的基础上,对新的旅游线路的创意进行修改、补充和提高,形成旅游线路初步的构思方案。构思是旅行社针对市场提出的一个抽象的产品设想,尚未形成具体形态,而旅游路线方案则是将这一构思转化为具体术语和描述的过程。在旅行社开发新旅游线路的初步阶段,所制定的方案必须明确回答以下关键问题,以确保方案的可行性和市场适应性。

第一,市场需求前景。旅行社必须把握市场的需求是现实的,还是潜在的。此外,还需要把握产品的需求是否具有持续性和广泛性。

第二,市场销售前景。这包括对市场销售渠道的准备情况进行评估,预测新线路可能达到的市场占有率,并分析其与现有旅行社线路的竞争关系或互补性。同时,还需客观分析市场实际的购买力程度,以判断新线路的市场接受度和潜在的销售潜力。这些分析共同构成了对新旅游线路市场销售前景的全面评估。

第三,市场的竞争性。这包括新的旅游线路与其他旅行社线路的竞争能力、对游客可能产生的感染力和渗透力程度、其他企业进行模仿的难易程度、产品的生命周期、产品价格的优势性等。

第四,旅行社内部因素。这包括旅行社资源对新的旅游线路的支撑程度、管理水平和服务能力是否能够保证新的旅游线路的服务质量等。

表4-1为旅行社新的旅游产品方案构思评价表。

表4-1 旅游产品方案构思评价表

影响因素	权数	评价等级					得分
		5	4	3	2	1	
旅行社信誉	0.30			√			1.50
市场需求	0.20		√				0.80
研究开发能力	0.20			√			0.60
竞争能力	0.15			√			0.45
盈利能力	0.10		√				0.40
人员安排	0.05		√				0.20
财务状况	0.05			√			0.15
采购与供应	0.05		√				0.20
合计	1.00						4.30

(二)方案筛选阶段

方案筛选过程涉及旅行社专业技术人员运用其专业知识和经验,对初步构思进行系统性评估,以排除那些与旅行社既定发展目标、核心业务专长及实际接待能力显著不匹配或缺乏可行性的选项,从而有效地缩减出一个更具潜力和实效性的构思范围。筛选过程中要防止两种失误:一是误舍,即对某种构思创意方案的潜在经济价值估计不足,而予以舍去,坐失良机;二是误用,即对某种方案的经济价值估计过高,而予以采用,招致损失。

因此,当一条旅游线路的主题确定后,具体的设计组合会有多种方案,对这些方案要进行认真的比较研究,综合考虑多种因素,然后确定一种较为合理、理想的方案。

对方案的选择可以依据定性和定量两方面的标准。旅游线路方案选择的定性标准主要考虑以下几方面内容:是否有利于目的地社会经济的发展;是否有利于旅行社占领市场、提高销售量;是否有利于提高旅行社的市场竞争能力;是否有利于提高中间商的市场合作兴趣;是否有利于促进旅行社原有旅游产品的正常发展。旅游线路方案选择的定量标准主要是比较精确地测算各个方案所要支付的市场成本和可能带来的市场利润。通过综合比较,选定适合旅行社业务发展的新的旅游线路。此外,为了提高线路设计的实用性和可行性,建议邀请具有长期一线接待经验的导游参与设计过程,并充分吸纳其意见,以确保最终方案更加贴近实际。

（三）试产试销阶段

旅游线路设计方案确定后,旅行社即可与有关部门或行业达成暂时协议,将旅游线路设计方案付诸实施,进行试验性销售。这里的市场试销是指将基本选定和经过调整后的新线路,投放到经过挑选并具有一定代表性的小型市场范围内进行试验性销售,以检测在正常的市场条件下旅游者和中间商可能出现的反应。进行新线路市场试销的主要目的如下。

第一,通过试销,具体了解新的旅游线路的市场适应性,以及在市场可能出现的销售量前景。如果市场反应欠佳,测定的销售额可能低于损益平衡点,就应当机立断,停止向市场出售此类新线路,以免造成更大损失。

第二,通过试销,可以了解新的旅游线路可能存在的问题,寻找解决问题的途径。

第三,检验旅行社市场经营组合策略的优劣。

第四,根据搜集到的市场反馈信息,不断改进和优化旅游线路的内容和形式,以更好地适应市场的需要,同时对初步确定的营销组合进行适当的调整。

在试产试销阶段,旅行社应特别注意:一是规模适中;二是保证产品质量;三是全面评估并预见潜在风险与变数,有备无患;四是试销证明确无销路的旅游线路,切忌勉强投入市场。

（四）新线路投放市场后的评估

新的旅游线路在完成试销与必要修改后,正式推向市场,这并非线路设计流程的终结。相反,旅行社需持续对该线路进行检查与评估,紧密跟踪市场动态,以便根据市场反馈与竞争态势灵活调整策略,从而在激烈的市场竞争中巩固并提升自身优势地位。旅行社在这个过程中必须始终关注以下几点。

1. 市场销售

在市场销售层面,关注哪一个层次的旅游者首先购买这条旅游线路、旅游者对线路价格的反馈、影响旅游者购买行为的因素是什么、市场销售量的变化趋势、哪种销售组合策略最为有效等问题。

2. 新线路预测

在新线路预测层面,根据新线路进入市场以来的变化趋势,预测进入产品成熟期的时间表,以及采用何种策略以维持和延长旅游线路的生命周期。

3. 市场竞争

在市场竞争层面,需要及时了解有多少旅行社介入市场竞争,这些企业的产品对新的旅游线路的影响程度,以及他们在近期是否有新的旅游产品进入市场等。

4. 经济效益

在经济效益方面,对新线路投放市场以后的经济效益进行评估。如果出现比预测的回收期短的趋势,说明收益性好;反之,则需要及时采取有关措施,降低成本,加大市场销售量。此外,还需要关注的是,新线路是否对旅行社其他线路市场销售产生影响,如果是带动旅行社其他产品一起旺销,说明有积极影响;如果产生冲击,则需要对线路结构、市场策略进行合理调整,以降低对旅行社整体经济利益的损害。

(五)检查评价阶段

旅游线路投入市场并非设计过程的终结,在旅游线路投入市场后,旅行社还应对旅游线路进行定期的检验与评价并广泛搜集各种反馈信息,以便于了解旅游线路的运营情况和顾客的满意度,对线路进行必要的修正和改进,为旅游线路的进一步完善寻找依据。

以下是一些常见的检查和评价方法。

(1)满意度调查。可以通过问卷调查、电话回访等方式,了解旅游者的满意度,以便于发现问题并及时改善。

(2)故障报告。应当为旅游团队设置紧急电话号码,以便在发生任何故障或紧急情况时,能够迅速接收到信息,并立即派遣专业工作人员前往现场解决问题。

(3)运营数据分析。可以通过分析运营数据来了解旅游线路的运营情况和业务状况,如收入、成本、利润等。

(4)现场考察。可以通过实地考察旅游线路的景点、酒店、交通等方面的情况,以便发现问题并及时进行改善。

(5)客户反馈。可以通过客户反馈来了解客户对旅游线路的评价和建议,以便于改进和创新。

总之,在旅游线路投入市场后,需要对其进行动态管理和持续改进,以提高旅游者的满意度和旅游线路的质量和竞争力。

四、旅游行程制定的内容与流程[①]

(一)旅游行程制定的内容

旅游行程是旅行社基于市场需求分析,融合旅游资源的丰富性与接待服务的实际能力,为旅游者精心策划的一种综合性旅行游览计划,该计划涵盖吃、住、行、游、购、娱六大核心要素。旅游行程的制定主要包括以下内容。

1. 确定行程名称

行程名称作为对旅行行程性质、核心内容与设计理念的精炼总结,其确定过程需综合考量多方因素,遵循简约、主题鲜明、时代感强以及吸引力强等原则,以确保名称能够准确传达行程特色并激发潜在旅游者的兴趣。

---

① 周晓梅.计调部操作实务[M].北京:旅游教育出版社,2006.

2. 策划行程计划

旅游行程是以一定的交通方式将行程各节点进行合理连接。一般说来,同一条旅游行程中的各个节点,都有相同或相似的特点,用于满足旅游者的同一需求并服从于某一旅游主题,起着相互依存、相互制约的作用。行程的始端是第一个旅游目的,是该行程的第一个节点,终端是行程的最后一个节点,除始端和终端外的其他节点,是为主题服务的旅游目的地。因此策划旅游行程,就是合理安排从始端到终端,以及中间途经地之间的游览顺序,在行程上对相关节点进行合理布局。例如"烹饪王国游"这一行程的始端是广州,终端是上海,途经地为成都、南京和无锡,游览顺序为"广州—成都—南京—无锡—上海"。

3. 计划活动日程

活动日程是指旅游行程中具体的旅游项目内容、地点以及各项活动进行的日期,应体现劳逸结合、丰富多彩、各具特色、高潮迭起的原则。以"烹饪王国游"的活动为例,其项目行程安排如表4-2所示。

表4-2 "烹饪王国游"旅游计划活动项目行程安排

目的地	活动项目
广州	参观烹饪表演;品尝广东名菜;品尝广东各式点心;品尝广东早茶
成都	品尝川味小吃;观看川菜烹饪表演;品尝四川名菜
南京	游夫子庙食品街;品尝淮扬风味
无锡	品尝太湖船菜
上海	品尝上海风味佳肴

4. 选择交通方式

交通方式的选择,要体现"安全、舒适、经济、快捷、高效"的原则。要了解各种交通方式的游览效果,在具体选择交通工具时要注意多利用飞机,尽量减少旅途时间;少用长途火车,以避免游客疲劳;合理使用短途火车,选择设备好、直达目的地、尽量不用餐的火车;用汽车作为短途交通工具,机动灵活。总之,要综合利用各种交通方式与工具,扬长避短、合理衔接。

5. 安排住宿餐饮

在旅游者的整体旅行时间中,住宿时间通常占据大约三分之一的比重。同时,在住宿地还可以进行娱乐、文体等方面的活动。因此旅游者对住宿的满意程度,也是关系旅行社产品信誉的重要一环。旅游行程住宿内容必须注明下榻的酒店名称、地点、档次以及提供的服务项目等,一经确定,不能随便更改,更不可降低档次、改变服务项目。旅行社安排住宿的原则通常是根据旅游者的消费水平来确定,普通旅游者对住宿的要求就是卫生整洁、经济实惠、服务周到、美观舒适、位置便利。

旅游餐饮是旅游者不可或缺的重要需求之一,特别是那些享有盛誉的特色风味美食,往往成为旅游者出行的主要追求目标之一。旅行社对安排餐饮的原则是注意餐饮的卫生、新鲜、味美、份(量)足、价廉、营养、荤素搭配适宜等,注意安排体现地方或民族特色的风味餐。

6. 留出购物时间

旅游者在旅游过程中适当购买一些土特产品、工艺美术品等商品,以作为纪念或馈赠亲友,是旅游活动中的一项重要内容,购物通常在游客总花费中占据30%左右。因此,旅行社在规划旅游行程时,应遵循以下购物安排原则:确保购物次数适中,购物时间合理分配,避免过于频繁或冗长;精选那些服务态度优良、提供高性价比商品的购物场所,坚决避免引导游客前往服务态度不佳、存在强迫交易行为或假冒伪劣商品泛滥的购物点,以保障旅游者的权益与体验。

7. 策划娱乐活动

旅游行程中娱乐项目的安排包括歌舞、戏曲、杂技、民间艺术及其他趣味性、消遣性的民俗活动。许多地方的娱乐活动已经成为旅游行程中不可或缺的一部分,如很多到上海的国外游客都会选择看"时空之旅"表演,能极大地促进旅游者游兴的保持与提高,加深旅游者对旅游目的地的认识。

(二)旅游行程制定的流程

旅游行程制定,是一个技术性很强的课题。从技术上讲,旅游行程是旅游吸引物资源、旅游设施和旅游时间的统一。行程制定的成功与否,主要反映在两个方面:一是行程合理;二是价格合理。

第一,从市场调查和预测入手,确定市场目标。市场目标从总体上决定了旅游行程的性质和等级。

第二,根据旅游吸引物确定景点。景点是构成旅游行程的基本空间单位,每一景点就是一个有特色的旅游目的地。

第三,结合前两个阶段的背景资料,对相关的旅游基础设施和专用设施进行选择和配置,并以一定的交通方式把各景点合理串联,组成一条旅游线路。当然,缺少设施保障的旅游点一般不宜编入旅游行程中。

第四,可根据旅游者或旅游中间商的要求对旅游线路做相应调整,把旅行社想卖出的旅游线路变成旅游者想购买的旅游线路。

以香港某旅行社推出的旅游线为例,相关安排如表4-3所示。

表4-3 香港某旅行社推出的香港至华东旅游线安排

天数	行程	交通	住宿
1	香港—上海	飞机(21:05抵沪)	静安区希尔顿酒店
2	上海—无锡	下午火车	无锡大饭店
3	无锡—苏州	中午火车	南林饭店
4	苏州—杭州	上午火车	香格里拉酒店
5	杭州—香港	飞机(09:25抵港)	

上述行程规划的优势在于提供了香港与上海之间的直接往返航班,简化了交通环节,但其不足之处同样显著。第一,在时间管理上存在不足,由于香港至上海的航班抵达时间较晚,以及杭州至香港的航班出发时间较早,导致旅行者在第一天和最后一天的大部分时间被机场等待所占据,有效观光时间被大幅压缩。同时,上海至无锡、苏州、杭州的行程安排过于紧凑,且主要依赖火车交通,增加了旅途耗时,使得各地的游览都显得匆忙且不充分。第二,从经济角度来看,香港与上海、杭州之间的直飞航班票价高昂,构成了旅行总费用中的一大比例,进而提高了整体旅行成本,使得人均费用偏高。

由于行程安排不合理,行程价格又过高,游客反响平平。后经调整,重新安排了行程,如表4-4所示。

表4-4　香港某旅行社推出的香港至华东旅游线安排(调整后)

天数	行程	交通	住宿
1	香港—广州—杭州	早班直通车转飞机,中午抵达	香格里拉酒店
2	杭州——无锡	下午火车	无锡大饭店
3	无锡——苏州	下午汽车	南林饭店
4	苏州——上海	下午火车	希尔顿酒店
5	上海——广州	晚上飞机	中国大酒店
6	广州——香港	下午直通车返港	

与原先的行程相比,调整后的行程有如下优点。

一是往返交通时间的优化。调整后的行程将第一天的抵达时间提前至下午约1点到达杭州,而第六天的离开时间则延后至18点离开广州,这一变动有效延长了旅游者在目的地的总观光时间,约增加了一天,使得旅游者在各地的逗留更为从容,提升了旅游体验的质量。

二是交通费用的降低。通过比较发现,原行程中的香港直飞上海和杭州直飞香港的国际航班单程价格普遍较高,约在1600元。而改用广州作为中转站,选择国内航班飞往杭州或上海,单程价格显著降低至约1000元。这一调整在交通费用上展现出了明显的优势,有助于降低整体旅行成本。

三是活动内容的丰富。将广州纳入行程作为中转站,不仅仅是为了解决交通问题,更重要的是为旅行增添了新的目的地和体验。广州独特的文化氛围和历史遗迹为游客提供了更多元化的旅游选择,丰富了整个行程的内容。

经过调整后,后者在行程与价格上更容易被旅游者所接受。旅游线路的设计本质上是以时间为核心构建框架,而随着时间的不断推移,其所依赖的各种条件(如交通方式、目的地吸引力等)会不可避免地发生变化,并可能逐渐无法充分满足新兴的市场需求。鉴于这一客观规律,旅游行业需持续对线路进行创新与更新,通过推陈出新来保持线路的吸引力和竞争力,从而有效延长其市场生命力和质量。

本章思考题

1. 思考旅行社产品的定义?
2. 旅行社产品的划分类型是怎样的?
3. 当今的旅行社如何定义自己的业务边界?
4. 面对千变万化的游客需求,旅行社如何突破传统业态来打造具有吸引力的产品?
5. 尝试用波士顿矩阵分析一家旅行社的产品。
6. 试述旅行社产品的开发流程。
7. 简述旅行社产品的定价方法、流程以及策略。

第五章
旅行社产品定价与营销

本章阐述了旅行社产品定价与旅行社进行市场营销活动的全过程,包括市场调查与预测,旅行社营销环境分析,旅行社的市场细分与定位,市场选择与定位等内容。

旅行社怎样玩转新媒体营销?

多家传统旅行社企业通过直播带货＋短视频营销的方式,开展新媒体营销的尝试,并取得了一定的成效。

众信旅游在2022年上半年,公司电商平台累计直播场次数超406场,累计观看人次超过3387万,直播旅游产品售卖数量近4000套,活跃粉丝数量超过30万。线上直播为行业转型带来了新契机。线上直播可以让游客更加清晰、真实、全方位地感受旅游产品的特点,这与传统的以风景图、旅游宣传片为主的营销方式相比,显然更受游客青睐。

自2021年上半年起,众信旅游启动了自媒体战略转型。在组织架构上,公司在原有产品、操作、销售等部门基础上,增设了短视频内容制作部门,涵盖内容编辑、摄影师、剪辑师及视频运营等职位。同时,公司组建了直播运营团队,包含主播、导播及直播运营等专业人员。此外,还设立了直播商务拓展部门,专注于发掘并合作KOL达人及其他带货资源,以维护并拓展带货合作关系。截至2022年9月,众信旅游已运营六个自媒体账号,其中三个账号聚焦于直播带货,分别针对云南定制游、海南三亚酒店套餐及北京周边游产品;另三个账号则以短视频形式为主,内容涵盖全球多国的美食、风光及人文风情介绍。

春秋旅游成立了专门的直播团队,直播内容从各地土特产到酒店、自由行产品预售券的销售,乃至景区、酒店探店体验等。2021年,春秋旅游更加注重小视频制作和直播,并且在遵守国家广播电视总局、文化和旅游部联合发布的《网络主播行为规范》的基础上,结合企业自身对直播岗位的要求,制定了《导游直播服务规范》,对主播素质、直播策划、资源落实和直播总结等予以明确规定。2022年,春秋旅游成立了由春秋旅游官网主导和管理的天天直播团队,创建了春秋旅游视频号,吸引更多优秀导游加入。同时,围绕上海旅游IP"海派城市考古",直播团队深入上海各街区,对每条街道的历史、文化、发展历程和都市烟火气进行生动解读,通过直播为产品销售预热。目前,直播和短视频已经成为春秋旅游产品宣传必不可少的方式。春秋旅游近年来的发展目标就是"信息化、数字化、智能化"。目前,春秋旅游自主研发的旅游TIMS(旅游信息管理)系统已在多家旅游企业使用,春秋旅游研发的质监管理系统获得了计算机知识产权证书等认证文件。在比较强大的IT技术的支持下,春秋旅游将继续在营销、宣传等方面推进信息化进程。未来,除了现有的企业流量之外,春秋旅游还将探讨企业和员工共有版权的私域流量使用问题。

课前思考:旅行社如何积极地发展新媒体营销?

第一节　旅行社产品的定价

一、旅行社产品的价格

价格是影响顾客购买行为发生的最敏感、最直接的因素。因此对产品的销售起到关键性的作用。

(一)旅行社产品价格的概念

所谓旅行社产品价格,是指旅游消费者为实现旅游活动的需要,而向旅行社购买旅游产品的价格,是旅行社所提供的服务产品价值的货币表现形式。

旅行社产品价格具有两大特点。第一是综合性。由于旅游产品既包括有形服务项目,也包含无形服务内容;既有完全的劳动产物,也有非劳动的自然物,是各种自然的、社会的、有形的和无形的产品及服务组合而成的一个综合体。因此其价格的反映也具有综合性的特点。第二是季节性。旅行社产品以无形服务为主,具有不可转移性、不可储存性等特点,因此旅游供给价格弹性较小,而旅游需求又具有较高的弹性。所以旅行社产品的价格常常随季节进行调整,以保持市场供求的动态平衡。

（二）旅行社产品价格的构成

在现实旅游活动中，旅行社产品价格构成随着旅游者不同的购买方式表现为不同的形式。如单项旅游产品价格就是单列客房价格、机票价格、租车价格等，而统包价格往往包括交通费用、住宿费用、参观（门票）费用、餐饮费用、综合服务费等。

根据旅游者对产品需求程度的差别，旅行社产品价格还可以分为基本旅游价格和非基本旅游价格。其中，基本旅游价格是指旅游消费者在旅游活动中必不可少的旅游产品价格，是为旅游者的旅游活动提供基本服务的收费标准，主要包括餐饮价格、住宿价格、交通价格、主要景点第一门票价格等。基本旅游价格涵盖的服务直接关系旅游活动的正常开展，进而关系上门客户的数量。因此，合理确定基本旅游产品价格极为重要。非基本旅游价格则主要包括娱乐价格、购物价格、附加景点价格等。此类消费虽不直接影响旅游活动的进行，但制定合理的非基本旅游价格不仅可以满足不同旅游者差异化的需求，还可在一定程度上引导旅游消费内容，直接增加旅游收入。

二、影响旅行社产品价格的因素

（一）影响产品价格的内部因素

旅游产品和服务的价格是旅游市场供求关系的反映，影响市场供求关系的诸多因素同时也是影响旅游定价的因素。

1. 企业发展战略

各个旅行社在市场经营中，由于所处环境、自身实力及对市场的判断各不相同，采取的经营发展战略也有很大不同，一般有密集型、多元化和一体化三种基本发展战略。旅行社采取的经营发展战略不同，相应的旅游产品价格策略和政策也不一样。若采取密集型发展战略，企业可能通过降价来进一步占领现有的市场，或通过改进原有产品，相应地提高产品价格，从而增加在现有市场及新开发市场上的销售；若采取一体化发展战略来提高盈利能力和控制能力，则企业会采取优惠价的形式，加强与供应商、销售渠道或生产同类产品企业的联系；若实行多元化发展战略，企业往往在实施战略的初期，保持旅游产品价格的相对稳定，在实施战略较为成功后才可能对旅游产品实施降价等政策调整。

2. 营销目标尺度

旅行社的市场营销目标具体表现为营业收入总额、接待人数及旅游者停留夜次等量化指标。为达到短期或长期的市场经营目标，旅行社会根据市场发展的状况，频繁地调整价格来适应不断变化的市场需求。

3. 旅游营销组合的其他要素

价格决策与产品决策、促销决策、分销决策等其他营销决策相比，是营销组合中最具灵活性的一项。旅行社营销人员在短时间内可以比较迅速地制定、调整或变更产品和服务的价格,但旅游产品的价格决策不能与其他营销决策相分离而单独进行。

(1)产品决策影响着定价决策。

旅游产品的定价策略直接反映其市场定位,对于承载高度象征意义的旅游产品而言,其定价应当紧密契合既定的产品形象及其所蕴含的象征性价值。

(2)促销决策以一定的价格变化作为辅助手段。

许多旅行社在推出新产品时,常见的一种促销活动就是降低价格或免费为首批客人提供服务,以便使潜在顾客能够毫无顾虑地积极加入,由此扩大产品和服务的知名度。

(3)分销渠道的选择影响定价决策。

对旅游产品和服务进行定价时,营销人员应充分考虑为中间商提供的佣金比例既合理又具有吸引力,制定出的价格既能够为目标市场及中间商接受,又可使本企业获得适当的收益。

4. 目标市场因素

旅行社的目标市场对产品有两方面要求:一是旅游产品和服务应当满足旅游者的生理调节和心理享受方面的需要;二是必须制定适当的产品价格,让旅游者有能力支付。目标市场的价格一般要求有一个能容纳价格上下浮动的幅度。在出游高峰时,如黄金周,市场产生大量需求,而到了旅游者出游低谷时,市场需求则锐减。加之旅游产品的供给弹性小,面对需求的急剧波动,旅行社不得不以价格的调整来进行需求管理。

5. 产品成本因素

旅游产品成本是由产品的生产过程和流通过程的物质消耗和花费的人力资本所形成的,它是构成产品价值的主要组成部分。旅游产品成本的高低关系到旅行社能否顺利地完成简单再生产,若旅游产品成本高于旅游产品价格,旅游产品的销售收入不足以弥补其劳动消耗,旅行社将出现亏损,企业的简单再生产就会出现障碍,更无力扩大再生产;反之,旅行社可能出现盈利,能够不断地进行市场扩张。同时,不同的旅游产品,其成本构成也不尽相同,在一定的限度内,旅游产品的变动成本较大,对旅游产品总成本的影响也就明显。例如当航空公司因油价压力调整机票价格后,这一变动直接反映在了各大旅行社所报出的旅游线路价格上,以马尔代夫线路为例,其价格前后的差异尤为显著。

6. 产品特色因素

不同旅行社提供的产品特色各有不同,对价格决策也会产生不同的影响。产品和服务综合程度越高,包括单项产品越多,营销人员对价格变动的控制能力也就越低。要使综合产品的价格保持优势就必须要求各个单项产品的价格都具有竞争力。对于一个旅游目的地而言,旅行社产品的可替代性大,就决定了对该产品需求的价格弹性大,出现削价竞争的概率也就更大。旅行社产品一般表现为生产和消费的同一性。服务产品因生产与消费的同时性特点,导致无法存储库存,从而使得旅行社在定价时面临一定风险。加之从定价策略的制定到实际销售实施之间存在一定的时间间隔,此期间市场需求可能出现不同程度的波动,进而可能削弱预先设定价格策略的有效性,对旅行社的营销活动造成不利影响。因此,营销人员需准确预估市场需求,并据此灵活调整市场运营策略,以确保定价策略的有效实施。

(1) 旅游产品的可替代性。

旅游产品与其他产品一样,也存在着替代性问题,尤其是在旅游购物、娱乐、住宿、交通等方面,出现同类产品的可能性较大。若在同一旅游目的地同类旅游产品并存,则旅游者对这类旅游产品需求的价格弹性相应增大。为实现增加销售的目的,旅游产品生产者和经营者就有可能实行削价竞争。

(2) 单项旅游产品的价格灵活性。

单项旅游产品与包价旅游产品相比,往往具有更大的价格灵活性,旅游产品的综合程度越高,包括的单项产品越多,旅行社对价格的变动控制能力也就越低。

(3) 旅游产品的不可储存性。

旅游产品的这一特点促使旅行社需采取迅速销售策略,其中常包括实施优惠价格等促销手段,以刺激消费并有效控制成本。

7. 非价格竞争因素

旅游产品价格只表明了旅游产品价值的多少,但在市场营销过程中,旅游者在购买决策时往往不仅注重旅游产品的价格,还要考虑旅行社提供的服务质量、消费者获得的额外利益、品牌等因素。因而,旅行社为了实现较高价格的销售,首先要施之以较高水平的服务,使旅游产品的价格和相应的服务一致,使旅游者加深对旅游产品价格的理解、认可;其次,旅行社还应尽可能地向旅游者提供额外免费的服务项目,比如赠送景点或活动等,使旅游者认为是购买了旅游产品后而带来的额外利益,从而增强对购买较高价格的旅游产品的信心。这种非价格因素已越来越深入地影响旅游产品的定价。旅游企业所提供的产品能否给予消费者额外的利益,将成为决定产品定价策略及销售业绩的关键因素之一。

(二) 影响产品价格的外部因素

1. 行业竞争因素

在市场经济中,供求关系不是决定价格的唯一因素。旅行社在制定产品定价策略时,必须充分考虑竞争对手所经营的同类产品的市场价格。旅行社对于竞争对手在产品价格上的变动要及时做出反应,调整自己的价格。因此,行业的竞争因素是旅游企业制定价格时必须考虑的因素。

2. 产品市场供求因素

市场供求在很大程度上决定了产品价格的高低,原则上旅行社产品的价格不会超过市场上由供求关系决定的均衡价格。对任何产品,消费者都会根据其自身的价值观念和消费经验形成一个理解价值。如果产品的价格超过了这一价值所反映的价格,就会抑制消费者需求,影响产品的销售额。旅行社经营是以消费者市场为导向的,潜在市场的价值理解对旅游价格的最终形成有着重要影响。此外,如果某一时期市场对某一产品的需求量大,其价格就会升高,反之则降低。这就是产生地区差价、季节差价的根本原因。

3. 汇率变动因素

汇率是两种不同货币之间的比价,也是一国货币单位用另一国货币单位所表示的价格。旅行社产品在国际旅游市场的报价,通常受到两方面的影响,一方面取决于旅游产品本身的生产价值,另一方面受到本国货币和外国货币比率的影响,由于汇率永远处在动态变化之中,所以旅行社的产品报价与实际收汇之时的汇率往往不一致。在旅行社产品价格保持相对稳定的前提下,产品的售价与汇率变化呈现反比例关系。自1997年亚洲金融危机爆发以来,东南亚多国货币经历了显著贬值,直接导致这些国家的旅游产品在国际市场上的售价大幅降低。相比之下,我国人民币在此期间保持了相对稳定,从相对角度看,这相当于人民币对这些国家货币升值,进而使得我国旅游产品在国际旅游市场上的售价相对上升,给我国旅游产品的市场推广与销售带来了显著的压力和挑战。

4. 通货膨胀因素

通货膨胀是指在流通领域中的货币供应量超过了货币需求而引起的货币贬值、物价上涨等现象。旅游目的地的通货膨胀会带来旅行社旅游产品的生产与经营成本费用上涨,而且由于市场上单位货币的购买力下降,旅游企业必须提高旅游产品的价格,并使价格的提升幅度大于通货膨胀率,才能保证减少亏损。通货膨胀导致某地区旅游产品的价格的大幅度上升,客观上会损害消费者的利益,以及破坏旅游地的形象。

5. 政府及法律因素

政府干预旅行社的价格一般出于两方面的原因。一是为了保护旅游者利益,通过法律限制旅行社在不正当市场竞争中牟取暴利的行为,制定最高限价令。二是为了保护旅行社利益,当全行业出现了削价竞争,损害了企业的正常利润和行业利益时,政府就会制定相应法规,以制定行业的最低保护价格。在市场机制较成熟的国家中,最高限价令和最低保护价格多由旅行社行业协会制定。

综上所述,旅行社在对产品定价时要全面考虑各个影响因素,以适当的价格参与市场竞争,最终达到经营目标。

三、旅行社产品的定价目标和原则

(一)旅行社产品定价目标

价格决策既是旅行社市场营销决策的一个重要组成部分,同时又是决定营业收入和利润水平的重要基础。旅行社产品定价目标不仅取决于市场营销目标,而且还受到旅行社总体发展目标及财务营收目标的影响。依据营销目标和财务目标,旅行社定价目标又可以具体分为利润导向型、产品销售量导向型、企业竞争导向型和社会责任导向型。

1. 利润导向型

这是旅行社通过产品定价以获取企业最大经济效益的基本手段。利润导向型的定价目标又可以细分为当前利润最大化目标、满意利润目标和投资收益率目标三种形式。

当前利润最大化目标是指如果旅行社想制定一个能够使本企业达到利润最大化的价格目标,就必须对旅行社的产品成本和市场需求进行估测,并据此选择适当的价格。需要说明的是,产品利润最大化并不意味着产品价格的最大化。此外,以当前利润最大化目标进行定价还有很多限制,它不仅要求旅行社在市场竞争中必须处于绝对领先的地位,而且能够比较精确地估算出市场需求函数和产品成本函数。要符合这两项条件对旅行社来讲,也不是轻而易举的事情。

满意利润目标是指低于当前最大利润的经营目标,但能够为旅行社所接受的利润水平。由于受到各种因素的影响,理论上的利润最大化目标很难在旅行社的实际运营中加以实现。因此,旅行社就可以采用满意利润为目标进行定价。

投资收益率目标通常是旅行社的一个重要财务指标,用以衡量企业投资效率的高低。旅行社的固定资产总额在一段时期内是保持相对稳定的,因此旅行社预期收益的多少就决定着投资收益率的高低,而预期收益的多少直接取决于产品市场销售额的大小。以投资收益率为目标进行产品的定价,就是把企业的销售额控制在理想的范围内,从而达到预期的经济收益。

2. 产品销售量导向型

旅行社产品销售量导向型目标可细分为销售量最大化目标和市场份额最大化目标两种。

销售量最大化目标是指通过提升旅行社产品的销售量,增加客源目标市场的购买密度与频率,进而提升市场占有率。这一过程直接关联于产品销售额的增长。从中长期视角来看,对于旅行社而言,相较于总利润的增加,产品销售额的提升与现金流量的增强具有更为关键的战略意义。为实现销售量在现有基础上的持续扩大,旅行社需采取价格调整等策略,以有效达成销售量最大化的目标。

市场份额最大化目标是从长期发展角度出发的一种考量,强调对于旅行社而言,相较于单纯扩大销售量,提升和扩大产品在市场上的份额具有更为深远的重要性。这是因为较大的市场份额必然会对旅行社产品市场销售量的提高产生有利影响,从而有利于提高企业的整体投资收益率。如果旅行社拥有较高的市场份额,也就意味着企业具有较大的市场竞争力,其产品在市场的销售就更具有主动性,以利于形成良性的产品销售循环。

3. 企业竞争导向型

企业竞争导向型目标可以细分为企业生存目标、稳定价格目标、应付和避免竞争的目标以及产品质量领先目标。

企业生存目标是指当旅行社遇到产品成本过高、财务困难或市场竞争过于激烈等境况时，维持旅行社市场基本业务的运营就成了企业首要目标。在这种状况下，旅行社必须从市场的实际出发，制定尽可能符合顾客要求的产品价格，力争扩大市场营业额。需要注意的是，维持旅行社生存的产品价格，其定价不应低于收回可变产品成本的价格，以确保旅行社的持续运营和盈利能力。

稳定价格目标旨在通过保持相对稳定的产品价格，有效规避价格战对企业发展的潜在负面影响，从而树立旅行社积极、稳健的市场形象。以稳定产品价格为目标进行定价的旅行社，一般都在旅行社行业中扮演举足轻重的角色，其产品价格对整个旅游市场有一定的参考价值。

应付和避免竞争的目标通常适合中小型旅行社企业，这是由于中小型旅行社本身实力有限、产品项目单一、市场占有量较小，他们常利用产品价格杠杆原理，通过精心制定的价格决策来应对或规避市场竞争带来的风险，旨在保护企业利益，确保实现既定的企业发展目标。

产品质量领先目标是一种基于旅行社长远发展利益而采取的价格制定目标。从旅行社的长期发展来看，提供优质产品和优质服务通常能反映旅行社具备更为成熟的企业管理经验和先进的市场营销理念。这种优势有望促使旅行社形成长期平均成本的下降趋势，使其在保障产品质量与服务水平的同时，具备降低产品价格的实力与空间。此举不仅巩固了旅行社的市场地位，还进一步强化了其市场竞争优势，使其在行业中脱颖而出。

4. 社会责任导向型

社会责任导向型定价目标指以社会责任为着眼点制定旅游产品价格，而将利润目标列于相对次要位置，强调社会效益最大化的目标。目前，世界各国倡导对与环境保护关系密切的某些旅游产品采用此种导向目标的定价方法。例如，关于生态旅游产品的定价，国际惯例是根据旅游环境的承载能力来限制游客规模和确定旅游产品的价格，主要目的不是盈利，而是关注旅游生态环境的持续健康发展。以下是采用社会责任导向型定价目标时旅游产品定价的一些关键要素：旅行社需要充分考虑旅游产品对当地社会和社区的影响，如对当地居民的就业、经济增长和文化保护等方面的作用；旅行社应当考虑旅游产品对当地环境的影响，如能源消耗、废弃物处理等方面的要素，并将这些成本纳入产品定价中；旅行社需要考虑旅游产品对当地文化及遗产的重要性，并将其保护作为定价因素之一，以体现企业的社会责任等。

综上所述，以社会责任为导向的旅游产品定价策略要求旅行社在制定价格的时候,不仅要考虑企业的利润,还要充分考虑社会、环境和文化等方面的因素,以满足消费者对于社会责任的要求,并在推动可持续旅游发展的同时为企业创造更多的商业价值。

（二）旅行社产品的定价原则

价格决策与其他营销决策相比,具有更加显著的灵活性。旅游营销人员虽然可以在短时间内迅速制定、调整和变更产品的价格,但在激烈的市场竞争环境下,营销人员又很难单独调控产品价格的变动。旅行社产品定价决策不能与其他的营销决策分离开来单独进行。首先,定价取决于旅行社产品的定位。对具有高度象征意义的旅行社产品的定价,应符合设计中的产品形象及其象征意义。其次,旅行社分销渠道的选择也会影响产品的定价决策,要充分考虑中间商的佣金比例。最后需要考虑的是,产品价格会使旅游者对产品和服务的象征性以及质量产生一定的期望值,由此起到向旅游者沟通产品信息的作用。

旅行社销售的旅游产品本质上是一种预约性的市场交易行为,其价格通常需提前3至6个月甚至更长时间进行规划。一旦价格确定,依据国际惯例,旅行社应避免频繁调整,以防给中间商及顾客留下不稳定、不可靠的印象,进而损害其市场信誉。因此,准确把握旅游市场需求,密切关注影响价格波动的各项因素,并深入研究产品价格的变化趋势,构成了旅行社制定产品价格策略不可或缺的基础性工作。

四、旅行社产品的定价策略

产品定价策略是指旅行社依据定价目标,采用合理的定价方法、定价技巧,结合旅行社市场营销的总体战略部署,制定适应市场需求和满足顾客愿望的产品价格的方式。定价策略是旅行社制定价格的指导思想和行动方针,也为企业的营销人员在产品定价中遇到问题时提供了解决问题的基本原则。

（一）以产品生命周期为原则的定价策略

每个旅游产品都会经历一个生命周期,即新生、发展、成熟和衰退四个阶段。旅行社应以该周期为原则作为新产品价格制定策略的依据。因为新产品定价时一般没有过多的市场限价措施,旅行社主要考虑弥补产品的开发成本或限制竞争等因素,所以可采取市场撇脂定价和市场渗透定价两种方法。

1. 市场撇脂定价

这种产品定价策略是指旅行社新产品投放市场时,可以制定大大高于产品成本的价格。其定价的市场依据是,在旅游新产品投放市场初期,可与其竞争的替代产品很少,市场需求价格弹性较小。旅行社通过产品的高价策略,树立高价值和高质量的产品形象,以期达到开发特定市场的目的。市场撇脂定价策略的优点在于,可以使旅行社迅速收回用于产品开发的费用,提高现金流动量,也为企业留有产品降价的余地,而当类似产品涌入市场时可以较低的产品价格保持市场。对于旅行社而言,由于构成产品的交通、路线等产品易于模仿,因此新产品推向市场后,很快便可能面临竞争对手的涌入。除非新产品具备显著的、不易被复制的独特性,否则旅行社通常不宜采用依赖高度创新性的定价策略,因为这种策略在缺乏足够差异化的情况下,其效果可能较为有限。

2. 市场渗透定价

这是一种低价渗透策略,也就是将旅游新产品以低价投放市场。策略的核心目的在于快速占领旅游市场份额,通过价格优势吸引大量消费者,从而迅速提升市场占有率。旅行社采用低价策略通常能有效地排斥其他竞争者进入市场,从而达到在较长时间内占据市场领先地位的目的。旅行社在采取产品低价策略时,应该认识到在进入市场初期时可能面临的风险,因为旅游产品价格可能低于当时产品的生产成本。然而,通过逐步扩大市场占有率和提升产品销售量,旅行社有望达到一定的规模效益,进而确保长远利润的获取。采取这种策略时,旅行社还应注意所面对的旅游者必须对产品价格具有高度的敏感性,对产品的需求弹性大,从而能够带来更多的需求。

(二)以心理因素为原则的定价策略

以心理因素为原则的定价策略,要求旅行社营销人员在制定价格时重视旅游者在购买产品时对价格的情绪反应。心理定价策略常用于价值较小的旅游产品的价格制定上。

1. 尾数定价策略

尾数定价策略分奇数定价和整数定价策略两种。旅行社采取奇数定价策略的前提是认定旅游者在消费心理上乐于接受尾数的价格而不喜欢稍高的整数价格,如定价为99元的产品肯定比定价100元的产品要相对好销,其道理就在于此。因为旅游者可以从中得出两个结论:第一,旅游产品未满百元,还是几十元的消费感觉;第二,使旅游者形成一个旅行社严格核算产品定价的形象。而整数定价法则恰恰相反,它是在假定旅游者认为整数价格是高质量高档次的表现这一认识基础上采取的策略。

2. 习惯定价策略

习惯定价策略主要是基于市场现实,即某些传统旅游产品在市场上已经形成了旅游者长期接受并习惯的价格水平。对于该类产品的定价,旅行社不宜随便更改,但是当经营成本的变动已经给旅行社带来影响时,应通过适当调整产品的结构,来降低因产品成本变动带来的损失。

3. 声望定价策略

旅游者在消费过程中,往往存在一种潜意识,即通过价格来评估旅游产品的质量,或选择特定旅行社作为对产品质量认可的一种表现。基于这一心理,声望定价策略尤为适用于那些经营历史悠久、在旅行社行业中占据领先地位且享有良好声誉的企业。

这些旅行社能够依托消费者的信任,设定较高的产品价格,既彰显其独特性和高品质,又有效满足旅游者的心理期望和潜在需求。

4. 价格线策略

对于多数旅行社而言,它们所提供的旅游产品并非仅限于单一品种,而是通常涵盖一系列功能相近但在档次上有所差异的产品,这些产品相互关联,共同构成了一条完整且有序的旅游产品线。基于这一产品线结构,营销人员可以设定一系列不同层级的产品价格,确保价格差异与旅游者的购买认知相匹配。价格线的设定需精心规划,以清晰地向目标市场传达产品档次的区分,同时,各价格水平间的协调至关重要,需准确反映旅游者需求及产品特性的差异性。市场实践表明,旅行社产品的价格差异若设置得过大或过小,均不利于产品的有效销售。

5. 招徕定价策略

招徕定价是指旅行社为了迎合旅游者的心理,将某几种商品的价格定得非常之高,或者非常之低,在引起旅游者的好奇心理和观望行为之后,带动其他商品的销售。例如:有些餐厅经营者会每天推出若干明显低于成本的特价菜来吸引顾客;有些企业还会利用年节、司庆等名义大力促销某些产品。招徕定价运用得较多的是将少数产品价格定得较低,吸引顾客在购买便宜产品的同时,购买其他价格比较正常的产品,也有故意定高价以吸引顾客的。值得注意的是,用于招徕的降价品,应该与低劣、过时商品明显地区别开来。招徕定价的产品,必须是品种新、质量优的适销产品,而不能是处理品。否则,不仅达不到招徕顾客的目的,反而可能使企业声誉受到影响。①

(三) 促销定价策略

在许多情况下,为产品定价时应考虑企业促销活动的需要,使价格的确定与促销活动相互协调。

1. 价格领先策略

当旅行社为新产品进行市场促销时,通常会在一段时期内将产品的价格降至产品的成本线以下,以此作为打开市场销路的手段。采用价格领先策略的目的在于鼓励顾客更多购买旅行社的产品,从而较快扩大产品知名度,提高市场份额。然而,这种策略也伴随着市场风险,若运用不当,可能引发消费者对旅行社产品质量与档次的质疑,进而形成低价即低质的印象,这是旅行社在实施时需谨慎考虑的。

2. 专门事件定价策略

专门事件定价策略是一种营销策略,它涉及利用重大会展活动或固定节假日等特定时机,对旅游产品进行专项促销或特价优惠。为了有效实施这一策略,旅行社必须确保配备充足的服务设施及人员,以维持产品质量和服务质量的高标准,确保促销活

---

①张宏钢.浅论旅游产品的定价策略[J].湖北函授大学学报,2011,24(10):59-60,75.

动不会对顾客体验造成不利影响。

（四）差别定价策略

差别定价策略，又称歧视定价策略，是指旅行社以两种或两种以上不反映成本比例差异的价格来推销一种产品或提供一种服务的定价策略。当然要实行这一策略需要满足以下条件。第一，市场必须能够细分，而且这些细分市场要显示不同的需求程度，也就是说旅行社在推出这一产品或者服务的时候，必须首先明确这一产品（服务）的适应市场和人群。第二，付低价的细分市场人员不得将产品转手或转销给付高价的细分市场。第三，在高价的细分市场中，竞争者无法以低于公司定价的价格出售产品。第四，细分和控制市场的费用不应超过差别定价所得的额外收入。第五，实践这种定价法不应该引起不同市场的顾客的反感和敌意。第六，差别定价的特定形式不应当是违法的。

差别定价主要有以下几种形式。

1. 顾客细分

顾客细分是针对同样的产品或服务，不同顾客支付不同的金额。这是旅行社以不同的价格采用不同的价格策略在不同地区、不同人群中营销同一旅游产品或服务，以形成同一产品或服务在不同空间的横向价格策略组合。比如同样的旅游产品，由于当地旅游市场和异地旅游市场的需求强度不一，因而价格就可能不一致；再比如，不同的旅游产品，对不同年龄、不同身份游客的吸引力也不一样，为吸引某些特定游客，旅行社也应制定不同的价格。

2. 产品式样（形象）差别定价

产品式样差别定价是指旅行社在提供同一种服务的时候，由于在具体实现方式上的差异而设定不同的价格，比如旅行社在设计同一条旅游线路的时候，会依据不同的交通方式、食宿条件分别设定不同的价格，以吸引不同消费层次的游客。

3. 位置差别定价

位置差别定价是指旅行社根据产品所处位置的不同制定不同的价格，即使所提供的每个地点的成本是相同的。比如住宿时，不同朝向的房间价格可能不同；观看演出时，剧院的不同位置，价格也可能不同。

4. 时间差别定价

时间差别定价是旅行社针对相同的旅游产品或服务实施的一种定价策略，该策略依据游客需求时间的不同来设定不同的价格。这一做法体现在多个方面，包括根据季节变化、具体日期乃至不同时段的差异来灵活调整价格。例如，国内众多旅游景区会根据季节更替执行不同的票价标准；同样，酒店也会根据游客的入住时间差异来设定不同的住宿价格。实施时间差别定价策略，旨在激励旅游中间商及游客在旅游淡季提升购买频次与力度，进而有助于降低旅行社的仓储成本并加速资金流转。

(五)折扣定价策略

折扣定价是指旅行社的基本价格不变,而通过对实际价格的调整,把一部分利益转让给购买者,直接或间接降低价格,以争取顾客,扩大销量。

1. 数量折扣

数量折扣指旅行社按购买者购买数量的多少,分别给予不同的折扣,购买数量越多折扣越大。其目的是鼓励大量购买,或集中向本旅行社购买。数量折扣包括累计数量折扣和一次性数量折扣两种形式。累计数量折扣规定顾客在一定时间内,购买商品若达到一定数量或金额,则按其总量给予一定折扣,其目的是鼓励顾客经常向本旅行社购买,成为可信赖的长期客户。一次性数量折扣规定一次购买某种产品达到一定数量或购买多种产品达到一定金额,则给予折扣优惠,其目的是鼓励顾客大批量购买,促进产品多销、快销。

运用数量折扣策略的难点是如何确定合适的折扣标准和折扣比例。如果享受折扣的数量标准定得太高,比例太低,则只有很少的顾客才能获得优惠,绝大多数顾客将感到失望;购买数量标准过低,比例不合理,又可能达不到降低旅行社营销费用,增加利润的根本目的。因此,旅行社应结合产品特点、销售目标、成本水平、资金利润率、需求规模、购买频率、竞争者手段以及传统的商业惯例等因素来制定科学的折扣标准和比例。

2. 现金折扣

现金折扣是对在规定的时间内提前付款或用现金付款者所给予的一种价格折扣,其目的是鼓励旅游者尽早付款,加速资金周转,降低销售费用,减少财务风险。采用现金折扣一般要考虑折扣比例、给予折扣的时间限制、付清全部货款的期限三个因素。在西方国家,典型的付款期限折扣以"*3/20,Net 60"的形式表示,其含义为:自成交之日起,若买方在20天内完成付款,则有权享受3%的折扣优惠;若付款时间超过20天但在60天内完成,则不享受任何折扣;而若付款时间超过60天,则需额外支付利息。

3. 同业折扣或佣金

同业折扣或佣金,也称功能折扣,是旅游产品或服务的生产旅行社基于中间商在产品分销链中所处的不同环节,根据其承担的功能、责任及风险差异,而提供的一种差异性折扣政策。这一折扣的结果是形成购销差价和批零差价,其目的在于鼓励中间商大批量订货,扩大销售,争取顾客,并与生产旅行社建立长期、稳定、良好的合作关系。功能折扣的另一个目的是对中间商经营的有关产品的成本和费用进行补偿,并让中间商有一定的盈利。

4. 季节折扣

旅游商品的生产是连续的,而其消费却具有明显的季节性。为了调节供需矛盾,这些产品的生产旅行社便采用季节折扣的方式,对在淡季购买商品的顾客给予一定的优惠,使旅行社的生产和销售在一年四季能保持相对稳定。例如,现在很多旅游景点在一年之中分别执行淡、旺季价格;有的宾馆住房价格也有平时价格、周末价格、节假日价格之别。

五、旅游产品价格制定的方法

(一)成本定价

成本定价是以成本为中心的产品定价方法,其基本原理是在产品成本上再加一定数量或一定比例的量,从而最终形成产品的价格。由于旅行社在进行产品定价时,仅围绕产品的成本,不考虑市场需求方面的因素,因此显得简单方便,只需要计算出成本,并在成本上加附加利润额,或利润率即可。该定价法主要分为成本加成定价法和目标收益定价法两类。

1. 成本加成定价法

成本加成定价法用公式表示为:

$$单位产品价格 = 单位成本 \times (1 + 加成率)$$

在旅游市场需求与行业竞争状况相对稳定的市场环境下,采用这种定价方法,可以保证旅行社获得适量的利润。加成率可以随产品、旅行社财务状况以及市场环境的变化而有所调整。由于成本加成法只注重产品的生产成本和预期利润,忽视了企业竞争和市场需求的动态状况,因而在市场环境及成本变动较大的情况下难以适用。

2. 目标收益定价法

目标收益定价法的目的是为旅行社赢得适当利润以弥补投资成本。一般做法是,确定目标收益率,预测总成本(固定成本加变动成本),并设定产品销售量,最后确定产品价格。其公式为:

$$产品价格 = (总成本 + 目标利润) \div 预期销售量$$

从理论上讲,运用目标收益定价法可以保证旅行社经营目标利润的实现,但由于此方法以预计销售量来推算产品单价,而忽视了产品价格可能对产品市场销售量产生的直接影响,存在一定的市场风险性。通常只有经营垄断性产品或具有很高市场占有率的旅行社才有可能依靠其垄断力量来按目标收益定价。

3. 投资回收定价法

投资回收定价法是指旅游企业为了确保投资按期收回,并获取预期利润,根据投资生产旅游产品的成本费用及预期的生产旅游产品或劳务的数量,确定能够实现营销目标的价格的定价方法。这种定价方法所确定的价格,在投资回收期内不仅包括了单位旅游产品或服务应摊的投资额,同时也包括了单位旅游产品新发生或经常性的成本费用。投资回收定价法一般用于新建酒店客房日收费标准定价和大型娱乐场馆门票的定价,但是这种方法要求产品销售或服务设施利用率得到保证,否则难以按预期回收投资。

(二) 市场定价

市场定价是以市场需求为中心的定价法。它强调旅行社应该依据游客对旅游产品的价值认同和对旅游产品的需求程度来确定产品价格,而不以生产成本为中心定价。

1. 理解价值定价法

采用理解价值定价法的基本前提条件是,游客在购买旅行社的旅游产品前,基于从产品的推介广告、市场宣传中所得到的信息,以及自身对产品的想象,从而对产品价值形成一个认识和理解。只有当旅行社产品的价格符合游客的理解价值时,游客才有可能接受这一价格;如果旅行社产品的价格超过了他们的理解价值,他们一般不会购买。因此,旅行社采取理解价值定价法时,应配合市场促销活动。营销人员在宣传促销活动中应充分让游客了解旅行社产品的档次、风格及质量,初步在游客心目中树立起产品的形象,然后根据游客对产品形象及价值的理解程度确定产品价格,这里的关键在于正确测定游客的市场理解价值。

2. 差别定价法

差别定价法是指旅行社针对不同的游客,以及在不同的时间和不同的地点,依据产品的基本价格而采取的不同定价方法。必须强调的是,旅行社采取差别价格的立足点,并不是基于成本的变化,而是根据不同游客在不同的时间和地点可能产生不同需求偏好和需求强度而采用的应变定价方法。在实施差别定价时要注意的是,当时的市场必须是能够按游客的需求强度、消费偏好和价格敏感性进行细分的,实行差别定价时不应引起目标市场游客的反感,以免损害旅行社的形象。

差别定价法可以分为多种:以游客为基础的差别定价,如学生价与一般游客价格的差别;以时间为基础的差别定价,如淡季价格和旺季价格的差别;以旅行目的地的吸引力的高低为基础的差别定价,如热点旅游地的价格和温点以及冷点旅游地的价格差别。

(三) 竞争导向定价法

竞争导向定价法是指以同类产品或服务的市场供应竞争状况为依据,以竞争对手价格为基础的定价方法。采用这种方法定价,要求旅游企业在竞争的同时结合自身的实力状况、发展战略等因素。在实际运用中,它主要表现为随行就市定价法、率先定价法、密封竞标定价法和拍卖定价法。

1. 随行就市定价法

随行就市定价法也称为通行价格定价法,它是以同行业的市场平均价格为基础来制定本企业产品的市场价格。这种方法的优势在于平均价格在人们观念中被认为是"合理价格",易于被接受;可以避免竞争,使企业获取稳定的市场份额。实践表明,不管是完全竞争市场,还是少数寡头垄断的市场,同类产品的价格都趋于实行随行就市的价格。

2. 率先定价法

率先定价法是指旅游企业根据市场竞争状况,结合自身实力,率先打破市场原有的价格格局,制定出具有竞争力的产品价格。采取这种定价方法的旅游企业,一般在某个区域内具有较强的规模与实力,或者在产品上具有竞争对手无法比拟的特色优势,在竞争中处于主动地位,能够成为当地旅游企业的榜样。

3. 密封竞标定价法

密封竞标定价法是采用招标和投标的方式,由一个卖主(或买主)对两个以上存在相互竞争关系的潜在买主(或卖主)的出价选优成交的定价方法。企业采用投标定价法定价时,是以设想竞争对手将如何定价为基础,而不是以自己的成本或需求为基础。企业能否中标,在很大程度上取决于与竞争对手在实力、价格等方面的综合较量。企业要想在投标过程中取胜,就必须制定出比其他企业更低的价格。这种定价法主要用于投标交易方式。一般情况下,在同类产品之间,价格相对低的产品更具有竞争力。

即使迫切希望中标的旅游企业,除了个别特殊场合,一般也不愿自己的标价低于单位产品的边际成本,因为那样旅游企业不但不能回收固定成本,连变动成本也补偿不了。同时,旅游企业也不能只顾盈利而标价过高,那样中标的可能性太小。由于利润的高低与中标概率的大小刚好相反,旅游企业便可用这两种相反因素的净效应作为定价的依据。这个净效应就是利润与中标概率的乘积,叫作期望利润。

4. 拍卖定价法

拍卖定价法是指在经营拍卖业务的特定时间、场所,按照特定的规程有组织地进行拍卖,物品价格高低由参与拍卖的买主竞价确定的定价方法。具体的出价方法有两种:一是增价拍卖法,即指在拍卖时,由拍卖人宣布预定的最低价格,然后由竞买者相继叫价,竞相加价,直到拍卖人认为无人再出更高的价格时,则用击槌动作表示竞买结束;二是密封递价法,也称招标式拍卖定价法,即先由拍卖人公布每批产品的具体情况和拍卖条件等,然后由各买主在规定时间内将自己的出价密封递交给拍卖人,以供拍卖人审查比较,决定将商品卖给谁。

第二节 旅行社产品营销策略

一、旅行社产品销售

(一)旅行社产品销售的定义

旅行社产品销售是指旅行社作为旅游服务产品的供应商以直接或间接的方式把

服务产品转移到最终消费者手中的整个流通过程。在这个过程中,旅行社出售旅游产品是销售渠道的起点,消费者购买旅游产品是销售渠道的终点,这一过程又可称作旅行社市场销售分配。旅行社产品的销售一般包括以下三个层次:第一,旅行社在生产现场直接向来访的旅游者出售产品与服务的方式;第二,旅行社依靠自身的实力在生产地点以外向其他地方的旅游者出售其产品和服务的直接销售方式;第三,旅行社借助旅游中间商向旅游者出售产品与服务的间接销售方式。

（二）旅行社产品销售的必要性

旅行社产品销售的核心目标是促进消费者便捷地购买其产品,以此实现销售量的增长和营业收入的增加。当旅行社通过广告或其他促销手段引起了人们的消费兴趣,推动了市场需求扩大,此时就要依靠企业完善的市场销售系统和分销网络,使得这些不断扩大的市场需求能及时得到实现,形成现实的旅游产品的购买行为。在现代服务行业发展中,精明的企业家们已经形成了这样的共识,即1000万元的广告投入,要用2000万元来实现它所激起的需求,这就是市场销售领域里的"1+2=3"法则,这一法则对旅行社市场销售管理同样适用。中国加入世界贸易组织后,旅行社面临着来自国内外市场的双重竞争压力。旅行社产品作为无形的服务产品,其市场销售环节的重要性与其他商品相比更为重要。

1. 生产和供给两者的失衡加剧了市场的竞争

以我国出境旅游为例,2002年6月根据国家旅游局的有关调整,上海有资格组织出境旅游的旅行社从5家一下子猛增至32家,增幅达到6倍之多。在出境旅游市场的需求量没有明显增加的情况下,有权组织出境旅游的旅行社的增加会带来僧多粥少的市场经营局面。面对旅行社市场竞争态势加剧的现实,企业不进则退,只有设法巩固并不断拓展客源市场,增加旅游产品的市场占有率,才能立于不败之地。畅通便捷、形式多样的销售渠道自然是旅行社有信心参与市场竞争的重要砝码之一。

2. 电子商务向传统的市场销售手段提出了挑战

从以往经验来看,传统旅行社,特别是跨国经营的大型旅行社,其主要优势在于广泛分布的销售网络以及专业的分销人员,他们能够与顾客进行面对面的接触,从而有效促进产品销售的实现。但这种传统的市场销售方式在当今却受到了那些利用电子商务和其他新兴技术的新一代旅游分销商们的挑战。比如利用全球分销系统(GDS)技术,即使没有众多的分销代理人,也能够向全球的顾客提供食宿、机票和旅游地信息等综合性服务,进而成为全球旅游服务产品的分销商,其中佼佼者有阿马德斯(AMADEUS)、伽利略(GALIEO)等。这些旅游电子运营商进入旅行社产品销售市场,所引起的竞争使那些既没有组织能力也没有资本流入的旅行社在经营结构和销售渠道上的劣势更为明显。可见旅行社传统的销售方式和销售渠道要积极利用当代新兴技术加以改造和提高,以适应旅游市场新的竞争态势和发展趋势。

3. 全球化趋势加剧市场开拓的紧迫性

随着旅游经济全球化的趋势日益明显,国内外旅游市场的界限正在逐渐淡化。旅行社产品销售面对的市场范围正在不断扩大,扩大市场经营规模的机会也在同步加大。然而,与市场机会相伴而来的却是令旅行社尚未准备好的市场挑战。庞大的国际旅游市场向我国的旅行社敞开了大门,而那些遥远的目标市场尽管诱人,却与我国存在着实实在在的空间距离障碍,这已成为国内不少旅行社目前尚难逾越的鸿沟,因为大多数国内旅行社的实力还不足以在海外大量开设分社,采用即时销售的可能性不大。因此想方设法加大市场开拓的力度,提高市场销售占有率,已成为旅行社当前的急迫任务。在缺乏构建大规模市场销售体系的能力时,采用多种预约系统以增加提前预约量,可视为一种短期内切实可行且有效的策略。

(三) 旅行社产品销售环节的长度与宽度

旅行社产品销售环节的长度通常是指,旅游产品由生产者(旅行社)向最终消费者(旅游者)转移过程中所经历的环节。一般来讲,市场销售经历的环节越多,则市场销售长度越长,反之则越短。

旅游产品销售宽度则是指,旅行社市场销售渠道及销售网点的数量和分布状况。旅行社拥有的代销其产品的中间商越多,代销网点的分布越广,那么旅行社的市场销售宽度就越宽,反之则越窄。

当然,旅行社产品销售的长短与宽窄是一个相对的数字,要视旅行社的具体情况而定,这是因为不同规模、不同产品、不同目标市场的旅行社所采用的销售渠道是不同的,衡量标准也有差异,不能一概而论。

二、旅行社产品销售渠道

(一) 销售渠道的划分

旅行社市场销售渠道的划分,通常依据销售长度的不同进行,具体表现为旅游产品在从旅行社流向游客的过程中,是否存在中间环节。基于这一标准,旅行社的市场销售渠道被明确区分为直接销售渠道与间接销售渠道两大类。

1. 直接销售渠道

凡是旅行社直接向游客提供旅游产品,不涉及任何中间环节或中间商的销售途径,就称为直接销售。由于没有中间商的介入,也可称作一级销售分配系统,或称作零层次销售渠道。直接销售渠道是旅行社进行旅游产品销售时间长度最短的销售方式,也是我国国内旅行社目前普遍采用的销售方式。在国内旅游业务方面,一些饭店和景点与旅行社达成了协议后,旅行社将其整合到包价旅游产品中后,再通过旅行社的自设机构直接销售给最终消费者。从目前旅行社的实际情况看,直接销售方式具体又可分为三种操作模式。

第一种是旅行社利用电话、短信、计算机网络等方式向客源地的旅游消费者销售旅游产品,接受他们的预订,或是由旅行社的销售人员直接上门向企业等团体客户销售自己的旅游产品。

第二种是旅行社利用自己的门市部,向登门购买旅游产品的旅游者直接出售其产品,这是我国旅行社最传统也是最基本的产品销售方式。

第三种是旅行社在自己的目标市场区域内设立自己的销售网点,向旅游消费者在销售地现场进行零售。例如,中国国际旅行社总社就在美国洛杉矶设有分社,直接向美国旅游消费者销售前往中国的旅游产品。

2. 间接销售渠道

旅行社产品的间接销售渠道,是指在旅行社与旅游消费者之间介入了旅游中间商或代理商才使得产品销售得以实现。这里的中间商主要是指旅游批发商、旅游经营商、旅游零售商,还包括特殊媒介者这一环节。

特殊媒介者是指那些代表特定旅游者群体,如学校教务处为学生组织研学旅游或春游活动,或企业工会为安排员工出游,而与旅游零售商进行接触和交涉的人或机构。这些特殊媒介者的行为并不以盈利为主要目的,而是专注于为所代表的群体寻求旅游服务。

根据旅游产品在销售途中所经历的环节,又可以将间接销售渠道分为三种形式(见图5-1)。

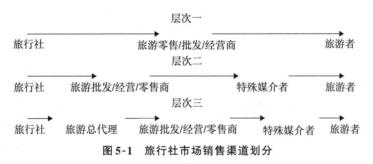

图5-1　旅行社市场销售渠道划分

(1)间接销售方式:旅行社—旅游零售商(旅游批发商、旅游经营商)—旅游者。这种销售方式只存在一个中间环节,也称作单层次销售渠道,或称作二级销售分配系统。在入境旅游中,一般是由我国的国际旅行社与国外的旅游零售商合作,将我国的旅游产品通过零售商卖给海外的旅游者。这种销售方式成本较高,而收益较低。一般情况下,通过这种方式销售的旅游产品大多为包价旅游产品,既适合团体旅游者,也符合散客旅游者的要求。

(2)多级销售方式:旅行社—旅游批发商(旅游经营商、旅游零售商)—特殊媒介者—旅游者。这种销售方式包括了两个销售中介环节,所以称作双层次销售渠道,或称作三级销售分配系统。这种销售方式对旅行社来说成本较低,经济效益较高,在国际旅游业中是使用最为广泛的一种销售方式。在入境旅游市场中,一些与我国国际旅行社进行业务合作的国外旅游批发商,根据自己国家旅游者的实际需求,将我国旅行社提供的旅游产品进行重新组合,加入途径或延伸至第三国(地区)的辅助旅游产品,往往具有更大的吸引力和市场卖点。这种多极销售渠道在我国入境旅游市场使用较为广泛的原因主要是,客源国在市场准入方面设有非关税壁垒,而国内旅行社限于自身实力的有限,无法有效地构筑海外营销渠道,只能依赖海外旅游中间商这一环节来销售自己的旅游产品。自中国加入WTO以来,国内部分大型旅行社已在海外设立分支机构,然而由于对国外法律制度、经营环境及文化背景等因素的认知不足,这些分支机构的扩张速度普遍较为缓慢,且规模相对有限。例如,知名的春秋国际旅行社虽在伦敦、多伦多、曼谷等地设立了分社,但这些机构主要承担海外宣传与推介职能,实际旅游产品的销售仍需依赖当地旅游零售商。这一现象基本反映了当前我国旅行社在海外市场推广旅游产品时的普遍现状。

(3) 多环节销售方式:旅行社—旅游总代理—旅游批发商(旅游经营商、旅游零售商)—特殊媒介者—旅游者。这种销售方式包含了三个销售环节,因此称作三层次销售渠道,又称作四级销售分配系统。这种销售方式成败的关键在于所选择的旅游总代理能否与旅行社进行良好的市场业务合作。

以上几个层次是旅行社经营活动中常见的几种间接销售渠道的基本模型。对于大型旅行社而言,它们通常会根据旅游产品的特性及目标客源市场的具体情况,综合运用这些渠道。因此,如何根据产品特点和市场需求选择合适的销售渠道,成为旅行社市场营销管理中至关重要的一个课题。

(二) 销售渠道的创建

随着信息技术在全球的广泛使用,传统旅行社行业的销售体系正在经历前所未有的挑战与考验。计算机网络的发展和电子商务技术的广泛使用,使电子分销系统在近年来的旅游产品销售中逐渐成为重要的市场途径,旅行社行业结构发生了显著的变化,国内著名的携程旅行网便是一个很好的例子。以携程旅行网为代表的新一代旅行社经营实体的崛起,标志着旅行社市场销售方式发生了根本性的革命性变革,这一变化对众多仍依赖传统营销手段的旅行社构成了显著的挑战与冲击。为了顺应这种时代变化带来的人们购买旅游产品方式和途径的改变,旅行社必须与时俱进,努力在销售渠道上有所创新,适当地把新技术运用到现有的销售体系中来,完善自己的销售网络,形成自己的市场优势。

1. 创建旅行社的网络销售平台

为了有效应对市场竞争,旅行社需对其传统的市场销售渠道进行合理调整,并依托新兴网络技术构建独立的市场销售渠道。这一转型过程中,传统旅行社市场销售系统将经历深刻变革,包括销售模式、客户互动、信息管理等多方面的革新,这对于旅行社树立新型经营理念和提升市场竞争力具有不可或缺的作用。

从图5-2可以发现,客户购买旅游产品的市场渠道由原来从旅行社购买的传统方式,已经发展到了可以直接向旅游企业建立的全球分销系统(GDS)进行购买。这就在相当程度上夺走旅行社原本的市场销售份额,削弱了旅行社的市场竞争力,并给传统旅行社产品经营活动增添新的市场风险。

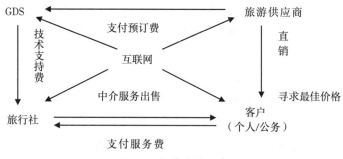

图 5-2　旅游分销系统

互联网技术的出现显著缩短了人们之间的空间距离,使得旅游者能够轻松进行远程购买活动,从而为旅行社的市场销售消除了地域障碍,极大地促进了旅行社与顾客之间的即时交流。旅行社能够充分利用互联网的这一优势,通过创新的交流方式进一步拉近与客户的距离。互联网快速便捷的沟通特性,有效简化了原本烦琐耗时的旅游预订及活动安排流程,显著提升了旅行社的服务效率与顾客体验。旅行社引进互联网技术还应该拓展两方面工作,其一是建立面对客户的公共宣传网站;其二是整合企业内部的管理结构。旅行社的公共网站是扩大旅行社市场影响面的重要载体,其作用主要体现在以下几个方面:宣传公司的最新旅游线路、提供网上预订服务、刊登公司最新的活动信息、展现公司的企业文化。

2. 对旅游市场传统的销售方式进行改革

面对电子商务等新兴市场渠道的冲击,旅行社必须对传统的市场销售渠道和销售手段进行彻底改革、扬长避短,以适应新时代、新市场、新的旅游经济发展趋势的需求。客观地讲,即使在新经济时代,面临电子商务强有力的挑战,传统旅行社所采用的传统的市场销售渠道和销售方式还是具有不可替代的市场优势。

(1)零距离贴近式服务。通过与客户面对面地进行交流,旅行社能够准确及时地把握客户个性化的服务需求,从而为客户提供针对性的服务,这是一般意义上的电子商务系统所不能做到的。

(2)门市网点式销售。客户在自己触手可及的地方就能得到旅行社提供的详尽周到的服务与讲解。

(3)专业化的服务。旅行社市场销售人员若具备深厚的业务知识并能提供专业化的服务,将有效赢得客户的信赖与忠诚,进而在竞争激烈的旅游市场中占据有利份额。

这些优势都是相对而言的,关键在于并非与新兴电子营销方式直接对抗,而是应致力于融合电子商务销售的优点,以弥补传统销售方式的不足。一个不变的核心是人与人之间的服务在旅行社市场销售中始终占据重要地位,也是旅游者基本的消费需求。而解决问题的焦点是在采纳新技术的基础上,发挥传统旅行社固有的优势,这是21世纪中国旅行社面临的新挑战。

3. 多元化市场销售渠道的构建

在新的市场竞争格局下,旅行社需挣脱传统经营机制与管理观念的桎梏,探索契合新旅游市场规则的市场营销策略,并构建多元化的市场销售渠道。规模经营、联合经营、特许经营及连锁经营等模式,已成为当前国内外旅行社行业广泛采用的市场销售与经营管理的主流方式。

（1）规模经营。市场销售的规模化经营是一个相对的概念。一般来说,由于市场销售的规模经营需要以相应的生产要素的投入为基础,通常比较适合大型旅行社企业来运用。当然,旅行社市场销售渠道建设追求规模化效应,基本与旅行社实际的市场发展节奏和机构调整步伐相同步。否则,因受到服务质量、产品质量和管理质量等因素的制约,极易造成欲速则不达的消极后果。旅行社市场销售规模不是越大越好,衡量规模的标准是旅行社市场销售的最大利润或最大利润额,在这个前提下,各种类型的旅行社都存在着选择规模化经营的可能性。

（2）联合经营。近年来,我国旅行社采用联合经营的市场销售方式已经呈现不断发展和扩大的趋势。所谓的联合经营,就是旅行社之间通过建立稳定的协作关系,互相提供产品和客源,使用统一的市场品牌,制定统一的服务标准和质量规范,进行统一的市场开发和营销,争取各自企业的最大效益和谋得更大的发展空间。从目前的发展情况看,联合经营主要分为横向联合和纵向联合两大类。横向联合一般是多个旅行社企业之间联合,形成一个拥有一定宽度的横向市场销售网络。横向联合有本地联合、异地联合和跨国际的联合,眼下在我国主要以本地旅行社的联合经营为主,在上海、北京、广东等省市都有不同形式、不同规模的横向联合体存在,加入者多为中小型旅行社企业。纵向联合主要是旅行社和其他旅游企业或服务部门之间建立起来的有一定长度的市场销售网络。无论横向联合还是纵向联合,对于加速产品的市场销售过程、抑制市场恶性竞争、规范旅游市场秩序具有一定的积极意义。当然,在联合经营体内部,围绕着客源分配、利益分配等问题也还存在着一些分歧,需要加以认真解决。

（3）特许经营。特许经营是指特许人和受许人之间在旅游经济合同的框架内,建立起来的一种利益共享、风险共担的市场合作伙伴关系。特许人提供商标、名称、服务和产品等生产要素,而受许人则支付加盟费,并同意遵守双方约定的产品品质和服务规范管理标准,有时又称作特许加盟经营。特许经营是跨国旅行社企业控制市场销售渠道,垄断市场经营的一种有效方法。特许经营的核心就是受许人可以依托著名的旅游企业品牌和产品品牌,分享特许人的客源市场资源,从而在激烈的旅游市场中拥有立足之地。国内不少旅行社企业正在积极探索特许经营方式,也取得了一些成效,但还处在萌芽状态。其中值得一提的是春秋国际旅行社,依靠春秋这一品牌,其特许经营已形成基本的框架,不仅带活了一大批国内中小旅行社,而且也极大地促进了企业自身的快速发展。

（4）连锁经营。连锁经营是指由同一资本所有,同一法人经营,总公司统一管理、统一核算,且拥有一定数量分店的企业。总公司对各分店拥有所有权,对其各种经营活动拥有决定权,分店经理是公司的一名雇员。连锁经营在旅游业中占有重要地位,特别是在饭店行业拥有相当大的市场竞争优势,而在旅行社行业的发展相对滞后。可喜的是,旅行社企业已经充分意识连锁经营在旅行社市场销售中的优势地位,中国国际旅行社、中国青年旅行社等一些大型的旅行社企业也正在尝试利用连锁经营来扩大市场的销售份额。同时,一些中小型旅行社受制于自身的经营实力,积极利用其他行业的连锁经营载体作为自己拓展市场的有效手段。

4. 加快旅游职业经理人的培养

随着旅游市场业务专业化分工趋势日益明朗化,市场对各种旅游职业经理人的需求不断上升。旅行社面对的客源市场在不断加快细分的步伐,旅游产品的个性化特点在不断强化,旅行社在原来擅长的组合大众旅游产品的基础上,正在越来越多地涉足专业化的产品设计和产品销售。在此背景下,旅行社应该确立旅游职业经理人的培养计划,尽快建立从事旅游市场销售业务的职业经理人队伍,以占据旅游市场细分化销售的先机。旅行社可以利用职业经理人的业务优势,有针对性地推出一系列面向单身白领或白领家庭的专业化服务项目,如每年出游计划的安排、旅游目的地的选择、旅游环境的挑选等,力争成为顾客名副其实的旅游顾问和旅游经理人,与此同时,也打开了旅行社市场销售的广阔空间。对于帮助企业安排和组织公务旅游、会议旅游、奖励旅游等活动,也都可以交给专门的旅游经理人来操作,并为其提供长期的计划与安排。

三、旅行社产品销售策略

（一）销售策略的原则

1. 以消费者为导向的原则

以消费者为导向的原则在于,旅行社在选择和采用任何销售渠道时,均需确保其便捷性,以满足目标市场中消费者的购买需求。当旅行社成功设计出符合目标市场需求的产品,并通过有效的广告宣传与市场促销活动,成功激发顾客的购买欲望与冲动时,这一原则便得到了实际体现。若旅行社未能为目标市场顾客提供便捷的购买渠道,那么潜在的购买需求便难以迅速转化为实际购买行为,进而可能错失市场扩张的良机,导致前期努力付诸东流。鉴于此,现代营销理念对传统的4P框架进行了革新,引入了4C概念,具体包括成本（Cost）、顾客（Consumers）、便利性（Convenience）与沟通（Communication）。鉴于当前旅行社行业竞争的日益白热化,众多企业提供高度相似的产品,且产品间的可替代性强,市场销售的关键已转变为消费者能否更加便捷、迅速地获取旅行社产品,这一因素直接决定了旅行社在市场中的份额。

2. 以经济效益为导向的原则

除了重视消费者购买的便利性外,旅行社还需综合考量建立与维护销售渠道的成本效益。销售渠道的构建并非随意之举,而是旅游产品生产者基于详尽规划后精心开辟与组建的,其持续运营需通过营销人员的定期巡访、提供详尽文件资料与宣传品、建立计算机联网系统,以及采取其他多种手段进行维护与优化。此过程中,旅行社的所有决策与行动均需遵循经济规律。鉴于利润最大化是所有企业的共同追求,旅行社在选择或构建销售渠道时,必须精准预测该渠道所能带来的经济效益是否足以覆盖其日常运营成本。对于旅行社而言,建立一条成本高于收益的销售渠道是不可取的,唯有那些能够稳定创造销售收入且经营成本相对较低的渠道,才是其应重点构建与维护的对象。

上述两条原则,第一条是关于市场销售渠道的效率,第二条是针对市场销售渠道的效益,效率和效益的结合就是旅行社组建市场销售渠道的基本策略。旅行社在组建和选择销售渠道时,就是要找到一条既高效率又低消耗的销售渠道,这当然不是一朝一夕能完成的,要靠旅行社在实践中不断摸索和创新,找出效率与效益的最佳结合点,从而实现企业的利润最大化目标。

(二)影响销售策略选择的因素

旅行社在具体选择销售渠道时,不仅要遵照以上两条原则,还要考虑到企业的内部和外部经营环境因素。

1. 产品因素

旅行社的产品种类与价格档次直接决定了其目标顾客群体,并进而影响了有效销售渠道策略的选择。具体而言,针对面向大众游客的经济型旅游产品,旅行社倾向于采用更广泛的销售渠道,以满足普通消费者就近、便捷购买的需求特征;相反,若产品定位于高端市场,主要吸引白领散客等高层次消费群体,则旅行社更倾向于选择较短的销售渠道,常采用直销模式,以实现更精准的市场定位和更有效的销售。

2. 市场因素

消费者市场的分布宽度、密集程度以及客源市场与旅行社之间的空间距离都是旅行社在选择销售渠道时要认真考虑的因素。客源市场分布及密集程度主要是指该区域潜在顾客的集中程度。在旅行社认为市场潜力比较大的地区,旅行社可以寻找旅游零售商或设立分支,集中精力挖掘潜力;而对于目标市场比较分散的区域,旅行社则可以通过与当地规模较大、信誉较好的旅行社进行合作,利用其零售网络来销售自己的产品。例如,针对距离很远的国际客源市场,只能采取间接销售渠道。这不单单是考虑在当地设立分支机构的费用过大,而且还兼顾市场因素,因为依托当地的旅游零售商来销售旅行社的产品,反而更容易打开市场,占领一定的份额。

3. 企业自身因素

旅行社内部有两个因素会影响销售渠道的选择：一是企业的市场经营规模和服务接待能力；二是企业自身的营销能力。实践证明，小规模的旅行社多采用直接销售的方式，而大型旅行社多以间接销售为主渠道。这是由于前者要实现利润所需要的销售量相对有限，可以通过直接销售来满足；而后者销售量大，往往需要多种销售渠道来达到一定数量，才能实现盈利。此外，企业经营能力的大小也决定了市场营销能力的强弱。如果旅行社在营销工作上的资金雄厚，就可以自己设立销售网点，春秋旅行社就是一个很典型的例子。

4. 中间商因素

旅行社通过中间商代销其产品，在一定程度上能够降低旅行社的市场销售费用。旅行社借助中间商进行产品的市场间接销售，可以提高企业的市场份额，当然所获得的经营利润要低于旅行社采用直接销售的方式而获得的收入，这是因为中间商要从中拿走一部分利润。这就决定了旅行社在选择中间商的时候，要考虑其对构筑一条市场销售渠道所应付出的经营成本的承受能力。

5. 产业政策因素

在我国，旅行社的市场销售模式也受到国家政策的约束。例如国家规定只有国际社才拥有外联海外客源的权利，而海外旅游批发商还不能直接到国内组织包价旅游产品。因此目前我国的海外市场的销售渠道比较单一，几乎所有的国际旅行社都是采用间接销售渠道完成入境旅游活动的，旅行社在考虑选择销售渠道时还要参考国家关于旅行社行业发展的相关政策的规定。

（三）旅行社产品销售策略

由于市场销售对旅行社的发展和存在至关重要，所以任何一家旅行社都非常关注自身市场销售渠道的建设。除了旅行社直接将产品向旅游者出售以外，采用的市场销售渠道策略主要有广泛性销售渠道、选择性销售渠道和专营性销售渠道三种。

1. 广泛性销售渠道策略

在两种情形下，旅行社可以采用广泛性销售渠道策略。一是旅行社拥有较大的经营实力，在向外拓展新的目标客源市场时，希望以较短的时间和较快的速度占据一定的市场份额。此时，旅行社可考虑广泛选用中间商，同其建立产品的市场销售合作渠道，通过中间商使旅行社的产品能够及时和广泛地渗透到旅游市场的各个层面。二是顾客有较高的出游欲望和旺盛的产品购买动力，在一定的阶段内使旅游市场对某些旅游产品产生较大的需求。在这种状况下，旅行社也可以采用广泛性的销售策略，使自己的产品通过众多的中间商能够及时满足旅游者的购买需求。采用广泛性销售渠道策略的长处是进入市场速度快、影响面广，有利于旅行社从中间商里面发现合适的合作伙伴；短处是旅行社进行产品市场销售的成本较高、市场风险较大，加之产品的销售面广,对旅行社的产品供应能力和服务接待能力提出了较高的要求。

2. 选择性销售渠道策略

选择性销售渠道策略是指旅行社根据自身对目标市场的实际控制程度和拓展能力,而选择少数几个中间商作为企业市场销售伙伴的市场策略。旅行社采取选择性市场销售渠道策略往往出于两种考虑。第一种情况是,旅行社在前一阶段经过大规模广泛性销售渠道的运作后,从中挑选了几家营销能力强、游客拥有量大的旅游企业作为今后继续合作的伙伴,这是一种收缩型的市场销售策略;第二种情况是,对于新开发的目标市场,旅行社采取稳健策略,精选销售渠道,为未来可能采取的更为广泛的市场拓展策略奠定坚实的市场营销基础。无论出于什么目的,选择性市场销售渠道策略的长处是有目的地集中依靠几家中间商进行产品销售,既能帮助旅行社拥有一定的市场占有率,又能降低旅行社的市场销售成本和市场风险;短处是如果中间商选择不当,或彼此之间的竞争关系处理不当,就有可能影响旅行社产品的市场销售状况。

3. 专营性销售渠道策略

专营性销售渠道策略是旅行社在一段时期、一定区域内仅选择一家中间商作为自己市场销售合作伙伴的策略。这种策略的最大好处就在于双方是紧密型的合作关系,彼此利益共享、市场风险共担。专营性市场销售渠道可以很好地调动中间商的营销积极性,提高市场销售能力。对旅行社而言,由于市场销售环节比较单一,也可降低经营成本;缺点是市场经营风险较大,如果中间商市场经营失误,就可能失去相当部分的市场份额,而旅行社一旦挑选中间商失误,就可能在一定的时期、一定的范围内完全丢失该市场。

四、旅行社产品销售渠道的选择

(一)直接销售渠道与间接销售渠道的选择

当前,我国旅游市场的国际与国内市场,均已由卖方主导转变为买方主导,这一现象显著影响了行业利润分配结构,使得中间商的盈利水平远超销售旅游产品的旅行社。具体而言,组团社的利润通常高于地接社,且通过直接销售渠道实现的旅行社产品利润大幅超过间接销售渠道所得,有时直接销售利润可高达间接销售的24倍。在国际旅游领域,尽管中国旅行社、中国青年旅行社、中国国际旅行社总社及部分大型地方国际旅行社在少数主要客源国(如美国、德国、法国、日本)及地区设立了直接销售机构,但由于网点稀少且对当地市场了解不足,这些直销机构所组织的入境旅游团占比依然较低。对于财力有限、无法在国外设立销售机构的国际旅行社而言,开展境外直销业务更是困难重重。

在国内旅游市场,作为中介者的中间商为了保障自己的既得利益,往往联合起来,竭尽全力对当地的外出客源采取排他性的组团垄断措施,当地旅游行政机关也常有组团地方性保护政策。一些城市的中间商会对撇开当地旅行社直接异地组团的外地旅行社实行封杀惩罚措施,断绝一切业务来往,这就迫使不少旅行社不敢轻易在外地进行组团直销。

在旅行社产品销售策略中,间接销售渠道通常被视为主要选择,而直接销售渠道的采用则需严格基于符合当地旅游行政法规且不引发重大负面后果(如报复或惩罚)的前提。鉴于直接销售往往能带来显著利润增长,旅行社在条件允许的情况下,不仅不应忽视直接销售渠道,反而应审慎地探索并努力拓展此类渠道,以优化销售结构并提升整体盈利能力。

(二)旅游中间商的选择

由于中间商的类别不一,并且各旅行社的中间商在目标市场、经营规模、营销实力、偿付能力和信誉程度,以及合作意愿等方面不尽相同,因此,旅行社在选择中间商时,必须首先对中间商的情况进行详细的调查与分析,确保全面了解其经营状况与实力,待时机成熟时,再向中间商明确表明合作意愿。旅行社对中间商的选择应从以下几个方面进行。

1. 地理位置

对中间商的选择首先应看其所处的地理位置。即使在同一国家,外出旅游的客源市场也会因各省、市的富裕程度、旅游思维习惯、开放程度、距旅游目的地远近等因素的差异而存在很大的差异。中间商的选择应在主要客源国的主要客源地进行,例如美国出境旅游的半数人群主要来自加利福尼亚、纽约、新泽西、佛罗里达、得克萨斯和伊利诺伊这六个州,我们在选择美国中间商时,应优先考虑那些以这六个州为主要目标市场,且地理位置位于这些区域的合作伙伴。

2. 合作意愿

旅行社与中间商之间的合作关系本质上应是互利共赢的,这一关系建立在双方相互选择的基础之上。旅行社在选择中间商时,需确保所选对象具备合作的诚意与积极性,特别是对于同时代理多家同类旅游产品的中间商而言,这一点尤为重要。缺乏合作诚意或动力的中间商可能会影响到产品的有效推广与销售。

3. 组团能力

受旅行社规模、人力资源、宣传预算及经验等因素的制约,各旅行社的组团能力存在显著差异。部分旅行社在节假日能高效组织多个旅游团前往同一目的地,甚至实现系列团出行,乃至独立或联合其他旅行社推出旅游专列、包机服务;而另一些旅行社则可能全年业务量寥寥无几。因此,在选择合作中间商时,客观评估其组团能力,进行充分的市场调查与比较分析是至关重要的。

4. 信誉和偿付能力

由于从事代理零售预订业务的旅游代理商一般不存在偿债问题,因而这方面的评价主要是针对中间商而言的。中间商应当有良好的信誉和较强的偿付能力。讲究信誉是旅行社利益不受侵害的保证,而中间商的偿付能力则是双方合作的经济保障。有关中间商信誉和偿付能力方面的情况,一般可从有关的银行机构通过特别的调查获得了解。

5. 中间商的数量

选择的中间商的数量过多会造成销售费用的浪费,同时交易次数的增加也会相应地增加产品的成本,中间商之中也会由于资源的有限性而降低了他们推销的积极性;选择的中间商的数量过少有可能会形成垄断性销售。从规模上来说,中间商规模大、组团能力强,易形成垄断性销售,使企业对其产生依赖;但中间商规模过小、实力单薄,难以推动产品的销售。因此在选择中间商时应该综合考虑其数量和规模。

6. 依赖性

中间商的业务范围各不相同,对我国旅行社的依赖程度也存在着很大的差异。有的国外中间商专营我国旅游业务,对我国旅行社具有相当的依赖性,如英国的促进旅行社、日本的日中旅行社、日中和平观光公司等,全部经营中国旅游业务,因此对我国的旅行社展现出高度的依赖性。而有的中间商则同时经营许多国家、许多旅行社的旅游产品,对单一旅行社的依赖程度较低。旅行社在选择合作伙伴时,应充分考量这种依赖性的差异,因为它直接影响到中间商在推广和销售过程中的投入与努力程度。

综上所述,旅行社在拓展销售渠道的过程中,选择中间商是一个至关重要的环节,这一过程既要求具备战略性的远见,也需秉持务实的工作态度。通过深入了解自身及潜在中间商的优势与需求,旅行社才能更有效地筛选出理想的旅游中间商伙伴,进而构建起高效运作的销售渠道。

(三) 中介个人的选择

旅行社在构建销售渠道时,虽然主要依赖于中间商作为核心力量,但同样应充分重视那些具备直接或间接组团能力的中介个人。为有效管理和利用这些资源,旅行社应当建立详细的联系档案,并加强对重点对象的日常公关工作,以确保关系的维护与合作的深化。旅游中介个人分为两类,一类是"野马"(即没有证件的)中介;另一类是异地旅行社组团经理的亲戚、好友,或者是大公司、大单位的决策人物或对他们有重大影响的人物。

旅行社在经营过程中,首要原则是维护国家利益,因此即便某些"野马"中介展现出强大的业务能力,旅行社也应坚决避免与其进行交易。对于第二类中介个人,旅行社应加大公关力度,因为他们有能力促进旅游产品向异地旅行社的销售,推动旅游产品直接面向大公司、大单位的销售,甚至偶尔还能促成会议接待业务,为旅行社带来显著的经济效益。然而,旅行社必须严格界定此类个人的角色,仅限于作为牵线搭桥的中介,确保销售对象和合同的签订方为正规的异地旅行社或购买旅行社产品的公司、单位。任何偏离此原则的行为,均视为"野马"交易,应予以严格禁止。

第三节　旅行社产品营销

一、旅行社产品营销方式

(一)旅行社产品营销的重要性

在旅行社行业中,营销就是通过与市场进行信息沟通,来引起旅游消费者对旅游产品的注意、了解和购买兴趣,为旅行社树立良好的形象,从而促进产品的销售。旅行社产品营销的作用具体体现在以下几个方面。

1. 提供旅游信息,沟通供求关系

信息是旅游消费者从事旅游活动的前提。只有通过旅游产品的信息传递,才能唤起旅游消费者的购买欲望。所以,旅行社产品营销活动,必须以争取旅游消费者为目的、以景区景点推介为中心、以旅游设施为实现条件、以各种服务为必要手段,为潜在的旅游消费者提供全面而又准确的信息资料。

2. 刺激旅游需求,引导旅游消费

旅行社高水平的营销活动,不仅可以使旅游消费者的潜在欲望顺利转化为现实需求,而且能够创造出新的旅游需求,增加旅游消费总量。例如,广东省口岸旅行社以赠送风景图片、旅游海报、景观挂历,举办名山大川明信片展览等方式,深入各个潜在客源单位,激发人们的旅游兴趣,取得了引导消费、创造需求的明显效果。

3. 突出产品特色,强化竞争优势

旅行社同类产品之间可替代性较强,旅游消费者一般难以区分,而促销活动则是借助各种传播工具实现宣传、介绍旅游产品的主要途径。通过强化宣传同类旅游产品中的某些差异信息,可以聚焦并放大不同具体产品的特色,进而促使潜在消费者对这些产品产生偏爱,最终强化旅行社的自身竞争优势。

4. 树立良好声誉,巩固市场地位

在竞争日趋激烈的市场环境中,做好旅游产品营销工作,可以使旅行社赢得更多潜在顾客的青睐,有利于其在目标市场上树立良好的声誉和形象,并且能够在残酷的市场竞争中胜出。在面临旅游市场复杂多变的环境时,旅行社可采取积极有效的宣传营销策略。这些策略有助于扭转旅行社可能遭受的负面公众形象,重新塑造并巩固其良好的市场声誉。通过这一行为,旅行社不仅能够恢复市场稳定,还能进一步拓展其市场份额,最终实现提升经济效益的目标。

对于旅行社而言,单一的营销方式是远远不够的。旅行社通常将广告宣传、销售促进、人员推销及公共关系促销等多种形式联合起来,有目的、有计划进行整合,形成一个整体的营销组合,以获得最佳的市场营销效果。

(二)旅行社营销的主要方式①②

1. 广告营销

广告营销是一种通过一定的媒体,将旅行社产品介绍给潜在消费者,激发其购买欲望,促进旅游产品销售,提高旅行社经营效益的宣传推介活动。广告营销具有传播速度快、覆盖范围广、利用手段多、宣传效果好等优点,因此,它是旅行社产品促销中使用最频繁、最广泛的一种营销方法。旅游产品营销广告根据使用媒体的性质不同,又可以将其分为自办媒体广告和大众媒体广告两种基本类型。

(1)自办媒体广告。

自办媒体广告根据其所凭借的媒介物不同,可以分为广告宣传单、户外广告牌以及载有旅行社信息的旅游纪念品三种常见的具体形式。

广告宣传单有单页宣传单、折叠式宣传单以及各种各样的宣传小册子,由专人在公共场所散发或在公共广告栏内张贴。广告宣传单具有信息量大、内容介绍比较详细、制作与传播成本低廉等许多优点。

户外广告牌是一种影响力较大的自办媒体广告,其位置一般选择在飞机场、火车站、长途汽车站以及水运码头等流动人口频繁出入的公共场所,还有公路旁、建筑物顶部等醒目地带。广告牌制作要求文字简洁、语言生动、字体大小适当,并配备相关彩色图片。另外,旅行社应加强对户外广告牌的维护,确保广告牌完好无损,否则就会影响视觉效果。

现在有许多旅行社通过载有企业或产品信息的旅游纪念品进行宣传促销。旅行社可以向旅游者赠送印有自己企业名称、主要产品、通信地址以及电话号码等内容的旅行包、太阳帽以及T恤衫等纪念品。旅游者在日常生活中携带这些纪念品出入各种公共场所时,无疑就为旅行社做了免费的广告宣传。

(2)大众媒体广告。

在现代社会生活中,各种类型的大众媒体特别多。除了人们常说的电视、报纸、杂志和广播四大传统大众媒体外,如今又新增加了网络这种极其重要的大众传媒。

大众媒体中,电视广告对潜在消费者影响很大。电视作为旅游宣传媒体的优点是视听共存、图文并茂、传送及时、真实生动、覆盖面广、效果明显;不足的地方就是播放时间短,潜在消费者看到广告多属偶然,而且制作技术难度大、成本费用高,级别越高

---

①方澜.旅行社经营管理[M].上海:上海财经大学出版社,2008.
②倪慧丽.旅行社经营管理实务[M].北京:人民邮电出版社,2006.

的电视台广告收费越贵。因此,一般中小旅行社是没有能力负担昂贵的广告费用的,目前只有少数大型旅行社在地方电视台的特定旅游频道进行电视广告宣传。

报纸是普及率最高的传统大众媒体,一般可分为全国性报纸、地方性报纸和专业性报纸等三大类。报纸广告的价格各不相同,旅行社应根据旅游产品的不同目标市场与自身的财力状况来选择不同的报纸作为广告宣传媒体。报纸作为旅游广告媒体的优点是传播面广、使用率高、受众对广告内容比较信任,且费用相对较低,大多数旅行社财力均可承受;缺点就是版面太多、内容繁杂,如果广告刊登不太显眼,较难引起读者注意。

杂志广告是一种以一定阶层读者为宣传对象的特殊媒体,具有针对性强、保留时间长、制作质量好、信息量特别大等优点,尤其是旅游专业杂志,旅游消费者往往对其介绍的产品信息信赖度较高,是旅行社针对具体目标市场开展广告宣传促销的理想工具;不足之处就是出版周期太长,费用较高,并且传播范围有限。

广播电台广告是一种以地方性受众为主要宣传对象的传统媒体,具有信息播送快捷、重复率高、价格低廉等优点;缺点是播放的声音转瞬即逝,不能产生视觉效果,很难使信息在听众头脑中长久保留。并且随着其他传播媒体的普及,广播电台的听众越来越少,因而选择广播电台刊登旅游产品广告的旅行社并不多见。

旅游网站是21世纪新兴的一种现代化电子媒体广告形式,具有信息传播速度快、覆盖面广、形式灵活多变,以及易于在青年人和广大知识分子中造成影响等诸多优点。自从电子商务应用到我国旅游经营领域以后,网络营销已经成为许多旅行社,特别是拥有国际旅游经营业务的大型旅行社一种极为重要的营销方法。这些旅行社通过在著名网站付费建立自己的网页,宣传介绍旅游产品,发布各种优惠信息,以实现产品营销目标。

2. 直接营销

直接营销就是旅行社通过直接与旅游中间商或潜在消费者进行接触来推动旅游产品销售的过程。直接营销是旅行社产品营销的重要方法,具有联系紧密、机动灵活、反馈及时、选择性强等主要特点,有利于旅行社建立同消费者之间的良好关系。直接营销主要有人员推销、电话营销、直接邮寄营销、文化广场营销、旅游大篷车营销和会展营销等几种形式。

人员推销是旅行社在旅游旺季来临之前或者推出新的旅游线路的时候,派出外联人员直接上门介绍和推销旅游产品的营销行为。由于受到推销费用的制约,国际旅行社在派员出境推销方面一般采取比较慎重稳妥的态度。但国内旅行社每年一般需要派出外联人员主动上门向客户旅行社推销2—3次。新组建的旅行社,更是需要派人到主要客源目标市场进行产品营销。人员推销一般以联络感情、达成合作意向为主要目的,能够草签合作协议那就更好。至于具体的旅游产品销售,双方需要通过电话协商来进行。

随着城市规模的不断扩大,城市建设和管理的水平也大大提高,一些新型文化娱乐设施大量涌现。许多城市兴建了大型的中心文化广场,以供人们在工作之余散步、休闲和娱乐。旅行社可以在文化休闲广场中竖立大型电子屏幕,通过电子荧屏不间断地播放旅游产品广告信息,或者在广场举办营销宣传文艺演出,附带发放旅游产品信息资料。这种营销方式的优点是易造声势,缺点则是针对性不强,无法选择受众。

旅游大篷车宣传作为一种联合营销方式,由旅游行政主管部门主导,并集结各旅游企业共同参与。该活动通过旅游大巴或专列的形式,穿梭于旅游客源市场,甚至跨越不同城市及省份,在主要城市中综合运用多种手段实施广泛的营销活动。活动中,旅游宣传资料被大量分发,潜在消费者的各类咨询被及时解答。对于旅行社而言,参与旅游大篷车宣传能够显著降低营销成本,并借助政府的高信誉度背景,有效扩大企业的市场影响力。然而,值得注意的是,旅游大篷车宣传的主要作用在于提升品牌知名度、激发公众的旅游兴趣,而并非直接促成现场交易。因此,旅行社应将参与此类活动的重心放在长期效益上,聚焦于未来的市场开发与游客转化。

每年,国际与国内均会举办多样化的旅游展销会,为旅行社提供了宝贵的营销平台。租用展台参与展销会,成为旅行社开辟新市场的重要营销策略之一。鉴于参会代表主要来自旅游业内,这种直接对接的方式显著降低了旅行社的外联差旅成本。同时,展销会也为旅行社提供了与业界同仁会晤、巩固旧有合作关系、结识新伙伴并建立新友谊的绝佳机会。鉴于出境外联的高昂成本,我国香港等地举办的旅游展销会应运而生,并逐渐成为我国国际旅行社推广海外旅游业务的首选营销渠道。

3. 营业推广

在市场营销学中,营业推广又称销售促进,它是指对中间商、潜在消费者及本企业销售人员提供短期激励,以达到促成购买或努力销售的各种行为活动。对于旅行社产品营销来说,营业推广的作用也是非常明显的,其方法也相当多。在这里,我们重点介绍价格营销、礼品营销、竞赛营销和踩点营销四种形式。

价格营销是旅行社通过在短期内降低产品价格来吸引潜在旅游者和客户旅行社的一种营销方法。营业推广的价格营销不同于旅行社因市场需求变化而采取的降价行为。价格营销是旅行社采取临时性的价格下调来吸引消费者的注意,并刺激消费者在特定的时间内大量购买某种旅游产品的行为;当消费者对产品产生良好印象之后,旅行社还会将价格复原。旅行社的价格营销多集中在节假日以及新产品试销等特殊的时间段。

礼品营销是旅行社营业推广的另一种常见形式。旅行社可以赠送消费者各种各样的纪念品和土特产品,在这些小礼品上一般都印有旅行社名称、详细地址、联系方式等内容。在赠送礼品的时间选择上,既可以在旅游购买活动之前或者旅游消费结束之后顺便赠送,也可以在逢年过节或者重大庆祝活动的时候上门特意赠送。礼品选择上要讲究内涵深刻和寓意良好,具有代表性或纪念意义,千万不能太过庸俗。通过这些礼品赠送活动,旅行社能够对其自身及产品进行良好的宣传。

竞赛营销是旅行社经常用到的营业推广营销的一种形式,如针对某项旅游产品知识的有奖竞赛、关于某个旅游目的地情况的有奖竞赛等。在举办这种竞赛时,旅行社通常提供具有一定价值的奖品作为奖励。通过参加竞赛,公众对于举办竞赛的旅行社及其产品一定会产生深刻印象,并可能因此产生好感,有利于旅行社产品后续的销售。旅行社举办各种竞赛时,需要注意内容和形式的群众性、知识性和趣味性,并且参加的人数越多,影响力就越大,竞赛营销的效果也就越好。

鉴于客户旅行社对新产品缺乏深入了解,往往持谨慎态度,通常要求提前进行实地考察(即踩点)。为了迎合这一需求并促进销售,当前众多旅行社普遍采取邀请潜在客户前来踩点的做法,以此作为有效的营销手段。踩点一般有两种具体形式:一种是利用旅游目的地的各种节庆活动,邀请所有重要客户统一前来进行踩点;另一种是当客户提出踩点要求时,进行单独邀请。这两种踩点形式对于新开辟的旅游线路而言,均能有效扩大其市场影响力,并对增加销售起到积极作用。

4. 公共关系

公共关系是指旅行社通过信息沟通,建立与社会、公众以及消费者之间的良好关系,维护企业及其产品形象,采取有利于企业的经营环境的一系列措施。在目前,我国旅行社经营的社会软环境不够理想、旅游质量投诉事件过多、各种负面报道影响较大,因此采用公关手段十分必要。旅行社公共关系主要有新闻媒体公关和社会公众公关两大类型。

由于社会公众一般认为新闻报道比较客观公正、真实可靠,各种广告所传达的信息可信度较低。如果能撰写一些正面的新闻报道或者旅游线路推介文章,让各大新闻媒体竞相采用的话,它所带来的效应以及产生的价值远比花费数十万甚至上百万的广告还要大。诚然,正面的、积极的新闻报道对于宣传推广产品,树立品牌形象,作用十分明显;但是,负面的、消极的新闻报道也同样能够摧毁一个品牌,搞垮一家企业。因此,旅行社在开展新闻媒体公关活动时,必须慎重处理好与各种新闻媒体之间的关系。

社会公众公关具体可分为针对顾客、针对本企业员工和针对旅游目的地公众的各种公关活动,其内容主要包括:注重服务质量,高度重视并妥善处理游客投诉;及时与员工沟通,关心员工生活及其职业发展,增强员工的归属感、自豪感和向心力;赞助各种公益事业,参加各种社会活动,担负一定社会责任;与政府主管部门、行业团体以及协作单位建立友好关系;在业务开展过程中,做到诚信经营、公平竞争、依法行事、合理盈利等。

二、旅行社产品的营销流程

营销决策指旅行社在营销信息源、信息发送方式和发送渠道、信息接收者的类型、财务预算、促销组合、衡量营销效果以及管理和协调整个营销过程等方面所作决策的总和。营销决策是信息沟通手段和过程的系统化、规范化,确切地说,就是对销售对象、销售投入、促销方法、促销效果进行科学地选择、配置、控制和评价。

旅行社产品营销流程详如图5-3所示。

（一）确定营销目标的视听群众

旅行社进行市场营销的信息沟通必须一开始就有明确的目标视听群众。这些视听群众可以是旅游产品或服务的潜在购买者和目前消费者,也可以是购买决策者和影响者。确定目标视听群众有利于决定旅行社进行信息传播的决策。

（二）选择营销信息沟通目标

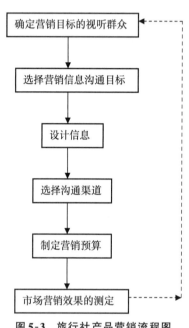

图5-3 旅行社产品营销流程图

旅行社在实施营销信息传播策略时,旨在将目标受众群体从其当前对旅行社及其产品的认知水平提升至更高的心理层面,即增强他们的购买意愿,或直接促使他们采取购买行为。旅游消费者接受旅行社的市场促销信息通常有四种心理层面反应模式,如表5-1所示。

表5-1 心理层面反应模式

阶 段	AIDA模式	影响的层次模式	创新采用模式	信息沟通模式
认知阶段	注意	知晓、认识	知晓	显露、接受、认知反应
感情阶段	兴趣、欲望	喜爱、偏好、确信	兴趣、评价	态度、意向
行为阶段	行动	购买	试验、采用	行为

在市场营销实践中,若营销人员经市场调研发现目标受众对旅行社产品尚处于"知晓"的认知初级阶段,则可将心理层面的"喜爱"与"偏好"设定为后续的沟通与促销目标。为达成此目标,旅行社需有效传达企业及产品信息,旨在影响并改变目标受众的态度,逐步将其从基础的"知晓"阶段引导至更为积极的"喜爱"情感层面。明确沟通目标后,通过实施有针对性的营销策略,旅行社有望实现既定的信息沟通效果,推动目标受众的心理状态向预期方向转变。

（三）设计信息

旅行社在明确了市场促销的信息沟通所要达到的效果后，就要考虑如何通过设计信息来达到既定的目标。一般来说，一个有效的旅行社产品信息的传播需要涉及四个层次：信息内容、信息形式、信息结构和形式以及信息源。首先，信息内容通常被称作"主题"或"诉求"，它又分为理性诉求、感性诉求和道义诉求三类。理性诉求着眼于让顾客明白旅行社产品的价值和所能带来的利益；感性诉求的目的在于激发消费者的情感因素促使其产生购买行为；道义诉求用于指导接收旅行社信息的视听群众能够分辨对他们来讲什么是正确的和什么是适宜的。其次，信息形式是指旅行社市场促销信息的表达所采用的符号和编排形式。再次，信息结构是指旅行社市场促销信息内容的虚实和表达的逻辑结构，信息结构和形式是支持信息内容有效性和吸引力的基础。最后，信息源是市场促销信息的发送者，它对信息的可信性有着重要的影响。从这个意义上讲，旅行社的市场信誉越好，对顾客来说就越具有说服力、感染力和对购买行为的导向力。

（四）选择沟通渠道

旅行社产品信息沟通渠道有人员信息沟通渠道和非人员信息沟通渠道两大类。人员信息沟通渠道又可分为两种：一种是旅行社可以直接控制的，如前文提到的专业人员的市场销售方式；另一种是不受旅行社控制的，如以邻居、朋友、家庭成员对产品购买者的口碑影响为代表的口头传播方式。而非人员信息沟通是运用媒体、事件、气氛等来达到旅行社和顾客之间的沟通目的。

（五）制定营销预算

营销预算是旅行社进行市场营销工作中十分重要的决策行为。营销预算过高，必然影响旅行社的经营利润；而预算过低又可能制约旅行社实现产品的市场销售目标，最后同样影响旅行社的经营利润。旅行社应根据自己企业的经营特点、产品特点、流动资金的情况、市场需求的状况，来决定自己营销预算的高低。旅行社制定营销预算的常用方法如下。

1. 目标达成法

在众多的预算方法中，目标达成法是一种相对比较科学的方法。它首先要求旅行社制定出一个详细、明确、具有可行性的营销目标，然后列出要达到这个目标所要开展的营销活动，并分别估算开展这一系列活动所需要的费用，最后将这些费用相加，得出总的营销预算额。例如，某旅行社针对暑期市场推出了"低价快乐海南游"项目，并设定了具体目标——在两周内将该产品的顾客知晓率从2%提升至3%。为实现这一目标，旅行社采取了多渠道的营销策略，包括在电视台少儿频道每日播放6次、每次15秒的电视广告，以及在市内主要报纸上刊登平面广告。依据成本达成预算法，旅行社详细核算了这两周内电视广告和报刊平面广告的总费用,并以此为基础,确定了整个营销活动的总体预算。

这种预算方法比较科学,得出的预算额也较为准确,并且由于有详细的营销活动项目和各项目的预算额,因此不但在总的预算额上可以控制,在营销的各个活动的预算经费上也可以控制。但是这种方法比较复杂,运用起来相对较难。

2. 销售额百分比法

销售额百分比法是旅行社将一定时期的销售额乘以一定的比例来确定营销预算。用这种方法计算销售额,简单方便,但是却颠倒了销售额与营销预算的因果关系。因为营销投入的多少很大程度上决定了销售额的多少,而销售额百分比法是用销售额的多少来决定营销预算的多少,两者的逻辑关系发生了错位。因此,这种方法一般与其他预算方法共同使用。

3. 利润额百分比法

利润额百分比法的计算原理与销售额百分比法完全相同,就是用旅行社一定时期的利润额乘以一定的比例来确定营销预算。同样,该方法也具有和销售额百分比法相同的特点。

4. 竞争对抗法

这种方法是旅行社根据竞争对手的营销预算来计算自身的营销预算,又可分为市场占有率法和增减百分比法,其计算公式如下。

(1) 市场占有率法。

营销预算=(竞争对手一定时期的营销预算/竞争对手的市场占有率)×本旅行社预计市场占有率

(2) 增减百分比法。

营销预算=(1±竞争对手营销预算增减率)×本旅行社上年度营销预算

竞争对抗法作为一种营销策略,其特点在于能够根据竞争对手的动态灵活调整自身的营销措施,将营销活动视为市场竞争中的有力武器。然而,采用此方法制定预算要求旅行社具备雄厚的资金基础和较强的风险抵御能力,因为决策过程往往基于对竞争对手促销预算的评估,而非完全基于旅行社自身的实际情况。这种做法存在一定的盲目性,可能导致预算分配偏离自身战略需求,进而引发不必要的资源浪费和潜在的经济损失。

5. 支出可能法

支出可能法也称作全力投入法。它是旅行社在自己财力许可的最大范围内,来确定营销预算,并根据市场情况的变化加以调整。

(六) 市场营销效果的测定

旅行社市场营销效果的测评是一个过程,它以营销策略实施后旅行社产品市场销售量的实际变化幅度作为核心衡量标准。评估旅行社市场营销作用时,可从两个维度进行考量。第一,在旅游市场运行平稳的情境下,若旅行社实施营销行动后,其旅游产品的市场销售量显著提升,则表明营销活动成效显著;反之,若销售量未见明显增长或增长幅度有限,则反映营销效果欠佳。第二,在旅行社面临经营挑战或旅游产品步入衰退期的背景下,若通过市场营销活动能有效减缓产品市场销售量的下滑速度,则表明营销策略在一定程度上发挥了积极作用;反之,若销售量下滑趋势未得到有效遏制,则表明营销效果不尽如人意。需要注意的是,上述评估方法虽简便易行,但可能未全面考虑其他影响市场表现的复杂因素。

旅行社衡量营销效果的目的在于取得市场的直接反馈信息,并据此决定下一步的市场攻略方案和市场沟通方针。市场营销衡量的标准主要集中在以下几方面:一是客源市场中识别和接收旅行社和产品信息人数的百分比;二是对顾客对旅行社及产品信息的感知程度进行量化;三是比较顾客对旅行社产品过去与现在的态度变化;四是全面收集顾客在营销活动中和活动后的行为变化的数据。

本章思考题

1. 旅行社产品分销渠道经历了怎样的变迁?
2. 旅行社产品销售渠道的类型有哪些?
3. 目前我国旅行社产品的主要分销渠道有哪些?
4. 旅行社整合营销传播的模式有哪些?
5. 旅行社新型营销传播方式主要有哪些?

延伸阅读

国际知识链接

第六章
旅行社经营战略管理

本章概要

本章阐述了旅行社战略的含义、影响战略决策的主要因素,介绍了战略评价工具,和旅行社开展新业务的不同方向的适用性条件。此外,本章还全面总结了旅行社风险的概念、特性,详细阐述了如何辨识旅行社经营中面临的不同类型风险,并提供了相应的防范措施与控制策略。

导入案例

广之旅战略并购

2022年9月28日晚间,岭南控股发布公告,旗下广之旅以现金方式增资收购海南特区国际旅行社有限公司(以下简称海南特区国旅)51%股权。海南特区国旅是一家成立于1996年的综合性旅行社,拥有出境游、国内游、入境游等旅行社业务经营许可证全资质,在海南具备较强的旅游资源掌控能力。本次交易完成后,海南特区国旅成为广之旅海南地区旅游服务综合运营商。广之旅将在海南现有的观光度假功能基础上,以目的地旅游服务为核心,以主题酒店、滨海休闲运动、创意文化活动为切入点,强化体验式消费,塑造广之旅热带体验式滨海休闲旅游品牌;同时,通过培育壮大会展旅游、购物旅游,推动旅游与会展、会议的融合,塑造广之旅海南会展旅游品牌。

2021年社会消费品零售总额达到44万亿元,创历史新高,休闲旅游更成为居民新消费热点,在此背景下,深耕国内市场成为旅游业内普遍战略共识。岭南控股看好国内旅游市场蓬勃的生命力和广阔的发展前景,以"布局+模式+资本"的组合拳加速文旅产业战略布局。广之旅于近年先后战略并购上海申中国旅、西安秦风国旅及山西现代国旅,如今,广之旅完成第四宗国内旅行社并购,是岭南控股秉持"以创新和资本为双引擎,构建规模领先、品质引领、业态多元的泛旅游生态圈"战略定位,持续夯实目的地服务体系建设,构建大闭环全产业链运营体系的又一重要举措。广之旅正逐步完善全国目的地接待、产品供应和销售渠道"三体系"架构,实现目的地和客源地"双地兼顾、双端发力"及"批零一体、线上＋线下"一体联动发展模式。

课前思考:广之旅为什么要实施战略并购?

第一节　旅行社战略管理

战略管理作为旅行社经营管理最主要的特征,其思想、方法和理念已在实际的市场竞争和业务工作中得到广泛的运用。旅行社经营战略既是旅行社经营思想,经营理念和经营手段的集中体现,又是制订旅行社长远发展规划的基础。

一、旅行社实施战略管理的意义

我国加入WTO后,旅行社行业面临极好的发展机遇和严峻的挑战。在这样的大背景下,旅行社就更需要从战略角度对企业的管理结构、市场业务和发展目标进行重组。旅行社实施战略管理的意义在于以下几个方面。

第一,旅行社实施战略管理可以促使旅行社不断检查与评估目前采用的经营战略的价值与合理性,如原有发展目标的合理性基础遭到损害或改变,那么就有必要构筑新的发展战略。

第二,旅行社实施战略管理可以促使企业将内部资源条件与外部环境因素结合起来进行综合考虑,对影响旅行社未来经营和发展的种种可能产生的重要变化能有高度的警惕性和预见性。

第三,旅行社实施战略管理将促使旅行社由关心企业的今天过渡到时刻关注企业发展的未来,并不断审视当前的决策可能对企业未来市场运营活动所产生的影响。

第四,旅行社实施战略管理可以促使企业努力寻求对自身业务发展最具潜力和最具前景的经营领域,并在长远性和长效性的原则指导下,通过多种方案的反复比较来作出最具价值的战略经营选择。

第五,旅行社实施战略管理可以促使旅行社倾向于企业资本资源、人力资源和信息资源的合理配置,通过资源结构的优化,使各种资源能够得到最大限度的利用和发挥,必要时可决定增加新的资源投入,以推进旅行社整体规模的扩大和效益的提高。

二、旅行社实施战略管理的过程

从旅游业发展的实践看,旅行社实施战略管理并不只是局限于有关企业发展的重大问题的战略决策的过程,还要保证战略决策在实际中的实施,并在整个实施过程中发挥作用。因此旅行社的战略管理是一个连续决策、不断调整和实施过程,以最终确保实现旅行社的市场使命和发展目标。

(一)旅行社的环境审视

在日趋激烈的旅游市场竞争环境中,影响旅行社发展的要素具有高度的动态性和相关性,从而导致对环境的审视成为旅行社日益重要的职能。所谓的环境审视是旅行社对自身经营环境的综合分析,包括对企业内部的优势和劣势的分析,对影响企业发展的外部环境的机遇和威胁的分析,也即简称为内部优势、劣势和外部的机会和威胁(SWOT)分析。SWOT分析法在现代旅游企业中已是得到广为应用的一种战略分析方法。通过使用这一方法,旅行社可以获得有关企业发展的第一手材料,从中发现企业未来的发展机遇,或是可能遭遇的威胁,为企业进行战略决策和市场行动提供必要的信息,决定实现企业发展目标的手段和措施。

(二)明确旅行社的使命

旅行社发展战略的形成过程就是确定其基本社会使命的过程,也就是旅行社试图实现的发展目标和决定如何使用企业资源,以及实现企业自身目标的主要战略和政策的过程。确定旅行社使命的目的,说到底就是确定旅行社未来发展的总方向,企业的使命向外界说明了企业存在的原因。任何一个旅行社都有其自身的特殊使命,在使命指引下,使其经营活动理念、活动宗旨有别于其他类似的企业。旅行社的使命应解决以下各种问题:我们企业的营业内容是什么,谁是我们的顾客,旅游产品对旅游者的真正价值是什么,我们的经营方向和将来怎样发展等?对此,旅行社对自己使命的陈述将有助于实现两个基本目的:第一,企业的一切市场经营行为以此为目标;第二,企业所有市场经营行为的评估以此为标准。旅行社的使命具有一定的稳定性,而当企业发展的内外环境条件发生重大变化时,旅行社需要及时调整以便重新确定与其发展相符合的使命。因此,旅行社必须定期评估其使命,以确保自身使命的合理性和时代性。

(三)形成企业的发展目标

在旅游市场的实际运作中,旅行社的使命必须表现为具体、详细的指标和目标,以利企业在市场经营业务中实施。旅行社的长期战略目标是指企业在较长历史时期内,为实现其使命而选择并致力于达成的目标。长远发展目标必须明确旅行社应该完成什么,以及如何完成。由于长远目标是一个较长的历史过程,所以通常又将长远目标量化为更精确和短期的发展指标,基本的指标包括企业利润增幅、销售收入的增长、市场份额的扩大和企业风险的分散等内容。

(四)战略方案的选择

旅行社在进行内外环境分析、明确经营使命和目标的基础上,必须着手进行企业发展战略方案的选择,这是实现旅行社发展宗旨、体现使命和完成市场经营任务的关键步骤。所谓旅行社战略方案的选择,也就是企业的管理层作出选定某一特定战略方案作为企业实现发展目标的决策过程。考虑到旅行社内外的各种主客观因素都会对战略发展方案产生影响,所以一般采用战略环境与旅行社实力状况反复权衡的方法作为旅行社选择方案的重要方法。这一方法主要通过旅行社发展的环境状况、旅游产业的吸引力、旅行社的财务实力、旅行社的竞争实力等四大指标进行分析和论证。战略方案选择是旅行社进行战略管理的核心内容。

（五）旅行社战略实施

旅行社制定战略发展目标的核心目的在于确保战略的实际执行,而这一过程的关键支撑点涵盖高效的组织架构、科学的领导模式、先进的企业文化理念、健全的管理信息系统、合理的资源调配策略,以及有效的评估与控制机制,共同促进战略目标的顺利达成。为确保战略的有效实施,旅行社需将总体战略细化为多个层次和维度的具体执行策略,如组织优化、营销策略、财务管理、人才培养、跨国旅游业务拓展、旅游信息资源深度开发,以及外部合作等战略,并通过综合协调,运用科学方法与技术手段,结合合理的资源组合,分阶段、有计划地推进战略实施,将战略方案转化为实现长远目标的实际行动过程。

（六）旅行社战略评估和控制

旅行社战略实施过程的最后一个步骤是跟踪战略的实施情况,随时监督、指导和评估企业实施战略的情况。当战略实施过程中出现外部环境或内部条件的重大变化时,企业决策层必须对战略目标或战略方案作出必要的修正与调整,使旅行社经营发展过程与旅游市场的发展保持同步或适度超前。

三、旅行社经营战略

（一）旅行社的发展战略

旅行社的发展战略强调的是旅行社如何充分利用外部环境中的发展机会,避开不利企业发展的威胁,充分发掘企业内部的有效资源,并进行合理的市场配置,以求得旅行社的健康发展。发展战略的特点是投入旅行社的大量资源,提高企业的竞争地位、优化企业产品的结构、提高现有产品的市场占有率,并积极依托企业新产品开拓新市场。发展战略是旅行社谋求跨越式发展的重大举措,也是国内外旅行社企业普遍采用的一种总体战略。根据旅行社行业的特点,旅行社的发展战略主要有密集型、一体化和多角化三种。

1. 密集型发展战略

密集型发展战略是在旅行社原有的产品与客源框架内来考虑旅行社的经营战略发展问题。旅行社的密集型发展战略可以通过市场深入、市场拓展和产品开发等多元化形式来实现。

市场深入是指在不改变旅游产品的形式和客源市场的类型的前提下,旅行社依托现有客源市场,通过提高现有旅游产品的市场占有率来实现旅行社的发展目标。其主要措施一是促使旅行社接待的旅游者延长旅游天数,或提高重游率,增强潜在访问者的意愿;二是积极谋取竞争对手的客源市场;三是吸引新的旅游者,特别是潜在旅游需求者购买企业的旅游产品。

市场开发是指不改变现有的产品形式,将现有的旅游产品推向新的客源市场。其主要措施是在现有客源市场区域内细分新的目标市场,或者开发新的客源市场。

产品开发是指不改变现有的客源市场结构,向现有的客源市场提供新型的旅游产品或经过改进的产品。

2. 一体化发展战略

当旅行社展现出良好的发展前景,特别是通过与其他企业实施多种形式的联合与合并策略,能够显著优化旅行社在产品生产、供应、销售等环节的一体化经营效率时,旅行社可以果断采取一体化发展战略作为其发展路径。旅行社采用一体化的发展战略,具体可分解为后向一体化战略、前向一体化战略和水平一体化战略三种不同的战略形式。

后向一体化战略是旅行社通过收购、兼并旅游酒店、旅游车队、旅游景点、旅游餐馆及各类娱乐场所等企业,实现对旅游产品关键要素供应系统的拥有或控制,进而构建起旅游产品供应与生产的一体化体系。实施这一战略的前提条件是,旅行社在市场运营中识别到上游产品具有较高的盈利潜力及良好的发展契机与空间。采取后向一体化战略后,旅行社能够减轻在服务质量保障和成本控制上对旅游供应商的依赖,同时有效降低市场交易成本。

前向一体化战略是旅行社为加强对旅游产品销售网络的控制而采取的一种发展战略。此战略通过收购或兼并旅游客源地的旅游零售商、中间商等方式来实现,旨在将旅行社的产品和服务直接拓展至旅游客源地,从而增强市场销售渠道的力量,推动旅行社的快速发展。

水平一体化战略是旅行社通过获取对其他同类旅行社的所有权或市场业务控制权,或通过经营联合等方式来实施的一种发展战略。在这一战略框架下,旅行社的网络化经营成为最为常见的运作模式。通过网络化经营,旅行社能够有效扩大其服务规模与市场份额,显著增强自身的经营实力。同时,这种模式还能促使旅行社与实力相当的竞争者转变为合作伙伴,避免直接的恶性竞争,转而相互借鉴优势,共同把握市场机遇,从而实现双赢的发展局面。

3. 多角化发展战略

当旅行社在原有市场经营领域内难以继续获得显著的发展机遇,或在该领域的盈利能力大幅下滑,抑或是识别到在原有领域之外存在更具吸引力的市场发展空间时,旅行社可考虑采取多角化发展战略，以探索新的发展机会。旅行社可采用的多角化发展战略具有同心多角化、水平多角化和综合多角化三种形式。

同心多角化战略是指旅行社对新的目标市场、新的顾客群，以原有的经营方式、业务特长和市场经验为市场基础或经营圆心，开发与原产品结构相似但满足游客不同需求的产品。例如，旅行社经营票务代理、旅游信息传播、对外翻译服务和咨询服务等业务。由于同心多角化战略是从旅行社业务同一圆心逐渐向外扩展其经营范围，没有脱离原来的经营主线，因此市场经营风险较小，有利于旅行社依托原有的经营优势开拓市场。

水平多角化战略是旅行社针对现有的市场和现有顾客，采用不同的技术手段来增加新的服务项目。例如，旅行社可经营餐馆、酒店、旅游车队、商场和娱乐场所等。

综合多角化战略是旅行社以新的业务进入新的市场。通常说来，新业务与旅行社现有的市场业务和客源市场没有任何关系。例如，旅行社经营出租汽车业务、房地产业务等。

（二）旅行社的稳定战略

稳定战略，又称维持战略，指旅行社遵循与过去相同的市场经营目标，保持前后一贯的发展速度，同时不改变基本的产品格局或市场经营范围。稳定战略是旅行社对产品体系、市场结构表示认同，采取以守为攻的手段，以安全经营为宗旨，不愿冒较大市场经营风险的一种战略措施。从旅游市场的发展经验看，旅行社采取稳定战略常常是一种短期的市场行为，因为稳定型战略的根本目的是维持企业的经营现状、培育资源优势、积蓄开拓力量、创造发展条件。一旦条件成熟，或机遇降临，旅行社则迅速跃起，及时改变经营战略，以追求企业的更大发展空间。

（三）旅行社的紧缩战略

紧缩战略，又称防御战略，是当旅行社面临艰难的经营局面，或经营状况不佳，在采用发展战略或稳定战略后都无法达到旅行社预定的经营目标状况下宜采取的经营战略。旅行社一旦采用紧缩战略，就必须采取一些非常的措施，以收缩经营范围、缩小经营规模，降低企业面临的市场威胁程度，如出售部分旅行社的不良资产，或关闭部分经营效益不佳的分社，甚至从某些经营领域退出等，以期尽快扭转企业整体经营状况不佳的局面，顺利渡过难关，争取形势的好转。

（四）旅行社的混合战略

混合战略，是指旅行社在特殊时期交叉使用发展战略、稳定战略和紧缩战略三种不同的战略。旅行社用不同的战略以适应不同的发展环境，或者在不同时期使用不同的战略，其核心目的在于通过变化来灵活应对外部环境的变化，实现持续发展与竞争力提升。当旅行社面对经营环境中各组成要素的变化节奏不同，或者旅行社各分社的业绩及发展潜力不平衡时，采用混合发展战略对旅行社是最为有利的。

第二节　旅行社品牌管理

随着旅游业的迅猛发展,旅游市场竞争越来越激烈,各旅行社也在不断加快市场开拓的步伐,旅行社市场开始步入微利的时代。持续的价格战与广告战不仅损害了旅行社的整体品牌形象,还限制了其自身的长远发展,更可能诱发不正当竞争,对旅行社行业的未来生存构成威胁。鉴于此,面对国内外复杂多变的市场环境,旅行社当务之急在于构建并塑造真正具有独特价值的自有品牌,以在发展的关键时期实现差异化竞争与可持续发展。

一、旅行社品牌的内涵

按照美国市场营销协会的界定,品牌是一个名称、名词、标记、符号或设计,及其组合构成的元素,其目的是识别某个销售者或某群销售者的产品或劳务,并使之同竞争对手的产品或劳务区别开来。品牌建设一般需要经历两次飞跃:一是从产品上升到商品的名称;二是通过日积月累将商品的名称转变为资产,它的最终形态是企业的无形资产。由此可见,产品或服务是品牌的支撑。同时,品牌又超越了产品或服务,是联系产品、服务与消费者各种关系的总和。

鉴于旅行社产品或服务的生产过程与消费过程同步进行的特性,旅行社产品被归类为典型的体验型产品。旅行社的品牌价值根植于旅游者对旅行社所提供服务所作出的综合体验感受与评价之中,它不仅代表了旅行社的名称,更是在市场中被广泛认可和信赖的过程中逐渐升华形成的一种情感联结。这份情感正是旅行社生存和长效发展的最大无形资产。

二、旅行社品牌培育

(一)品牌创建

旅行社在创建品牌时,首先需要形成与目标市场相关的品牌形象建设的过程和结果,这样可以使企业想要建立的企业形象真正地走进消费者的心中,使产品的价值在一定程度上有所增加。品牌创建应该在准确的市场定位下来完成,定位过程中离不开产品的服务、质量与技术。旅行社需要从创建特色、寻求差异以及追求个性的角度出发,与同行企业进行比较,然后明确自身企业应该进行的品牌定位,这样才能够充分地体现出企业形象与特色具有的差异性。因此,企业在品牌建设中,品牌定位是十分重要的,定位的过程中应该加强对制度、历史、价值理念以及管理宗旨等内容的重视,使企业具有的形象凸显出来,有利于企业的稳定发展。

现代旅行社的品牌建设应该多参考国外比较知名的旅行社的品牌建设情况,多采用比较先进的网络技术以及软硬件设施完善品牌,在国内进行准确的市场定位,这样才能够使刚刚成立的旅行社能够稳定发展,不被市场淘汰,然后在不断的调整与创新中逐渐占据市场份额,形成独有的品牌。

旅行社在进行品牌的创建时,应该充分认识到进行品牌调研的必要性,这样才明确调研的目标和方向。旅行社的工作人员在进行品牌现状调研与了解时,应该对品牌的实际代表意义、美誉度以及知名度等内容进行调研,这样既可以掌握企业的实际状态,同时也对品牌进行理解,对品牌的建设进行更加深入的研究。因此,企业进行品牌的调研时,需要考虑的因素比较多,应该形成比较系统的思维和调研方式,这样才能够使调研的实际数据更加真实有效。例如,中国旅行社总社和上海春秋国旅等知名旅行社在品牌建设初期均进行了全面且深入的市场调研,广泛搜集国内外旅游市场的相关信息,并细致分析竞争对手的策略与优势。它们通过精准定位各自的主题特色,成功在竞争激烈的旅游市场中脱颖而出,占据了一席之地。这种策略不仅确保了品牌建设的长期稳定性,还有效避免了市场同质化竞争,凸显了各自的独特魅力。因此,这些旅行社获得了大量游客的青睐,推动了品牌建设的持续强化与壮大。

(二)品牌推广

旅行社品牌的知名度,作为旅行社存在性、实力水平及其产品独特性的重要信号,是实现吸引旅游者目标的关键因素。品牌要形成良好的知名度才能达到吸引旅游者的目的,而高知名度和注意力的获得需要品牌的有效推广,具体应做好以下几点。

(1)品牌信息清楚,便于传播与理解。这是品牌推广的关键步骤,品牌信息包括品牌名称、品牌标志、品牌内涵及品牌给旅游者带来的利益等。这些信息在传播过程中,会受到各种因素的干扰,造成信息缺失。因此品牌信息不但要求方便传播,还要求便于公众正确、容易地理解和记忆。

(2)正确选择品牌推广渠道。品牌推广依赖的是各种信息传递渠道,包括公共信息渠道、自身信息渠道、他人信息渠道、公众口碑渠道等,例如电视广告、自身网站、商业赞助或公益活动等。信息渠道的选择至关重要,不当的选择会直接导致品牌信息的覆盖范围受限、可信度降低、美誉度受损以及信息内容的缺失,这些因素在很大程度上对品牌推广的成功与否具有决定性影响。

(3)持续性与轰动效应。旅行社品牌推广的两大核心目标相辅相成、缺一不可。一方面,轰动效应是迅速提升品牌公众认知度的有效手段;另一方面,持续性推广则是确保品牌长期留存于公众记忆中,增强品牌记忆点的关键。因此,两者在品牌推广过程中相互支持,共同促进品牌影响力的深化与拓展。

(三)品牌维护

旅行社在成功进行品牌创建与推广以树立品牌形象之后,需实施有效的品牌维护策略,持续保持并保护其品牌形象,进而提升品牌价值和增强在市场上的竞争力。

(1) 品牌注册。为防止品牌侵权、滥用等事件的发生,旅行社要对自身品牌进行注册,让旅行社品牌使用规范化,并受到法律保护。

(2) 不断提高品牌的知名度和认知度。通过积极主动向旅游者、社会公众宣传推广自己的品牌,提高旅行社的品牌知名度和美誉度,从而增强旅游者对旅行社品牌的辨识能力,达到保护品牌的目的。

(3) 有效实施品牌质量管理。旅行社品牌质量的归宿是产品或服务质量,因此做好产品或服务质量管理就是维护品牌质量。最主要的两个方法:一是全面质量管理(Total Quality Management,TQM),这是费根鲍姆(Feigenbaum)提出的,即要求将质量管理用到产品生产与服务的整个过程中来,例如旅行社产品设计、销售、接待等环节;二是PDCA(Plan 计划,Do 执行,Check 检查,Action 处理)循环法,这是戴明(Deming)提出的,即按照计划、执行、检查、处理这四个顺序进行循环管理,以提高旅行社产品和服务质量。有效实施品牌质量管理是旅行社品牌的自我保护,也是品牌生命线所在。

(4) 制定品牌管理制度。旅行社品牌的使用需要严格按照制度进行,防止品牌滥用、自我毁坏品牌等行为导致品牌美誉度下降,最终导致品牌价值和品牌号召力下降。另外,在旅行社进行品牌经营、品牌兼并、品牌转让等市场行为时,要按照品牌管理制度进行实现有效保护。

三、旅行社品牌经营

由于品牌体现经济价值,而且能够产生和创造价值,因此品牌可以经营,但要以旅行社的可持续发展为目标。通过品牌经营,不断扩大品牌影响和扩张旅行社的业务空间,最终不断提升旅行社品牌价值。

(一) 品牌延伸

品牌延伸(Brand Extension),是指凭借成功品牌在相同市场上推出改良产品或全新的产品。旅行社的品牌延伸就是利用旅行社的品牌在相同的目标市场上推出改良或新类别的产品或服务,经品牌延伸后,不同的产品或服务彼此共享同样的品牌名称及品牌内涵,例如,推出旅行社品牌的旅游用品、纪念品等。

(1) 品牌延伸的作用。

利用旅行社品牌进行品牌延伸可增加旅行社的产品或服务类别,满足更多消费者的需求,降低经营风险、提升品牌价值。

加快新产品的定位,提高决策效率。由于品牌延伸针对的是同一目标市场,新产品或服务应与原产品或服务的定位相同,因此省掉了复杂的市场论证过程。尤其在新产品或与原产品或服务具有很强的关联性和互补性时,它的市场需求量也是比较容易预测的,从而可以提高决策效率。

新产品或服务的市场推广初期需经历消费者从认知到认可再到接受的过程,这一过程即品牌化,常伴随高额市场导入成本及显著的市场风险。相比之下,品牌延伸策略使得新产品在推出之初即已具备品牌基础,尤其是对于知名旅行社品牌而言,能够显著缩短消费者对新产品的认知与接受周期,有效规避市场风险,并降低市场导入成本。

此外,旅行社实施品牌延伸策略还有助于强化品牌效应、提升品牌价值。该策略促使品牌从单一产品或服务领域向多元化拓展,扩大了业务范畴,使目标市场消费者能够体验到更多元化的旅行社产品与服务,进而增强对旅行社品牌的认可度和忠诚度,促进品牌影响力的深化,最终实现品牌价值的持续增值。

(2)品牌延伸的条件。

在进行品牌延伸时,旅行社应明确和分析品牌延伸的具体条件,以及延伸产品或服务是否具有对旅行社品牌的适合性和提升性,以确保品牌延伸的成功。

针对相同目标市场是品牌延伸的本质,此种延伸要么针对相同顾客的目标市场,要么针对顾客相同需求的目标市场,或者是针对相同顾客相同需求的目标市场。例如,以探险旅游为品牌特征的旅行社同样销售本旅行社品牌的帐篷和登山鞋等,而且这些商品的购买者多是参加此旅游团的旅游者。品牌延伸的条件如下。

高品牌价值是旅行社进行品牌延伸的重要基础。旅行社品牌延伸的核心目的在于借助现有的高品牌价值,即强大的品牌影响力和市场认可度,来拓展新的产品或服务市场,从而有效增加收入来源并提升整体利润。这一过程实质上是一种品牌价值向经济利润的转化机制,它要求旅行社品牌本身需具备足够的知名度和美誉度,以确保品牌延伸能够成功降低新产品或服务的市场进入风险,并减少市场推广的初期成本。

新产品或服务的良好质量是旅行社品牌延伸成功的基石。品牌的价值和声誉建立在所提供的产品或服务的质量之上,因此当延伸后的产品或服务能够得到顾客的认可,将会对旅行社品牌有提升作用,增加品牌价值,反之将有损于旅行社品牌形象。

品牌内涵的一致性和顺应品牌联想是旅行社品牌延伸成功的关键保障。品牌内涵指的是企业为特定品牌所构建并用于与目标市场进行有效沟通的特定意义或价值体系,而品牌联想则是消费者基于品牌所触发的所有相关想象和关联。这两者不仅是品牌创建与市场推广的目标与成果,也是顾客在选择品牌购买商品时的重要参考依据。对于旅行社而言,确保品牌延伸活动符合其品牌内涵并顺应既有品牌联想,是保障延伸成功的必要条件。例如,旅行社推出与旅游活动紧密相关的各类旅游用品是合理的,但推出与旅游业务不直接相关的产品如西服等正装,则可能给顾客留下业务不专业或不集中的印象,不利于品牌延伸的成功。

此外,旅行社在进行品牌延伸后,须面对经营范围扩大所带来的管理难度增加。因此,拥有较强的经营管理能力对于旅行社而言至关重要。只有具备足够的管理实力,才能有效应对品牌延伸带来的各种挑战,确保经营活动的有序进行,避免出现"小马拉大车"的困境,最终实现品牌延伸的成功与企业的持续发展。

（二）品牌扩张

品牌扩张（Brand Stretching）是指以现有品牌推出新的产品或服务来进入不相关的市场。旅行社的品牌扩张就是利用自己的品牌在不相关的市场上推出各类产品或服务，不同的产品或服务经品牌扩张后彼此共享同样的品牌名称。

品牌扩张和品牌延伸是品牌经营运作的两大方面，其外在表现有相似之处。主要区别就要看品牌运作后，所针对的目标市场是否相同。如果目标市场相同即为品牌延伸，否则为品牌扩张。例如，中青旅除了经营旅行社业务之外，还涉足了酒店经营和景区经营，此为品牌延伸；而中青旅涉足的高科技与房地产领域就是品牌扩张。

由于品牌扩张与品牌延伸有很多相似之处，因此作用与条件也基本与品牌延伸相同，不同之处主要存在于几个方面：①目标市场，品牌延伸面对的是相同目标市场，品牌扩张面对的是不同目标市场；②品牌价值，品牌延伸需要高品牌价值做支撑，通过发挥品牌影响力而增强竞争优势。

旅行社在品牌延伸与品牌扩张的实践中，可以根据这些策略的特点，并综合考虑企业的实际情况与资源条件，灵活选择多样化的品牌经营运作方法。通过这些方法，旅行社能够有效扩大其经营范围和服务内容，进而在竞争激烈的市场中赢得更多的市场机会和利润增长点。但这种品牌经营要与主业相协调和适应，否则将有损于旅行社品牌。

（三）品牌创新

品牌创新（Brand Innovation）通常是企业在强势品牌的基础上，对生产要素进行新的组合，即将原有品牌发展到新的产品或服务上，乃至扩展到其他领域产业中。品牌创新的思维，要从全社会的角度去寻找个性化品牌的灵感，既可以抛弃原有品牌而塑造全新的品牌，也可以运用原有的品牌而赋予新的内涵。品牌创新通常包括品牌的技术创新、概念创新和传播创新。技术创新应以关注消费者理念，实现差异性品牌价值为中心；技术创新不可能满足众多消费者的欲望和需求，实现技术创新的最佳途径是概念创新和传播创新。只有把创新的技术根植于消费者的潜意识之中，形成新的品牌观念、传播新的品牌信息，才能成为品牌发展的动力和源泉。

旅行社首先应树立品牌意识，把旅行社品牌作为一项重要工作来经营和推广，营造出具有独特的文化追求、长远的经营理念、丰富内涵的品牌。旅行社的品牌创新一般包括品牌标志创新和品牌产品创新。品牌标志创新的主要目的是使品牌更加符合社会审美需要和体现品牌内涵；品牌产品创新则是为了使旅行社产品更加符合社会与行业的发展趋势、旅行社的发展战略和发展方向以及客源市场的变化。

旅行社应充分认识自身的资源优势，根据其经营内外部环境的变化，以及旅游者对品牌的认知程度的变化，多角度、多层面地挖掘旅行社的内涵，不断进行品牌创新，加强品牌的内质建设和外观传播,以塑造良好、统一的旅行社形象来提升旅行社品牌的商业感召力,从而使旅行社品牌持久且具有市场号召力。

第三节　旅行社危机管理

世界旅游组织把旅游危机定义为"影响旅游者对一个目的地的信心和扰乱继续正常经营的非预期性事件",此类事件通常包括战争、疾病、自然灾害、社会政治及经济动荡等,这些突发事件通常会给当地的旅游业带来毁灭性的打击,即旅游危机。

旅游危机管理是指旅行社在经营过程中,针对可能面临或正在面临的危机,进行的一系列有针对性的管理活动的总称,其目的在于消除或者减少危机给旅行社带来的损失。旅游危机管理是应对旅游危机最好的方法,如果管理得好,有时甚至会把危机转化为机遇。

当今世界经济一体化、市场竞争全球化和社会信息网络化的大背景下,任何组织都会因内外部错综复杂的环境影响而面对各种各样的危机。加上旅行社产品的服务性特征和游客日趋成熟的消费心理,旅行社危机管理就显得更为重要和必要。

一、旅行社危机管理的重要性

所谓危机就是一种使企业或个人遭受严重损失或面临严重损失威胁的突发事件。在任何组织系统及其子系统中,因外部环境和内部条件的突变,对组织系统的总体目标和利益构成威胁而导致的紧张状态都可称之为危机。所谓危机管理,是指组织或个人通过危机监测、危机预控、危机决策和危机处理,从而避免、减少产生的危害,甚至将危机转化为机会。

鉴于当前大多旅行社对危机管理重视不足的现状,首先,应当扭转旅行社的管理理念,将危机管理真正纳入旅行社全面管理的范畴,未雨绸缪;其次,加强危机管理可以促使旅行社积极采取各种预防措施,防止各种潜在危机的发生,使旅行社在激烈的竞争中始终沿着健康的轨道发展;最后,当旅行社遇到因服务质量、财务亏损、人才流失等问题而形成严重威胁时,危机管理有利于旅行社通过适当措施转危为安。因此旅行社危机管理的最终目的就是要防范危机和化解危机,将危机给旅行社带来的威胁减小到最低限度,使旅行社化险为夷,健康可持续发展。

二、旅行社的危机类型

结合旅行社的经营特点,大体可将旅行社危机划分为四种类型:产品和价格危机、人才危机、财务危机和突发事件危机。

（一）产品和价格危机

由于我国旅行社规模普遍较小、实力较弱,在产品开发、市场营销和推广等方面投资不力,因此"一家开发、大家搭车"的现象屡见不鲜。此外,由于旅行社产品质量的标准化程度较低,市场上出现了产品重复利用、价格竞争激烈的现象,导致产品质量良莠不齐,甚至存在低劣产品,这样的产品和价格危机直接损害消费者的合法权益。

（二）人才危机

旅行社人才危机主要表现为人才流失的加剧。人才流失不仅意味着旅行社无形资产的直接损失,如客户关系、市场知识及经验积累等,还直接削弱了客户对旅行社的信任与忠诚度。进一步而言,人才流失所带来的置换成本极为高昂,这涵盖了从重新招聘、严格考察到专业培训的全过程费用,以及因人员更替导致的效率损失和潜在机会成本。因此,人才流失对旅行社的负面影响深远,构成了行业发展的重大挑战。此外,旅行社行业还普遍存在着从业人员整体素质和学历水平偏低的问题,很难应对外资旅行社大举进入我国带来的激烈竞争。

（三）财务危机

旅行社的生存和发展始终面临着财务危机的潜在威胁。这种危机可能源自多方面因素,包括但不限于合作伙伴关系的变动、关键客户的流失、行业内"三角债"现象的蔓延、呆账与死账的不断累积、投资决策的失误,以及外部经济环境如利率和汇率波动的调整。这些因素都可能直接导致旅行社运营成本上升、收益下滑,甚至陷入资金短缺、收不抵支的困境,从而对旅行社的财务稳定性和长期发展构成严重威胁。因此强化旅行社财务危机管理已成为现代旅行社企业无法回避的重要课题。

（四）突发事件危机

突发事件大体包括两种类型:一类是不可抗拒的自然灾害,如地震、水灾、火灾等;另一类是人为造成的事故,如人身伤害、旅游行程变更、疾病及财产损失、交通事故等。由于上述事件发生的突发性、紧迫性、威胁性等特点,旅行社如果不能及时处理或处理方法不当,都会带来巨大的损失。因此突发事件危机管理是对旅行社应变能力、旅行社经营者的决策能力及全体员工的综合素质等的严峻考验。

三、旅行社危机管理

（一）旅行社危机预防

未雨绸缪、居安思危、有备无患是对危机预防内涵的最好诠释。和危机处理相比,危机预防对旅行社的意义更为深远。具体而言,旅行社危机预防可从以下三方面重点着手。

1. 开展全员危机教育

危机意识作为一种竞争意识、超前意识和鞭策意识，它能使整个企业在面对危机时步调一致，应对挑战。所以危机教育已演变为一种先进的经营管理理念，被越来越多的企业广泛应用。对旅行社企业来讲，应该将危机教育和内外部机制改革有效结合，将旅游市场的瞬息变化转化为企业的压力和动力，使全体员工树立危机意识、市场意识、成本意识、效率效益意识，和经营者一起防止和抵御危机的出现。旅行社的高层管理者需具备敏锐的危机感知与认知能力，这是他们有效指导团队、预防及应对潜在危机的先决条件。因此旅行社要建立灵敏、准确的信息监测系统，及时收集相关信息并加以分析处理，定期或不定期开展组织自我诊断，客观评价旅行社现状，找出薄弱环节，以便及时捕捉到危机征兆，然后及时、准确地将信息传输到每个员工心中，使大家牢固树立危机意识和主人翁意识。

2. 组建危机管理机构

危机管理机构的核心职责为：全面搜集并分析旅行社危机管理情报，精准预测并预警危机；制定前瞻性的决策与计划，与相关部门协作制定应对措施；危机发生时，迅速组织并有效处理各类突发事件。鉴于此，危机管理机构应该由旅行社高层管理者和专业部门的管理人员共同组建，以保证其权威性、快速反应性和有效执行力。

3. 构建危机预警机制

危机预警系统，就是运用一定的科学技术方法和手段，对企业生产经营过程中的变数进行分析，以及在可能发生的警源上设置预警指标，及时捕捉警讯，随时对企业的运行状态进行监测，对危害自身生存、发展的问题进行事先预测和分析，以达到防止和控制危机爆发的目的。危机预警系统通常包括危机监测、危机预测和预报、危机预控和策划危机处理计划等内容。其中，旅行社内外部信息的获取至关重要，直接影响危机监测结果的准确度，值得注意。一般而言，旅行社可以建立顾客访问制度，比如电话询问、质量反馈等，及时了解顾客意向，掌握顾客动态；也可以通过社会专业调查机构对社会各界对本旅行社的产品、服务质量等情况全面了解，以确保预警系统的作用。

（二）旅行社危机处理

当危机不可避免时，旅行社就必须采取相应措施，沉着应对、妥善处理，将危机带来的损失降到最低程度。

1. 旅行社处理危机的原则

旅行社危机处理主要包括危机事件的处理和危机问题的处理两个方面。在处理时应分别遵守不同的原则。

首先，危机事件的处理原则。旅行社处理危机事件主要应遵循主动性原则、诚意性原则、真实性原则、协同性原则和沟通性原则。其次，危机问题的处理原则。旅行社在处理危机问题时主要遵循危机管理预防原则、寻求有效的现实目标原则、行为上的克制与为双方着想原则、非原则问题上的妥协原则、分散危机的原则和创新与完美的原则。总体而言,旅行社处理危机的首要原则必须以游客利益和社会利益至上,尤其是在对待一些人身伤亡、刑事案件、交通事故等危机时。

2. 旅行社处理危机的流程

"危机预防,及时发现,妥善处理"是危机管理的三个关键环节。当危机无法预防、不可避免时,旅行社必须采取应急措施,将危机爆发所带来的各种损失降低到最低程度。旅行社处理危机的基本流程如下。

(1)启动危机处理机制。当危机发生后,旅行社要在第一时间启动危机处理机制,对其进行最大程度的控制,以避免危机的蔓延和扩大。针对危机发生的紧迫性和突变性,应针对具体情况,及时对危机处理机制进行修正和充实,以充分发挥防范措施的针对性和实效性。

(2)置公众利益于首位。旅行社产品生产和消费同一性的特征告诉我们,旅游者始终参与旅行社产品和服务生产的全过程,亦即和旅行社共同面临着风险和危机。因此当危机发生时,旅行社必须首先重点关注旅游者的利益,其次才是企业的利益。只有如此才能表明旅行社企业解决危机的诚意,并尽量弥补受危机影响的旅游者的损失,才能维护企业形象,以求长远发展。

(3)开辟信息传播渠道。危机发生后,旅行社要尽快调查事情原因,弄清真相,尽可能把完整情况告诉新闻媒体,表明旅行社的立场和态度以及与各界沟通的诚意,并随时向媒体和公众发布事态发展的最新信息,争取媒体的客观报道,从而使旅游者及时了解事情真相。

(4)选择危机处理策略。旅行社在收集危机事实材料的基础上,应针对实际情况,有选择地采用处理策略。

首先,隔离策略。鉴于危机发生时往往具有连锁反应的特点,危机发生后,旅行社应设法把危机的负面影响隔离在最小范围内,避免危机发生连锁反应。

其次,中止策略。危机中止策略就是根据危机发展的不同阶段、不同程度、不同范围,主动承担危机造成的损失。对旅行社企业而言,就是在旅游活动进行时主动停止运作,当机立断中止旅程,比如停止销售、退回团款、关闭分社等。

再次,消除策略。危机消除策略就是旅行社危机处理小组根据既定的危机处理措施,对症下药,迅速有效地消除危机带来的负面影响。旅行社在消除危机时,一方面可以通过新闻媒体及时传达对危机后果的关切、采取的措施等,另一方面要及时将危机发生的真相告知本旅行社员工,以增强他们对本旅行社的信心。

最后,利用策略。危机利用策略就是变"危机"为"转机",显示的是经营管理者的危机处理艺术,处理得当就会收到坏事变好事的效果。旅行社在采用利用策略时,一方面体现了企业诚实、坦率、负责的态度,将危机化为转机;另一方面,也体现出一个优秀企业的整体素质和综合实力。

(5) 进行危机总结评估。危机总结评估是危机管理的最后一个重要环节,在对危机管理及进行系统总结的同时,对新一轮危机预防措施的制定更有着重要的参考价值。危机总结评估首先就是对引发危机的成因、预防和处理措施的执行情况进行系统的调查;其次是对危机管理工作进行全面的评价;最后对危机涉及的各种问题综合归类,分别提出修正措施,以改进旅行社的经营管理工作。

综上所述,危机并不可怕,只要在危机爆发前、爆发中、爆发后采取相应有效的措施,旅行社就可以游刃有余地面对和解决各种危机。

本章思考题

1. 旅行社为什么要运用计划管理的方法?
2. 旅行社计划管理的过程与方法是什么?
3. 旅行社实行目标管理的作用是什么?
4. 旅行社战略管理的过程是怎样的?
5. 旅行社品牌管理的基本过程是什么?
6. 旅行社危机管理的一般程序是什么?

延伸阅读

国际知识链接

第七章
旅行社供应链与产业关系管理

本章梳理了旅行社供应链的内涵、典型特征和主要内容;总结了旅行社的主要供应商及其管理方式,供应商管理的平台化趋势;归纳了旅行社同业关系中的合作与竞争。学生需掌握旅行社客户关系管理的内涵、意义、流程及策略,和了解当前旅行社行业公共治理的主要形式和内容。

搭建供应链平台解决中小旅行社核心诉求

伴随着消费回流和消费升级,杭州丰盛控股集团有限公司(简称丰盛控股)已经悄然走在了旅游供应链的前端。旅游自身就是一个巨大的综合产业链,而这个产业链其中的一个核心就是旅行社。旅行社在旅游活动中有组织职能和信息收集职能的特有优势,但很多中小型的旅行社,因为缺乏融资能力,因此自身很难拿到贷款,难以形成行业的"规模效应",所以整个行业相对松散。

目前国内旅行社的现状是,不少商户小而散,时常"大打价格战",造成竞争恶性循环,线上、线下各自为战。这些旅游行业痛点让旅行者出行体验的幸福感大打折扣。而旅游供应链可以解决中小旅行社和一些OTA平台中资金分配的不平衡问题,通过打通旅游企业上下游物流链、资金链、商流、信息流,提升整个供应链的群体竞争力。正因为如此,旅游供应链金融备受中小旅行社的青睐。

在线上出境游方面,2018年丰盛控股已直接或间接入股途牛和驴妈妈两大OTA平台,另外公司与美团、同程、携程、八爪鱼等平台也开展了合作;在线下出境游方面,公司与海南优质旅游目的地进行合作,与华东地区等地的综合旅行社进行拓展协作。

发展旅游供应链平台不到一年时间,丰盛控股已和上百家旅行社形成业务合作,除了帮助出境游的旅行社在海外代采以外,丰盛控股已经实现为国内旅行社代为购买机票、酒店、门票、线路产品等业务。

现阶段国家重点支持国内旅游产业的升级发展,全域旅游相关的基础建设值得重点关注,投资机会可能来自传统旅游产业以外的领域。未来专注于旅游供应链金融的新型企业,有望以创新产业链为工具,构建出完备的供应链体系。随着旅游市场不断完善、旅游供应链平台发展壮大,能够打通上下游物流链、资金链、商流、信息流的巨头企业将率先受益。

课前思考:中小旅行社如何实现供应链管理?

第一节 旅行社供应链的内涵和主要供应关系

一、旅行社供应链的内涵

（一）旅行社供应链的内涵

要深入理解旅行社供应链,首先需从旅游供应链的视角出发进行剖析。关于旅游供应链的研究最早出现在1975年联合国世界旅游组织的一份报告中,里面提到的旅游分销渠道本质上就是一种供应链。旅游供应链是一系列直接或者间接地参与生产和传递旅游服务、信息、金融或者有形产品给游客的个人、组织或商业企业的集合,有广义和狭义之分。广义的旅游供应链包含了所有参与旅游活动的企业和组织,不仅包括旅游产品或服务的直接供应商,还包括间接供应商以及公共部门;狭义的旅游供应链只包括旅游产品或服务的直接供应商和顾客,不考虑旅游产品或服务的间接供应商和公共部门。在具体的运用中,更侧重狭义上的旅游供应链概念。

根据供应链核心企业的理论,综合旅游行业的特点和目前国内旅游供应链发展现状,旅游供应体系中的餐饮、住宿、购物、娱乐、参观、游览部门的任何企业都有可能成长为核心企业,有可能是酒店企业、交通企业,还有可能是旅行社或者是旅游景点。但无论旅游体系中哪个行业的企业成长为核心企业,必然是市场竞争的结果,其过程必然伴随旅游供应链上企业间的兼并、重组、联盟等各种形式的合作。

由于旅行社在供应链上具有的特殊职能,它既能直接同消费者接触,同时又能充当住宿、餐饮、交通、景区等企业的中介,这两个特点决定了旅行社在旅游信息汇集、旅游流调度、资金结算等方面的独特优势,而这些优势也决定了旅行社在供应链上具有成长为核心企业的优先条件。

旅行社在供应链体系中的功能和作用具有明显的时空性,随旅游者出游距离和旅游者成熟程度的变化而变化。从人类历史上第一家旅行社托马斯·库克旅行社诞生起，旅行社在供应体系中的作用随旅游市场的层级递进发展而动态变化。新旅游者一般倾向于参团旅游，随着旅游经验的积累，他们逐渐从新手成长为较为成熟乃至成熟的旅游者。在这个过程中，他们越来越倾向散客旅游方式。但是随着出行距离的变化、文化差异的增加，旅游者选择参团旅游的倾向也会随之增加。

在我国，关于旅游供应链核心企业的确定，多位学者展开了深入探讨，形成了多元化观点：其一，主张以旅行社为中心构建旅游供应链；其二，认为景区景点应作为核心来构建供应链；此外还有学者提出，餐饮住宿、购物、娱乐、参观、游览等旅游产业链中的任何企业，只要其具备对资源的强大掌控能力，均有可能发展成为旅游供应链的核心企业。

（二）旅行社供应链的典型特征

旅行社供应链有复杂性、多元化、网络化的典型特征。直观感觉供应链是线性的，但旅行社的行业运营并非如此。这是因为旅行社只是旅游供应链整体中的一部分或环节，自身的供应链会与竞争对手的供应链相重叠；很多旅游企业不得不与竞争对手分享客户，与竞争对手分享供应商，再加上游客需求的即时性、变动性以及旅游淡旺季等因素的影响，从而导致供应链的非线性特征。在旅行社供应链中，旅行社一般都会和景区、餐饮、住宿、交通等企业建立供应关系，但是这些合作供应商除选择与多家旅行社合作之外，还接待散客、服务社会大众，这一现象为供应链带来了潜在的机会主义风险，并显著增加了供应链的复杂性和管理难度。

旅行社组织形态的多样化和信息技术的进步也是供应链不断复杂化的重要原因。旅行社不仅有传统的组团社、接待社、旅行社总部、分社、门店以及批发商、零售商等，还有携程、同程、马蜂窝、途牛等具有不同优势特点的OTA（在线旅行服务商），美团等生活服务平台也有酒店、门票相关资源要预订的人口，京东、滴滴等平台旗下也有注册成立的旅行社。传统旅行社与OTA之间，OTA与OTA之间广泛存在产品供应和分销方面的合作。旅游产品的展示和信息传递也从纸质、面对面、电话传真等发展为今天的微信、QQ、H5网页、二维码、短视频平台、自媒体等多种展示方式和渠道。旅游零售商还广泛应用微信公众号以及抖音、小红书等平台进行内容输出和产品销售。因此，旅行社的供应关系经历了从聚焦单个企业，扩展到企业间（供应链），再到面向企业群/网（供应链网络）的演变过程。在这个过程中，最初以旅行社为核心或主导的旅游供应链逐渐被颠覆，取而代之的是一个错综复杂、多元化的供应链网络。

二、旅行社的主要供应关系

总体来说，旅行社的典型供应关系主要包括"组—接"关系、"批—零"关系、直接采购关系三种。

（一）"组—接"关系

"组—接"关系即组团社与接待社（地接社）的合作关系，是旅行社最早的最经典的供应关系。组团社与接待社共同为旅游者提供服务，组团社主要是招徕、组织旅游者，并为国内旅游、入境旅游、出境旅游的旅游者提供全程旅游服务；接待社接受组团社委托，实施组团社的接待计划，安排旅游者在当地参观游览等活动。如果旅游者的旅游线路涉及多个目的地（区域）或专业服务，接待社可能将部分接待计划交由其他旅行社来完成，这时接待社与其委托的旅行社之间又构成了一对"组—接"关系。这种情况在入境旅游团队接待中比较常见，如上海春秋国旅承接了一项由法国旅行商组织的入境旅游团队项目，该团队行程覆盖"华东＋西安"。在接待安排上，华东区域的接待可由自己完成，而西安市的旅游接待交由当地旅行社负责。这种旅游团对上海春秋来说，业内称作"自联团"，对西安的旅行社来说则是"横向团"。

在"组—接"关系中，组团社需要接待社不断提供更新、更合理的资源组合产品来迎合游客的更多需求。没有接待社的支持与协作，组团社也难以获得更大的客源市场。同样，失去了组团社的市场份额，接待社将随之失去相应的业务。由于是买方市场，组团社相对更有合作谈判的主动权。接待社为了提高竞争优势、争取更多业务，往往考虑在国内出游量大的客源地设立办事处、分公司，代表总社为当地组团社提供线路产品和信息服务，进行更好的沟通联络。随着国内旅游市场特别是散客游市场不断扩大，部分接待旅行社的分公司转型为批发旅行社（旅游批发商），与接待社开展企业间的合作，也有旅行社加入批发商队伍，从而构成"接待旅行社—批发旅行社—组团旅行社—游客"的供应关系。大多数旅游批发商所销售的旅游线路产品并不局限于单一旅游目的地。国内旅游批发商与接待社的合作可以看作是一对"组—接"关系，批发商将客源地旅行社招徕的游客组织起来，交由接待社来接待安排。

从平台与地接社的关系视角分析，平台汇聚的庞大流量为地接社产品开辟了直接面向市场的通道，使其能够直接接触并服务于客户，不再局限于依赖组团社输送客源的传统模式。这一转变对多数地接社而言，构成了一次挑战性的转型历程，其成功实现非一蹴而就，而是高度依赖前端的市场营销与后端运营管理的综合效能。当前，众多旅行社正积极探索这一路径，同时，各类平台也致力于通过更多元化的赋能手段，加强与其连接的供应商（包括地接社）的掌控力与竞争力。

在组团社与接待社的合作中，往往是组团社与客户沟通确认旅游需求后，向接待社询价，互相沟通并确认采购；或者是组团社经过市场调研后计划推出旅游线路，并就旅游线路的研发与接待社沟通、确认、采购。以旅游团为例，当组团社将团队发往接待社时，一般按照以下业务流程进行操作。

1. 前期双方沟通

组团社在产品设计或游客咨询阶段向接待社了解或确认旅游目的地的相关信息，保证沟通顺畅、信息同步。一般是由旅行社计调和销售人员负责旅游团队全流程的沟通和操作。实际工作中,基于直接对客服务的销售人员提高沟通效率的现实需求,组团社的计调和批发商的销售是经常被忽略的。

2. 组团社预报计划

旅游线路经游客确认后,组团社首先向各地(段)的接待社预报计划。预报内容包括团号、人数、行程、抵离日期、抵离的交通工具、车次或航班、食宿要求等,请接待社确认行程和接待方案。

3. 接待社书面确认

组团社在发出计划之后,一般要求接待社尽快给予书面答复,逐条确认接待要求接待社确认行程和接待方案,并落实车(船)票和酒店住宿等方面的情况。如果有误或变更,必须及时更正并发出通知。

4. 组团社发起正式计划

在经过组团社与地接社之间针对预报计划的多次修正与深入沟通,并达成最终确认后,组团社会向地接社发送一份完整且详尽的正式旅游计划通知。正式计划的内容应当包括:发团确认书;团队行程、入出境地点和各项服务的标准等级及特殊要求;组成人员的情况,包括人数、性别、姓名、职业、宗教信仰、证件号码等;各站地接社名称、联系人与联系电话;交通工具状况和交通票据要求;确认团款和结算方式等。

5. 监督控制

在接待过程中,组团社应当对整个旅游过程进行监督控制。任何一个环节的失误都会影响组团社的声誉。组团社的监督控制主要是通过委派全程陪同导游人员(全陪)来实现的。全陪作为组团旅行社的代表,对旅游团队的全程活动负责,监督和督促地接社按照合同约定向旅游团队提供服务,做好各地之间的衔接工作,处理各类突发事件。

6. 回团相关事宜

团队返程后,组团社应向游客和全陪了解团队运行情况和接待社服务质量,并将相关情况与接待社沟通、反馈,确认最终账单并结清团款。

(二)"批—零"关系

"批—零"关系主要是旅游批发商和旅游代理商之间的供应关系。旅游批发商将从接待社采购的要素和服务加上自己采购的大交通资源,经组装设计后向旅游代理商(客源地旅行社)进行推介。旅游批发商会给予代理商旅游产品的"底价"(同行价或交接价),代理商在这个成本价的基础上再加上运营成本、利润等,销售给游客。市场上的散客拼团游是这种供应关系的主要表现形式,将从多家旅行社收到的报名同一款旅游产品的游客,交由某旅游批发商来集中发团。由于批发商在大交通等方面的优势和计调人员的操作惯性,很多组团社的包团客户也交由批发商操作。随着旅游批发商队伍的不断壮大及其地缘优势,组团社与接待社的合作逐渐减少。旅游批发商根据含全陪/不含全陪,本地人独立成团/全国大散拼,客源地/目的地起止以及团费高低等标准开发多种产品体系。他们一般会与门店数量较多的旅行社总部签订供应商合作协议,获得"进场券",同时积极服务总部旗下的门店。有时旅行社会根据市场研判,全部或部分"买断"门票等接待资源或玩乐项目,然后向其他旅行社渠道推广,这也是批零关系的一种。

鉴于出境游产品本身的高门槛特性,旅行社在从事出境游业务时,长期以来主要依赖"批发—代理—零售"的供应关系模式运作。在这一模式下,出境游批发商的角色多由位于北京、上海、广州、深圳等具备口岸优势地区的旅行社企业担任,典型代表包括北京众信、上海春秋、深圳海外国旅等。赴港澳旅游产品的批发商主要是各省级行政区域内具有相关资质和优势的旅行社,在本地区形成批零销售体系。2010年,原国家旅游局实施《关于试行旅行社委托代理招徕旅游者业务有关事项的通知》,允许不具备出境旅游资质的旅行社为其合作的出境组团社代理招徕出境游游客,这加速了出境游"批—零"供应体系的形成。

在批发类旅游产品的实际运行过程中,不同旅行社招徕的游客一起完成旅游过程,游客有较多沟通交流机会,旅游代理商经常面临向游客解释收客价格不同的困扰,甚至可能有同团不同价的经营风险。为此,旅游批发商往往会强调旅游产品统一的市场卖价,代理商采取与游客签订价格保密协议、尾单特价告知书等方式尽量避免纠纷。

(三)直接采购(直接供应)关系

旅行社,特别是地接社经常需要直接采购酒店、交通、餐饮、门票等接待要素,并和购物商店、旅游演艺等企业达成合作。以组团为主要业务的旅行社也会涉及本区域内旅游接待以及玩乐项目等方面的采购,满足其代订酒店、门票、车票等单项委托业务的需求。旅游批发商经常要采购大交通资源,有时还会涉及目的地的碎片化资源。大多数旅行社是和本地区与其接待客源相匹配的景区景点、旅游餐厅、特色餐饮店,酒店、民宿客栈、购物商店等签订合作协议,约定协议价格、结算方式、奖励政策等。例如,广之旅为响应国家"国民旅游休闲计划"自2008年发行的"自游通卡",其定位就是打通旅游供应链条,合作商家也都是围绕吃、住、行、游、购、娱等旅游产业。从全国范围看,不同地区的景区对旅行社的采购政策有较大差异。总体来说,旅行社在预订高等级、含金量高的景区门票方面几乎没有优势,市场认知度较低的冷门景区会给予更好的采购政策。机票方面,旅行社主要是通过航空公司、代售点等申请团队机票获得价格优势,各家航空公司对团队机票的起订人数、出票率、出票时点、折扣政策等有不同要求,团队机票一般不支持退改。旅行社在火车以及动车、高铁票预订方面基本没有明显优势。旅游批发商经常通过包机、专列、包场、包销等批量采购的方式获得更大竞争优势。

信息技术的发展使得航空公司、酒店、景区等高标准化资源提供方日益重视直客销售渠道,很多企业通过官网、微信小程序、OTA以及其他生活服务类平台、社交平台自主销售产品。随着酒店联营和计算机预订系统的发展、航空预订系统向各领域的拓展以及新型旅游代理商所表现出来的优势和潜力，销售方式的多样化削弱了旅行社和供应方进行谈判的优势。当然，游客接待量大、市场占有率高、品牌影响力强的旅行社仍然在直接采购中有更大主动权。

在实际业务运营中，旅行社普遍利用旅游B2B平台、订房中心及订票中心等第三方服务渠道，进行旅游线路规划、资源调配、接待要素整合及服务采购等活动。这些操作均是在上述三种供应关系的框架内，通过商业模式或技术手段的创新来实现的。

第二节　旅行社供应链管理

一、旅行社供应链管理的重要性

旅游供应链管理是对贯穿从最终用户到原始供应商的关键商业流程的整合，这些流程为客户以及其他利益相关者提供能够创造价值的产品、服务和信息。供应链管理在制造业和物流业中应用广泛。虽然旅游业是服务业，旅游产品具有特殊性，但同样可以运用供应链管理这种理念和模式。

旅游供应链管理（Tourism Supply Chain Management，TSCM）指通过有效协调旅游供应链中各个企业之间的关系，优化企业的各种运作和决策，从而实现供应链中各个企业以及供应链整体的长期和短期目标。其实质是以游客满意为最高目标，以市场需求的拉动为原动力，把供应链中所有节点企业作为一个整体进行管理，强调企业之间建立共担风险、共享利益的紧密关系。主要目标是让旅游产品和服务尽量贴近实时需求、满足潜在需求，缩短研发时间、提高供应效率，减少采购、库存、沟通、交付等环节的成本。主要方法是对服务流程、实物流程和资金流程进行设计、执行、修正和不断改进，利用信息系统优化供应链的运作。

旅行社的供应链管理不仅关系游客的满意度、企业的健康发展，也是合法合规经营的必然要求。在涉及多种角色、多个企业的供应链条中，旅行社必须为游客选择合格的供应商。《中华人民共和国旅游法》第三十四条规定："旅行社组织旅游活动应当向合格的供应商订购产品和服务。"《旅行社条例实施细则》第三十八条明确规定："旅行社招徕、组织、接待旅游者，其选择的交通、住宿、餐饮、景区等企业，应当符合具有合法经营资格和接待服务能力的要求。"

在电商时代，传统供应链环境发生了变化，用户需求趋于核心主导地位，改变了旅行社传统的运营模式。旅行社只有加强供应链各环节的联系，实施精细化的供应链管理，充分发挥整体协同作用，紧跟市场前端，主动对接需求，才能快速提供解决方案，实现按时保质交付。

二、旅行社供应链的发展趋势

在定制游、小包价、碎片化预订等趋势的驱动下，传统旅游供应链正向着更敏捷、更智能、更柔性的新零售模式转变。在出游方式多元化、内容需求碎片化、决策时间缩短化的趋势下，从资源端到客源端的传统批零体系正受到挑战，因其链条长、反馈慢而制约了对需求的响应速度和创新能力。供应链正从隐藏于企业运营背后的坚实支撑，外显为一种端到端的服务能力。以往，供应链环节对消费者而言较为隐形，因为消费者主要接触的是分销的产品和服务，难以直接感知到企业背后的供应链运作。然而，随着市场变化，消费者如今能够享受到快速交付的服务，如上午订购的产品下午即可使用，或是能在出行前即时咨询旅游定制师，这些即时服务体验的背后，正是以新型供应链高效运作为支撑的。若企业无法迅速响应并满足这些即时需求，则可能面临消费者投诉甚至流失的风险。

供应链正经历着向更"短"更"宽"发展的演变趋势。其中，"短"化趋势主要归因于行业内的去中介化和去中心化过程，这体现在航空公司、酒店、景区等旅游服务供应商纷纷开展直销活动，以及平台和下游企业对资源直接采购需求的增加，它们共同推动了旅游供应链的短链化发展。在这一趋势下，部分传统企业因无法适应而遭淘汰，同时也有新兴企业凭借其灵活性和创新性成功进入市场。而"宽"化趋势则表现为在供应链缩短的过程中，越来越多的新业态主体加入供应链条中，特别是资源端的供给方面，尤其是在产品研发与内容生产领域，这些新主体的加入使得短化后的供应链在内容上更加丰富多元，具备更高的丰度。当前，旅游行业的信息传播与交易过程已不再局限于传统的纸媒、传单、彩页以及门户网站等渠道，而是呈现出更加多元化的发展态势，有企业微信、小程序、H5网页等传播和服务技术，有OTA和UGC模式、PGC模式等旅游平台，有美团等生活服务平台，还有抖音、小红书等短视频分享平台。随着生产与消费边界被打破，供应链从原来的单向度向着价值共创的方向发展，在共创共赢的导向下，生产者和消费者都不是核心，又都是核心。

DTC模式（Direct to Consumer）的广泛应用，不断缩短旅游的供给链条，提升旅游服务的响应速度。DTC有互联网基因，不同于传统旅游产业层层分销的产品和服务体系，DTC让这个链条变得极短。企业不仅可以作为别人价值链的一环提供产品和服务，更可以成为一个销售中心，以消费者为终端进行生产、销售、营销传播、售后服务和体验等活动。在传统旅游供应链上的每个角色，无论是上游资源供应商、批发商，还是组团社、地接社等都在或多或少地越过某些中介角色，试图直接接触消费者。以批发商为例，旅行批发商作为链条上游的节点，受航司直销、国际关系波动等因素影响，经营风险不断加大，尤其专线型批发商受国际政治局势的影响会更明显，其可以成为平台的供应商，但也会面临平台直采的替代风险。因此，众多批发商积极探索新的运营模式和自身定位,有的寻求与平台的紧密合作,有的寻求向零售端的延伸,有的寻求自身研发能力的提升。

第三节 旅行社服务商管理

一、旅行社的供应商

(一)住宿服务

作为旅行社产品的重要构成内容之一,住宿服务主要满足旅游者旅行过程中休息睡眠的需要。旅行社能否通过旅游采购活动获得旅游者所需要的住宿服务,在一定程度上反映了旅行社的接待能力。旅行社计调人员应该通过自己的工作,为旅游者提供满意的住宿服务,保证旅游者在旅游过程中得到良好的休息条件,以充沛的体力和精力进行旅游活动。在保证住宿服务供给的同时,计调人员还应该尽量降低采购的成本和服务的价格。

(二)餐饮服务

在旅游活动中,旅游者对餐饮服务的卫生与安全高度关注。旅行社为确保餐饮质量,常采用定点采购策略,即经过细致考察与筛选,与选定的餐饮企业协商,明确游客用餐特点及标准,并要求提供详细菜单。双方达成一致后,确立合作,指定这些餐饮企业为旅行社的固定就餐点。

(三)交通服务

交通服务向来在旅行社产品构成中占很大比重,做好交通服务采购对旅行社的经营具有重要作用。旅游交通服务采购业务主要包括航空交通服务采购、铁路交通服务采购、公路或水上交通服务采购等。当然,在进行交通服务采购时,还需注意:一是无论采用何种交通工具,安全、便捷和迅速是一个基本标准;二是选择交通服务工具必须尽可能直达旅游目的地;三是要尽心做好交通枢纽与旅游目的地的衔接工作。

(四)参观游览项目

游览项目服务是旅游过程中的核心服务产品,直接关系游客对整个旅游行程的心理印象和满足程度。计调部门需与服务单位就结算、票价、停车费及结账等事宜深入洽谈,并签订正式协议与经济合同,以保障服务质量与双方权益。此项采购的关键是就价格和支付方式达成协议。对于一些特殊的参观点,比如工厂、民宅等,应征得被参观对象的同意,并力争取得支持与配合。采购的参观游览项目在结算时要注意结算用的单据上必须有导游的签字,否则无效。

(五) 接待服务

接待服务采购是指组团旅行社向旅游目的地旅行社采购接待服务的业务。组团旅行社应根据旅游客源市场的需求及发展趋势,有针对性地在各旅游目的地旅行社中间进行挑选和比较,选择适当的旅行社作为地接社。一般信誉良好、接待能力强、合作愿望真诚、价格收费合理的地接社是组团社理想的合作伙伴。

(六) 购物服务

鉴于旅游者追求新奇与独特的心理需求,购物服务的采购应着重考虑商品特色鲜明、兼具综合服务功能及高质量等要素。因此,符合上述标准的诚信旅游购物商店,可被视为理想的旅游购物定点商店。

二、供应商的作用

(一) 保证旅行社的服务产品供应

旅行社通过各种服务项目的采购,向旅游者提供其在旅游途中所需要的各种服务,是旅行社在其采购业务中所必须遵循的首要原则,也是旅行社进行旅游服务采购的根本任务。由于旅行社向市场上提供的旅游产品中的绝大部分服务项目是由其他旅游服务企业及协作单位提供的,因此,旅行社能否满足旅游者的各种需求,很大程度上取决于旅行社能否采购到所要的各种服务项目。

旅行社在向旅游消费者预售其产品时,一般都已经非常明确地说明该产品中所包含的服务项目的内容、范围,并且规定了服务项目的数量和等级。一旦旅行社不能按时从相关的部门或企业获得已经预售出去的产品中所包含的服务内容,也即不能对旅游者完全兑现先前做出的承诺,必然会导致旅游产品消费过程的断裂,从而引起旅游者的不满、投诉,乃至索赔,其结果将给旅行社造成严重的经济损失和信誉损害。由此可见,只有在旅行社采购工作得力的前提下,保证及时准确地向旅游者提供所需的服务项目,旅行社的声誉、生存与发展才有保障。

(二) 降低旅行社产品的经营成本

旅行社是通过为旅游者提供服务而获取经营利润的。而在旅行社的产品成本中,直接成本占大部分,显然,旅行社能否获利及获利的多寡,取决于其对外采购的服务项目的价格。换句话说,旅行社采购的服务项目的价格越高,其获利就越低;采购的服务项目的价格越低,旅行社的获利就越高。

(三) 增强旅行社的市场竞争力

在旅游市场,决定旅游者购买旅游产品的一个重要因素就是产品的性价比。如果旅行社能够以较低的价格购买到各种服务项目，那么其旅游产品的市场吸引力就必定比其他旅行社大一些，也就是可以吸引更多的旅游者；反之，旅行社产品的市场吸引力就可能弱些，就可能失去许多旅游者。旅行社市场经营活动的成功与否，在很大程度上直接受到其采购的各种旅游服务项目价格的影响。

目前，我国旅行社行业在整体上已进入微利时代，旅行社行业内部的竞争日趋激烈，企业利润率呈不断下降的趋势。在这样的行业大背景下，不断降低对外服务项目的采购价格，无论是对旅行社增加经营收入，还是保持有效的市场占有率，都将具有更加重要的意义。

三、旅游供应商采购网络的建立

（一）与交通运输业的合作

旅游活动的基础是实现旅游者在空间上的位移。没有交通服务，旅游者就无法在旅游活动过程中真正实现空间转移。因此迅速、舒适、安全、方便的交通服务是旅行社产品不可或缺的组成部分，并对旅游日程的实施、旅行社的信誉产生至关重要的影响。与旅游活动密切相关的交通服务主要包括客源地与各旅游目的地之间大尺度的交通服务和旅游目的地内部的小尺度交通服务。所以旅行社必须与包括航空公司、铁路部门、水上客运公司和旅游汽车公司等在内的交通运输业建立密切的合作关系，并争取与有关的交通运输业建立服务代理关系，经营联网代售业务。可以说，旅行社与交通运输业的合作对双方都有利。旅行社可以为交通运输业带来稳定的大量顾客，这对于交通运输部门这样的高固定成本的企业具有至关重要的意义。与此同时，旅行社可以凭借与交通运输业的长期合作以及大批量的购买获得优惠的市场价格，降低旅行社产品的经营成本。

（二）与住宿部门的合作

酒店住宿服务是旅行社产品的重要组成部分。对旅游者来讲，酒店住宿服务有三个作用：一是为奔波疲劳的旅游者提供舒适的休息环境；二是为旅游者提供可口的餐饮；三是为旅游者提供娱乐的场所。因此，酒店清洁舒适的环境和热情周到的服务能使旅游者获得宾至如归的感受。而旅行社如果不能依照原先的承诺安排酒店住宿，或者安排的酒店服务不符合旅游者要求，将直接影响旅游产品的质量。从这一意义上讲，旅行社必须与住宿部门建立长久、稳定的合作关系，以保障旅行社服务产品质量的稳定性。

（三）与餐饮部门的合作

餐饮服务是旅行社为旅游者提供的所有服务项目中最为敏感的一个因素，也是旅游采购中相当重要的一环。在现代旅游活动中，餐饮服务不只是作为辅助性的旅游服务项目，有时甚至是旅游服务的主题项目，如越来越受到旅游者欢迎的美食旅游活动就是一个典型的例子。对旅游者来说,用餐既是生理活动的需要,又是旅游活动中领略旅游目的地民俗风情的重要载体,还是大饱口福的享受过程。在与餐饮部门进行合作时,旅行社应高度重视餐馆的环境卫生,重视饭菜的色、香、味、形,关心餐饮的品种以及客人口味,关注服务人员的举止与装束等。

(四)与参观游览部门的合作

参观游览服务项目是旅游者进行旅游活动最基本和最重要的内容。具有特色的人文旅游资源、自然旅游资源以及其他各种旅游吸引物构成了旅游者购买旅行社产品的重要动因。旅行社应该将旅游目的地最具特色、最新开发的各种旅游资源组合进自己的产品中去,这就决定了旅行社与各游览参观单位的合作关系特别重要。

(五)与购物场所的合作

从旅游的传统视角来看,购物活动虽非旅游者的基本需求,但在现代旅游中,其影响力显著增强,已成为旅游体验中不可或缺且多姿多彩的一环。随着旅游者购物兴趣的日益增长,"旅游购物活动"已逐渐演变为流行的"购物旅游活动"。在现代旅游实践中,几乎所有旅游者都会参与购物,且在国际旅游市场中,购物支出普遍占据旅游总消费约40%的比例,凸显了购物在旅游活动中的重要性。

对旅行社而言,在与购物场所建立合作关系中需要注意以下几个方面:一是选择合适的购物场所,优化旅游者的时间分配;二是选择具有良好市场信誉的购物场所,规避旅游者可能遭受的不必要的经济损失;三是严防旅行社服务人员与不法商人勾结,将购物环节转变为坑害旅游者利益的陷阱。

(六)与娱乐部门的合作

娱乐活动是旅游活动的六大要素之一。随着现代社会经济文化水平的提高,娱乐需求已经成为人们日常生活的重要组成部分,因而娱乐活动在整个旅游活动过程中的重要性在不断提升。在旅行社安排的旅游活动中,娱乐活动具有以下两大作用。首先,在现代旅游中,增长知识、了解旅游目的地文化艺术已成为旅游者日益普遍的需求,而娱乐活动正是旅游者了解和认知异质文化的一个重要途径。其次,旅游途中的娱乐活动通常被安排在晚间,与白天旅游者到处奔波的动态参观游览活动相比,具有相对的静态活动特点。从旅游活动的形态组合上看,一动一静相得益彰;而从旅游者的生理和心理角度讲,晚间观看文艺演出活动,不仅可以消除白天参观游览的疲劳,而且丰富多彩的艺术类型和精湛的表演技艺,可以使旅游者获得赏心悦目的感受。当然,旅行社既要与娱乐部门保持良好的业务合作关系,也应要求娱乐演出部门适度调整演出节目的生命周期,以增加吸引力和可看性。此外,旅行社在娱乐活动安排时,要随时了解新演出节目的上演时间、价目、节目内容等,使活动的编排更适合旅游者的需要。

（七）与保险公司的合作

旅游保险是指对旅游者在旅游过程中因发生各种意外事故，造成旅游者人身伤害或财物损失时，给予旅游者以一定的经济补偿的制度。根据我国《旅行社条例》的有关规定，旅行社组织旅游活动时，必须为旅游者办理旅游意外保险。旅行社与保险公司进行的业务合作，不仅成为旅行社顺利开展旅游活动、使旅游者免受不必要利益损失的重要保障条件，同时也有利于旅行社减少因灾害、事故造成的经济损失。

（八）与相关旅行社的合作

在旅行社业务活动中，自组团和横向团是其中两项互为补充的重要内容。组团旅行社为安排旅游团（者）在各地的旅程，需要各地接团旅行社提供相关的接待服务项目，从旅游市场的运作规律看，这就是一种旅游服务项目的采购行为。任何旅行社无法也不可能安排好旅游者的一切旅游活动，满足旅游者的所有需求。因此组团社必须与各旅游目的地的相关地接社建立有效的业务合作关系，作为旅行社自身业务的必要组成部分。

总之，旅行社结构和旅行社产品特点决定了旅行社业务合作的广泛性。旅行社与各种服务项目的供应商之间的关系是经济利益关系，这种业务合作关系的核心是双方的互惠互利，是形成旅行社与其他旅游经营企业和相关部门之间双赢的市场格局。当然，这一切只有在法律关系的制约下才能生效，才能成为旅行社协作网络稳定、健康发展的基础。

四、采购管理

旅行社在进行对外服务项目采购的过程中，必须处理好三大关系，即保证供应与降低成本、集中采购与分散采购、预订与退订等关系。

（一）处理好保证供应与降低成本的关系

保证供应和降低成本是旅行社服务项目采购过程中始终存在的一对矛盾的两个方面。随着旅游市场环境的不断变化，两者的主次地位也处于不断的变化之中。因此旅行社要根据不同的情况，针对矛盾主要方面所起的作用，采取不同的市场策略，以维持两者的相对平衡。

对旅行社而言，购买相关服务项目的难易程度会随着季节、节假日、空间距离等变化而波动。从旅游市场竞争规律看，当某种旅游服务供不应求时，哪家旅行社能获得它，谁就能在市场上拥有更强的竞争力。例如，在黄金旅游周期间，当航空运力十分紧张时，购买足够多机票就是矛盾的主要方面。如果旅行社能够得到比别人更多的机票，也就意味着可以安排更多的旅游团，接待更多的旅游者，从而获得高于其他旅行社的经营利润。在此情况下，保证航空服务项目的供应是矛盾的主要方面，降低经营成本则是矛盾的次要方面。旅行社为了获得紧缺的机票，即使比别人支付更高的价格也是值得的。而在旅游淡季,当各种服务项目出现供过于求的市场现象时,降低经营成本便会上升为服务采购活动中矛盾的主要方面,保障供应降为次要方面。此时,旅行社应致力于获得最便宜的服务项目价格,通过降低成本来增加企业的市场竞争力,以获得更多的利润。总之,旅行社在服务项目供不应求时,应以保证供应为采购的主要策略;在供过于求时,应以降低成本为采购的基本策略。

(二)处理好集中采购与分散采购的关系

旅行社是旅游中介组织,它把旅游者的需求集中起来向旅游服务供应企业采购。由此,在旅游服务项目的采购中形成了集中采购与分散采购的矛盾。在服务项目供过于求的情况下,按照服务项目采购的一般规律,旅行社服务项目的集中购买获得的是市场批发价格,低于旅游者自行购买服务项目的零售价格,而且服务项目购买量越大,价格也就越低。因此旅行社应该采取集中采购的方式,以增强在市场采购方面的还价能力。

所谓集中采购有两层含义:一是把旅行社所需的各种服务项目的采购订单集中起来,通过一个渠道对外采购;二是将某种集中起来的服务项目向指定的一到两家供应商进行集中采购。但是在供不应求的市场条件下,旅行社改用分散采购的方法可以降低市场采购的风险,可能更容易获得旅行社产品组合所需的服务项目。这是因为对旅行社来讲,集中采购数量虽大,但远期预订较多,而远期预订往往因旅游者的不确定性行为,会产生较大的水分率(即取消率)。在这种时候,旅行社可以采取两种策略:其一,与服务项目的供应商商定适当的数量折扣,而不论今后的实际采购量如何;其二,采用分散、分段采购的方式,以降低集中采购可能带来的价格压力。需要指出的是,对广大的中小型旅行社来讲,利用集中采购来降低服务项目的市场价格通常难以做到,所以在自愿基础上组织起来,成立某种形式的采购联盟,不失为增强产品市场竞争力的有效方法。

(三)处理好预订和退订的关系

从目前情况看,大多数旅行社产品的买卖都属于预约性市场交易行为。旅行社一般是参照前几年实际的业务接待量,并根据对来年客源市场的预测来确定服务项目的采购数量,另外旅游者个人因素也是一个极为不确定的因素。这就必然会带来一个现实问题,即计划采购量和实际采购量之间总有差距。反映在交通服务、住宿服务等方面,如果实际采购量低于预计采购量,旅行社就要临时退订;如果实际采购量高于预计采购量,旅行社就要增订。而旅行社的麻烦是,按照旅游市场采购服务的游戏规则,无论是退订还是增订,旅行社都将支付一定的惩罚性费用,尤其是在退订服务项目上,有时罚款高达100%。由于旅游活动的变化具有不可预见性,所以对旅行社来讲,退订的期限越晚越好,增订限额越高越好。而对服务项目的供应商来讲,正好相反。要处理好两者的关系,旅行社必须尽最大可能降低服务项目需求变动的幅度,确立良好的市场信誉。此外,旅行社需增强与服务项目供应商的沟通协作,争取对方的理解与配合,以确保退订与增订费用的调整保持在合理区间内。

第四节 旅行社产业关系管理和客户管理

一、产业关系管理

(一)合作关系

在旅游需求日益丰富、出游方式更加多元的今天,没有一家旅行社能够囊括旅游者需要的所有产品和服务,每家旅行社都有其独特的市场定位、资源优势和发展之道。

因此,旅行社之间存在着多种多样的合作关系,集中表现就是同业客户关系。旅游批发商与分销商、零售商之间,组团社和地接社之间都是同业客户关系的表现形式。很多旅行社在向批发商采购打包旅游产品时,也可以采购批发商的部分优势资源,开发自主(专属)旅游线路,这些合作其实就是我们在供应链和供应商管理部分探讨的内容。

概括来说,同业客户关系管理应从做好服务、加强管理两方面着手。做好服务主要是与同行客户建立有效合作机制,保持畅通的沟通和信息反馈渠道,利用自身产品和服务领域的专业知识、销售工具和技术更多赋能销售终端。加强管理主要是根据同行客户的业务量、付款/结账条件、业内口碑和信用等对其进行分类、分层、分级,实现动态管理。同业合作中,供应商应特别注意加强应收账款管理,减少和避免发生坏账、呆账、死账,不少旅行社因大量三角债导致破产倒闭。组团社、分销商、零售商应该加强应付账款的管理,要按照合作协议的规定做好财务计划、及时付款,否则会影响后续合作和商业信誉,甚至被诉诸法院、列入"黑名单"。

在疫情期间,携程旅游推出针对供应商合作伙伴的"同袍计划",通过启动旅游复兴"V计划"预约未来旅行,董事长梁建章联合网红、明星为平台供应商直播带货以及通过"携程大学"App开放部分课程等,这些都是对同业客户关系的加强和维护。

(二)竞争关系

在地理分布、细分市场或产品类型等方面具有相同或相似经营业务范围的两家及以上旅行社相互成为竞争者。例如,两家旅行社在经营业务上同是探险旅游,或者都组织北京白领的周末香港购物游,那么这两家旅行社就构成竞争者的关系。

旅行社首先面临来自其他同行的竞争。由于同处一个行业内,所提供的旅游产品或服务具有同质性,旅行社与其他同行业者存在天然的竞争关系。这种竞争主要表现在对市场份额和买方的争夺、价格博弈、相关资源和信息的排他攫取等方面。目前，我国旅游企业数量庞大，全国有4万多家旅行社，但是没有一家处于绝对垄断地位。旅游行业的整体门槛比较低，行业和渠道的限制要求并不难达到。由于旅游产品"先购买后体验"的特性，用户购买产品时往往不容易辨识不同服务商的差异，所以旅行社之间的竞争也愈加激烈，最直接的后果就是价格下降、利润更薄。

首先，旅行社的竞争更多地侧重传统的资源售卖模式，这种模式导致竞争往往从资源控制开始，到价格优势结束。虽然市场很大但很多旅行社集中于几个目的地甚至几个产品来销售，再加上在资源控制方面的激烈竞争，常常出现多级分销、互相压价的情况，竞争极其惨烈。旅行社普遍认识到行业长期存在的这些问题，积极探索在专业技术、优秀人才、创新产品等方面形成竞争优势。

其次，也面临与OTA的竞争，虽然传统旅行社和OTA各具优势，其实现阶段的竞争是全方位的，主要是因为已经没有纯粹线上旅游或线下旅游。从OTA诞生之日起，信息获取方式和价格的竞争就普遍存在。随着在线旅游增长天花板的出现，更多的OTA开始强化产品研发、资源垄断等方面的优势，还在积极地布局线下渠道。传统旅行社也在通过自建平台、第三方服务等方式加强线上服务能力，不断转型升级。

最后，还面临与旅行相关企业的竞争。旅行社的竞争不仅局限在传统旅行社、OTA之间，旅行服务相关的行业企业都可能切入旅行服务赛道。曾经还有很多业内人士讨论OTA是不是旅行社，而今天可能没人能否认OTA是旅行服务的重要力量。大家在质疑户外俱乐部、驴友会等组织旅游的合法性的同时，已有很多定位于此类特色旅游的旅行社成立，个别企业还获得了资本市场的青睐。同样，针对义务教育阶段"双减"政策的实施，更多教育培训机构开始进入研学旅行市场。从实践来看，相关行业企业的竞争者往往带有该行业的专业技术，在细分领域有更大的创新空间。

竞争是相对的，竞争意味着各具优势。因此，竞争企业之间往往存在着优势互补资源共享的合作空间，竞争与合作并存才是同业关系的常态。

二、客户关系管理

（一）旅行社客户关系管理的内涵

客户关系管理（Customer Relationship Management，CRM）产生于传统的客户接触和客户服务，是一种旨在改善企业与客户之间关系的新型管理理念，最早由美国的Gartner Group提出，指的是企业以客户为中心对企业客户资源进行整合，通过完善的客户服务、深入的客户分析、人性化的服务程序来满足客户需要，最终实现客户核心利益和企业价值最大化的一整套先进的经营理念、管理方法和解决方案。客户关系管理具有非常丰富的科学内涵。

第一，客户关系管理是一种管理理念，其核心思想是将企业的顾客作为最重要的企业资源，通过完善的客户服务和深入的客户分析来满足市场需求，保证实现客户的核心价值。

第二,客户关系管理又是一种旨在改善企业与客户之间关系的新型管理机制。它实施于企业的市场营销、服务与技术支持等领域,向企业的销售、市场和客户服务人员提供全面、个性化的客户资料,并强化跟踪服务、信息分析的能力。一方面,客户关系管理可以使企业提供周到、快捷的服务,提高客户满意度,增加市场份额;另一方面,则可以通过资源共享和优化业务流程来有效地降低企业成本。

第三,客户关系管理也是一种技术管理。它将先进的营销理念和信息技术紧密结合在一起,为企业的产品销售、售后服务和决策支持等提供解决方案。

(二)旅行社的客户结构

旅行社的客户关系管理指管理者以顾客为中心,对旅行社拥有的客户资源进行分析和整合,以更有利可图和更有效的方式识别、维护和开发高价值旅游者,从而使客户利益和旅行社利益最大化的活动。客户关系管理的主体是旅行社的营销经理和总经理,对营销经理来说,客户关系管理能加强内部管理,避免由于人员变动而引起的客户资源流失,便于实施营销计划,并可以对客户信息迅速做出反应;对总经理来说客户关系管理的目标是贯彻旅行社现有的管理制度,实时掌握企业全面的运营信息和有效控制成本。

根据旅游购买决策的单位、购买频度和旅游者购买时对旅行社偏好的不同,可以将旅行社的客户结构分为不同的类型。

1. 旅游者和组织机构

按照旅游购买决策单位的不同,旅行社的客户可以划分为旅游者和组织机构。这两种顾客的购买决策形式存在比较大的差异,应当区别对待。旅游者的购买行为是为了满足自身消费,具有随意性大、消费量少等特点。一般的组织机构,如企业、政府机构和行业协会、各种专业协会、社交性俱乐部和会议机构等,购买产品是为了组织内部消费。组织机构购买旅游产品具有批量大、价值高等特点,同时购买决策所需的信息多,决策时间长。旅行社产品推广人员对这部分市场应当密切关注,并且要分清楚组织中不同成员的作用,如旅行社产品的使用者、影响者、购买者、决策者和守门人等不同角色。

2. 初次购买顾客、再次购买顾客和多次购买顾客

按照购买频次的不同,可以将顾客分为初次购买顾客、再次购买顾客和多次购买顾客。按照市场营销学著名的"二八定律",在旅行社的所有客户中,20%的旅游者购买了其中80%的产品。等量消费者不能带来等量消费额,这三种类型顾客的比例对旅行社的市场业绩有重大影响。这就要求旅行社接待人员在平衡顾客要求时,应当根据其对企业的利益贡献能力确定等级,并区别对待。然而,对从事在线业务的旅行社来讲,传统的"二八定律"很可能被"长尾规律"所打破。因此应认真识别企业自身的业务性质与客源结构,进行有针对性的客户关系管理。

3. 新顾客、忠诚顾客和游移顾客

按照购买时对旅行社偏好的不同，顾客可以区分为新顾客、忠诚顾客和游移顾客等。对企业而言，保持一定比例的忠诚顾客有利于经营的稳定。旅行社产品包括核心部分、基础部分、期望部分、附加部分和潜在部分，顾客关注的重点是核心部分——服务。新顾客指第一次和旅行社发生交易关系的顾客，由于服务具有无形性特点，新顾客只能通过产品的基础部分和附加部分，如旅行社的信誉、旅行社的等级和规模附加优惠等来判断产品核心部分的质量。忠诚顾客和游移顾客属于回头客。忠诚顾客和企业之间已经形成超越买卖关系之外的情感联系，所以对忠诚顾客的维护重点也应放在情感关系的维持上，让其感知到对等的忠诚。游移顾客会根据自身的判断确定性价比最优的产品，通常在旅行社进行优惠促销活动的时候购买。游移顾客容易被竞争对手用相同的促销方法拉走。

（三）旅行社客户关系管理的策略

1. 顾客分级策略

凡是和旅行社发生过交易关系的个人和组织都是旅行社的顾客，但是他们对旅行社的重要性却相差甚远。根据顾客对旅行社利润的贡献能力可以将其分成不同的等级从而给予不同的优惠政策。分级标准应当包括消费量、消费额、消费频度、消费等级，以及为旅行社创造的利润总额、利润率、顾客所在地区、推荐新顾客数量和结果等。根据顾客的规模和忠诚度，可以将旅行社的客户分为以下四类。

第一类是小规模、低忠诚度的客户。这类客户主要是小规模、易转移的散客旅游者，对旅行社来说管理成本高而盈利低。对于这类客户，旅行社没有必要进行针对性开发，只需维持现有关系即可。

第二类是小规模、高忠诚度的客户。他们数量虽少，但重复购买率较高。这部分旅游者对旅行社的产品和服务具有很高的忠诚度，由于分布较分散，旅行社需投入更高的营销成本以将其培育成大规模、高忠诚度的客户。旅行社可以通过实行会员制管理，以价格折扣、馈赠礼品和会员联谊等多种方式加强与这部分客户的沟通，以超值的产品和服务促使其市场规模的增大。

第三类是大规模、高忠诚度的客户。这类客户是旅行社最欢迎也最关注的消费者。一方面，因为这部分客户数量众多，因此具有很高的市场号召力和影响力；另一方面，较高的忠诚度也保证了旅行社可以在产品中融入附加值，获取更多的利润。对于这类客户，旅行社应极力保持其忠诚度，并促进其对市场的示范作用。具体方法包括为客户提供定制化产品、邀请客户代表参加旅行社的年会、主动登门拜访客户以征求他们对企业和产品的意见和建议等，最终实现旅行社和客户的双赢。

第四类是大规模、低忠诚度的客户。这类客户在市场中广泛存在，是旅行社需要争取的群体。他们数量众多，没有对任何一家旅行社产生有意义的忠诚度。对于这类客户，旅行社应该通过问卷调查和电话访谈等方法加强交流，及时发现未满足的旅游

需求，通过增强产品和市场的契合度来培养其对本企业的信任，争取他们向大规模、高忠诚度客户转化。

以上从顾客规模和忠诚度进行划分提供了客户分级的思路，旅行社实际操作中还是要根据业务情况和顾客价值综合衡量，制定适合企业自身的分级标准和操作办法。

2. 维持顾客策略

（1）定期研究顾客消费情况的变化。

国外的研究表明，在每四次或每四位顾客的购买中，会存在一次或一位顾客不满意的现象。旅行社通过开展对顾客满意情况的定期调查，可以了解消费趋势和顾客满意度的变化情况。例如，每周分析各类顾客的投诉情况，每月运用游客调查表对各类顾客进行抽样调查等，以便及时了解顾客消费情况的变化。

（2）了解旅游需求变化的原因。

一般来说，旅游需求的变化和消费转移的产生有两方面的原因。从主观方面来看，旅游者自身的原因，如可支配收入下降、居住地迁移、身体原因或者组织内部成员变动等，都有可能导致消费的变化；从客观方面来看，社会经济大环境的起伏、消费潮流的变化、来自其他旅行社的竞争和相关政策法规的出台，也会对旅游消费产生直接或间接的影响。通过市场调查了解到原因之后，应提出相应的解决方案。

（3）分析流失顾客。

旅行社应主动联系停止消费自己产品或转而购买竞争对手产品的顾客，尤其是其中的组织机构顾客，了解其改变消费的原因。例如，是因为自己的价格高了，还是因为自己的服务差了，或者是因为产品没有适应顾客需求的变化。在收集好有关顾客满意情况的数据后，旅行社工作人员应当客观、准确地分析这些数据。这会遇到许多复杂的问题。例如，两种不同类型的顾客对同样产品的满意度可能不同，一种属于要求不高型，另外一种属于难以取悦型。或者，当顾客知道一家旅行社要努力使顾客满意后，也有可能在本来满意的情况下故意表现出不满，其目的在于得到更多的优惠与让步。因此，对上述问题应该进行全面和仔细的分析，并采取适当的对策。在处理流失顾客时，除了实施挽留策略外，旅行社还需客观地将相关问题记录在案，涵盖流失的具体原因、所采取的应对措施以及这些措施的实际效果，旨在为后续的管理改进提供数据支持与参考。

（4）培育重要顾客。

重要顾客指知名度高的顾客、对旅行社有特殊贡献的顾客或多次购买本社产品的回头客等，这些顾客对旅行社而言是宝贵的财富。旅行社除了以优良的产品和服务满足重要顾客的需求外，还可以通过抽样调查和问卷的方式了解他们的要求，定期举行联谊活动，听取他们的建议和意见等。让重要顾客感觉到受重视是推动他们持续成为旅行社顾客的有效方法。具体而言，可以采取下列方法维持重要顾客的忠诚度。

第一，增加顾客的财务利益，给予优惠性奖励。对于某些忠诚的顾客，支付相同的价格可以享受更好的产品。最通常的做法是对经常购买的顾客或大量购买的顾客给予累计优惠和数量优惠。增加顾客财务利益的做法可以建立起顾客对旅行社产品的偏好，形成部分忠诚顾客。但是由于这类方法容易被竞争对手模仿，因此旅行社应当通过增加顾客社交利益的方法强化自己的竞争优势。

第二，增加顾客的社交利益，促进二次消费。通过了解顾客的需求，提供专门化与个性化的产品与服务，以此建立与顾客的良好关系。例如，旅行社为每一位组织机构顾客指定一位客户经理进行定期联系，详细了解顾客结构、成员特点和各种需求信息，熟悉负责人的相关信息。对于散客，则可以通过VIP会员俱乐部的方式加强影响。具体做法是，凡是消费额达到一定程度的顾客都可以申请成为旅行社的会员，每次旅游的消费额都给予奖励积分，积分达到一定程度可以给予实物奖励、免收部分费用、免费享受其他相关服务等。这种方法在航空公司和零售业中比较盛行，它们对这部分顾客实行会员制，开展积分返点或积分换购活动，促进会员的二次消费。

第三，与顾客建立稳定、便利的联系通道。通过提供通信设备、建立专门的客户联系机构和顾客建立稳定的联系，从实体上加强与顾客的关系。这种方式适用于组织机构顾客。很多旅行社通过与大公司和政府部门等建立固定的联系，甚至成为代理其旅行业务的常设机构。还有一些旅行社在互联网上设立自己的主页，能够进行及时的促销活动和双向沟通。

(5) 重视顾客参与和共同创造。

传统营销中的交易重心是有形的商品，然而，全球化、网络化、高新技术的发展以及消费者角色的不断变化，使得营销从产品导向转向了以无形的交易过程和交易关系为核心的服务导向，这一导向提出：商品只是价值创造的媒介，顾客是服务的共同创造者。顾客参与旅行社服务创新是提升旅行社服务质量、优化顾客体验，塑造忠诚顾客的重要途径，顾客共同创造(Co-creation)是顾客参与的一种提升模式。旅行社提供给顾客参与服务生产与传递过程的机会，这意味着在企业与顾客之间存在强烈的互动行为，双方会进行充分有效的沟通与交流。这有利于创造高效的顾客需求反馈渠道提高顾客满意度，培养顾客忠诚；也有利于旅行社设计更为符合市场需求的产品与服务。顾客参与和共同创造意味着旅行社未来可以通过更好的服务质量、定制化服务和提高控制感等三方面提升顾客的经济价值，这对旅行社进行客户关系管理以及规划未来的长远发展有着重要的意义。例如，上海春秋国旅通过实施"啄木鸟"工程，主动邀请参团游客提出反馈与建议，以此作为提升服务质量的一种方式；同时，"bikego玩不够"则启动了"共创大使"计划，积极鼓励游客参与旅游服务和体验设计的优化过程，这两项举措均体现了旅游企业在提升顾客满意度和管理创新方面的积极探索。

(6) 从"服务顾客"变为"运营顾客"。

随着市场细分越来越明显，小众市场不断涌现，获客成本不断攀升，服务好顾客只是旅行社应做到的最基本的层面，如何维系并做好运营，有效地管理其全生命周期价值，是旅行社应思考的重要问题。旅游服务以人与人之间的直接接触作为服务传递的主要方式,在此过程中构建的服务人员与游客之间的情感关系,是超越一般商业交易范畴的更深层次关系,这种关系往往伴随着更高的信任度和忠诚度。基于对个人品牌的信任而出门旅行逐渐成为常态,加之公域平台的获客成本不断提升,私域流量成为旅行社争夺市场份额的重要领域。越来越多的旅行社通过公众号、微信群、小程序等沉淀客户,以多次合作建立的信任为基础,以人与人之间的情感连接为触手,与客户建立稳定的伙伴关系,使得这些客户成为自己可以掌握的流量。相比于公域流量平台,这些客户属于旅行社的私有资产,可以反复利用,无须付费,又能随时触达,兼具转化效果和品牌积累的优势。一些旅行社通过付费会员制的方式运营客户,以此对存量流量进行持续的精细化运营。

在客户关系管理理念的指导下,旅行社通过客户价值分类、有针对性的市场营销、贴心的游程管理和售后跟踪服务,能够向旅游者提供更加个性化的产品,从而提高旅游者对旅行社的满意度和忠诚度,在市场竞争中获得可持续发展。

本章思考题

1. 旅行社的供应链有什么变化和趋势,导致这些变化的原因有哪些?
2. 针对现阶段旅行社供应链的变化,政府及主管部门可以提供哪些支持或进行哪些引导?
3. 旅行社的采购权应该如何分配,是否需要设置专门的采购部门或岗位?
4. 根据你对旅行社行业的了解,对旅行社的客户关系管理有什么建议?
5. 学习本章内容后,你认为在旅行服务行业有哪些创新创业机会?

延伸阅读

国际知识链接

Note

第八章
旅行社服务管理

本章概要

传统旅行社利用信息和服务将旅游要素进行组合然后卖给消费者。这种经过旅行社组合的产品变成旅行社的售出成品,其中服务是主要内容。本章的要旨是分析旅行社服务的特性和管理的方法,利用服务管理的知识解析旅行社服务项目管理的各项内容,利用实践中的例子找到优化服务质量的方式和途径,以期增强旅行社的盈利能力。

大量客群寻求面对面服务,旅行社线下门店归来

快速升温的旅游行业,究竟复苏到怎样的程度?2023年6月同程旅行"国民旅游新势力"发布会透露的信息显示,一季度以来全国旅游收入、旅游人次恢复趋势非常好,旅游收入已达2019年同期的97.7%,旅游人次还略有差距。大街小巷的旅行社门店、专线商店快速回归。为此,同程旅行宣布启动线下门店加盟计划。

整个旅游行业的复苏走在健康的轨道上,在某种程度上甚至超出业界预期。比如,2023年4月国内民航的客运量已超过2019年的同期水平,住宿行业也出现量价齐升的状态。

从消费客群和出游方式的变化看,银发族成为今年市场复苏的重要推动力量。银发族目前是旅游机构服务的主力人群,旅游度假尤其是国内长线游需要有钱有时间,许多银发族符合这一条件。旅游市场另一个主力是"80后",他们中绝大多数人都有孩子,节假日会带着孩子、家人出去旅游。"Z世代"则引领着度假产品新玩法。

同程旅行副总裁坦言,旅游行业常说的在线交通、在线住宿、在线度假都是万亿元级市场,但度假的线上化率是最低的,只略高于10%。究其原因,度假是个组合产品,涉及吃、住、行、游、购、娱等要素,游客直接在线上完成这样一个组合订单的复杂性很高,通常需要销售或人工服务介入才能最后完成订单,长线游产品更是如此。为了适应市场变化、满足游客需求,同程旅行首批线下加盟门店陆续在上海、江苏、浙江等省市落地,力求实现游客与旅游从业者的面对面交流。许多人印象中去旅行社门店的多是银发族,这样的情况也在改变。2023年1月至5月,旅游度假跟团的用户中,35岁以下的年轻人占比明显超过疫情前水平。

如今,一些通过社群运营吸引到的年轻客群,也会前往社区附近的旅行社门店寻求面对面服务。旅游行业人士认为,大平台推进的"线上+线下"布局,以及新一轮数字化浪潮带来的技术红利,将令传统企业得到破圈或获得新客群的机会,一批新门店也会如雨后春笋般出现在大街小巷。

课前思考: 与线上销售渠道相比,旅行社门店如何发挥服务优势?

第一节 旅行社服务特点和重要性

一、旅行社服务的特点

与其他企业有形的物质产品相比,旅行社服务产品属于无形的精神产品。旅行社服务产品既包含一般服务产品的属性,也带有旅行社行业的固有特色。

(一)服务综合性

综合性是旅行社服务的最基本的特性,旅游产品的特殊性决定了旅行社服务的综合性较其他服务行业更为突出。

一方面,旅行社产品的服务内容具有综合性。旅行社产品是由多种旅游吸引物、交通设施、旅游胜地,以及多项服务组成的混合产品,它是为了满足人们在旅游活动中吃、住、行、游、购、娱等各方面的需求而提供的一种服务。一个旅游产品的完整实现,要求旅行社在特定的时空范围里为旅游者提供食、住、行、游、购、娱六大相关的要素服务。这六大要素的有机组合和有效转化,是旅行社服务产出的基础。诚然,随着旅游方式的多元化发展,自助旅游等旅游形式的出现,对旅行社的原有功能提出了新的发展和完善要求。但是在一定时期内,从产品服务的整体性而言,旅行社对航班、车次、酒店、旅游景点的整合作用仍然在旅游市场中起主要作用,尤其是在团队旅游接待服务中难以被其他企业所替代。因此服务内容的综合性仍将是旅行社产品的一大特点。

另一方面,旅行社服务的直接提供者具有综合性。旅游活动过程中所需的六大要素服务内容,并非都由旅行社一家直接提供,这涉及酒店业、餐饮业、交通运输业、景点、娱乐场所,以及其他一些辅助性服务行业,如果是安排异地长途旅游,还需要各个旅游目的地的数家旅行社共同参与接待。由于涉及面较广,旅行社服务直接提供者的综合性显而易见地为旅行社的服务质量管理增加了难度。在许多情况下,因一些外在因素的变动所产生的负面影响,会干扰旅游者对旅行社服务质量的评价。例如,一些旅游者仅仅在酒店提供的服务活动中受到一些怠慢,或对其服务质量有意见,就会使旅游者将此次旅行社提供的全程服务的质量价值大打折扣。因此提供旅游者整体服务感受往往需要旅行社加强对不同类型旅游企业之间的良好协作,需要旅行社加强与对旅游服务质量有较大影响的有关行业、部门、政府机关和社会团体的沟通与联系[1]。

(二)服务的无形性

无形性是服务与一般实物产品间最基本的差别之一。旅游者在购买和消费旅游旅行社服务之后并没有像购买有形产品那样得到有形的实物,旅游者得到的只是一段时间内服务设施的暂时使用权,带走的是经历或是可以和他人分享的记忆。虽然旅行社产品包含有形的内容,需要有形设施、设备的支持,但是辩证地看,无形的服务内容占据了服务的主导地位,况且旅游者是在与旅行社工作人员的互动中完成对旅行社服务的感觉、评价与衡量。所以在购买旅游服务产品之前,对旅游者而言,旅行社服务产品是抽象的、无形的,不可感知或触摸的。这意味着旅游者在购买产品之前既无法看到也无法试用产品,不能像对待实物产品那样通过感官就比较容易地对旅行社产品作出价值判断。

旅游服务的无形性会对旅游者造成以下几个方面的影响[2]。第一,旅游者购买风险的增加,在一定意义上使得首次参加旅行社活动的潜在旅游者产生程度不等的顾虑,旅行社可以通过加强服务保证来降低旅游者对消费风险的担心。第二,旅游服务的无形性使得旅游者难以区别不同旅行社的服务产品。因此,旅行社可以采用无形服务有形化的策略。在旅游者无法通过产品本身获得明确信息的情况下,将与服务相关联的一切有形因素进行强化管理,比如旅行社办公场所的装饰风格、布置协调,旅行社员工的仪表,旅行社的CIS(Corporate Identity System,企业形象识别系统)设计等,尤其应重视旅游产品的品牌建设,帮助旅游者进行有效的消费区别与选择。第三,旅游者会向他人寻求有关服务产品可靠性的信息,旅行社产品口碑好坏成为旅游者比较和判断旅行社产品的最常见的方式,因此旅行社应将口碑效应作为重要的营销工具加以利用。第四,与实物产品通过价格来向消费者传递有关产品的信息相比,价格较低的产品表面质量差一些,而价格较昂贵的产品意味着质量好一些,旅行社服务产品则较为复杂,因为旅行社专业服务人员每小时或每天所提供的服务产品的数量有限,旅行社很难通过增加服务产品的销售量来降低价格,所以旅行社服务管理不仅要保证服

---

[1] 黄晶.旅游服务管理[M].天津:南开大学出版社,2006.
[2] 贾依·坎达姆普利.服务管理——酒店管理的新模式[M].程尽能,译.北京:旅游教育出版社,2006.

质量，还应该包括如何让旅游者感到服务和产品物有所值，如通过赠送礼品、提供额外的个人服务等来提高旅游者满意度。

此外，有形的物质产品在生产出来之后，需要一定的流通环节才能达到消费者手中，表现为实体产品的流动。而无形的旅游服务生产和消费通常表现为人的流动及信息的流动，旅游者可以趋向服务现场，如景点参观、酒店住宿，或者旅游服务人员趋向旅游者如机票快递服务，或者旅游者通过信息技术获得远程服务如机票预订。因此旅行社有必要加强与潜在游客的信息沟通，通过信息流动带动人员流动，从而把最新的旅游服务信息及时、准确地传递给潜在旅游消费者，并充分利用现代信息技术，以方便旅游者进行旅游服务的预订和购买。

（三）服务生产和消费的不可分离性

旅游服务产品的一个显著特性是不可分离性，这体现在该产品首先被销售，其生产和消费过程是同时进行的，无法明确分割。大部分实物产品是先生产出来然后进行销售和消费，生产和消费是两个相互独立的过程，与一般的实物产品不同，旅游者直接参与了产品的生产过程，与服务的提供者发生直接接触。例如，旅游者进入景点欣赏景色的时候，导游对该旅游者的景点讲解也同样开始进行，正是在这种互动的场景下，旅游者完成消费过程。旅行社向旅游者提供咨询、导游接待等服务的过程，也就是旅游者的消费过程。因此旅行社产品生产的方式或者生产程序的选择就会直接影响旅游者的评价尺度的变化。例如，当旅行社安排的日程过于紧凑，景点游览数量过多时，旅游者可能会因旅途疲劳而产生不满和反对情绪。

生产与消费的不可分离性，对旅行社服务管理提出了更高的要求。首先，旅游服务不可能像有形产品那样，在被消费之前可以通过质量检验程序来保证对外销售的都是符合一定质量标准的产品，这就要求旅行社的员工具有"第一次就做对"的能力，并能灵活应对服务过程中可能出现的服务问题。从这一认识角度出发，旅行社应注重对全体员工，尤其是在第一线直接为旅游者提供服务的人员的挑选、培训与管理，提高服务人员敏捷捕捉机会、善于发现旅游者需求、提供针对性个性化服务的应变能力，以提高在互动服务过程中对质量保障的力度。其次，旅行社服务人员与旅游者同时进行服务的消费与生产过程，两者之间的相互作用既是旅游服务产品的一部分，也是影响旅游者对旅行社服务质量感知的重要因素。因此旅行社应加强与旅游者之间的互动，通过对旅游者实施有效的管理，引导旅游者正确地参与服务消费过程。例如，将散客组团区分为家庭团与非家庭团，以减少小孩对其他成年人旅游活动的影响。最后，旅行社应更加重视服务过程。由于旅游者参与到生产过程，因此以何种方式或程序进行服务的生产直接影响顾客的服务经历，对服务过程的设计和管理也是旅行社需要重点关注的问题。

（四）服务的不可储存性与不可转移性

由于旅行社服务无形性与生产消费不可分离性的特点，旅行社服务产品的价值受到时间因素的限制,特定时间内没有售出的服务,价值不复存在,不能储存以供日后销售,因而具有时间上的不可储存性。例如,旅行社在2月淡季时没有售出的旅游线路,不能储存起来等到旅游旺季产品供应紧张时再去销售,这样2月产品的价值就此流失。尤其是当旅游市场产生较大波动时,旅行社服务的这一特点会加深供给与需求之间的矛盾。对此,旅行社可以通过强化需求管理与供给管理来达到两者的动态平衡。首先,旅行社可以通过提供便捷的旅游预订系统,或实行灵活的价格策略等多种手段来拓展市场、储存顾客,使旅游者的需求与旅行社的供给相对协调。从旅行社的角度而言,旅游者的提前预订就相当于为旅行社某段时间的产品储存了顾客,或者说这部分顾客储存了旅行社的部分服务。而市场价格杠杆的有效调节,也可以分流旅游高峰期的需求量,刺激旅游低峰期的需求量。其次,在保证服务质量的前提下,通过旅游服务设施与人力资源方面的双重调节,增强旅行社供给能力的弹性,以适应市场需求的波动。例如,旅行社可以在旅游旺季采用聘用兼职导游的方法来增加服务供给,而在旅游淡季则可以暂时关闭一些服务设施,或停聘兼职导游,或对员工进行岗位培训。

旅行社服务的不可转移性表现在空间的转移与所有权的转移两个方面。一般实物产品在生产出来以后,经过一定的流通环节到达消费者手中,体现为物品的空间转移。而旅游吸引物不能实现空间移动,旅游服务的消费必然要求旅游者亲自前往旅游目的地,体现为人的空间转移,与之相伴的旅游服务也就呈现出空间上的不可转移性。此外,在所有权的变更上,旅行社服务产品与一般实物产品也有所区别。实物产品在完成交换活动之后,产品的所有权也就相应发生转移,改由消费者拥有。而旅游者购买旅行社服务产品后,只拥有服务设施的使用权,所有权并不发生转移。旅行社服务这一特点要求企业加大信息流的有效传递,增强与旅游者的沟通,激发潜在消费群体的出游动机,克服不可转移性所带来的负面影响。

(五)服务波动性

旅行社服务上述一些特点使得旅游服务质量呈现出一定的波动性。旅行社服务的综合性决定了旅行社服务质量的评价并不仅仅取决于旅行社自身,还要受到许多提供服务项目的合作单位的影响。在整个旅游服务过程环环相扣的服务链上,只要在一个服务环节出现问题,就会影响整个服务链的发挥应有的作用。这一特性大大增加了旅行社服务管理的难度。此外,由于参与旅游活动的双方都具有异质性——服务人员提供给一个旅游者的服务,不可能与提供给另一旅游者的服务完全相同,而旅游者对同一服务项目的反应与评价也不尽相同,因此旅游企业服务活动的实施与旅游者对服务的评价存在差异也就在所难免了。

需要指出,一些非人为的客观因素也会增加旅行社服务的波动性。由于旅游者出游动机产生于一定的经济条件的基础之上,且受到人们可自由支配时间与收入的影响,所以旅游活动会随着人们对休闲时间的使用方式和对经济收入的支配形式而呈现波动性特点,旅行社的服务工作也就随之产生淡季、旺季的区分。而由于旅游活动需求弹性较大,经济、政治等社会因素的变化,或自然灾害等事件的发生,也都会直接影响旅行社服务工作的稳定性。例如,重大传染病疫情对旅行社行业的影响。

鉴于旅行社服务的波动性,旅行社一方面必须苦练内功,通过规范服务标准、提倡个性服务、加强人员培训、进行跟踪调查等方式有意识地控制服务质量,提高服务的稳定性;另一方面有必要强化旅行社的外部公关工作,拓展业务协作网络,做好与旅行社服务相关的企业、部门、社会团体之间的沟通与交流,理顺协作关系,以确保旅行社服务工作顺利展开。而对于那些非人为的客观因素,旅行社没有能力完全克服和左右,只有通过增强市场敏锐度、提高自身实力,加大抵御不可测的外在风险的能力来进行化解。

二、旅行社服务的重要性

在旅行社产品的销售、生产过程中,一线服务人员是代表旅行社直接与旅游者打交道的人,是旅行社事实上的代言人。在为旅游者提供服务的过程中,一线服务人员不仅承担着进行旅行社产品生产的重要职责,而且在将旅行社无形服务产品有形化的转化进程中起着不可忽视的推动作用,所以他们的工作表现在很大程度上决定了旅游者对旅行社的总体评价。

(一)一线服务是旅行社产品的直接生产单位

旅游者对旅行社产品的消费过程同时也是旅行社产品的生产过程,虽然旅游产品的销售、组织主要由营销部门与计调部门来完成,但是产品的具体实现却是依靠与旅游者进行正面接触的一线服务人员。旅行社门市咨询人员提供的咨询服务,导游陪同人员提供的讲解服务,质量监督部门提供的售后服务等都是旅行社产品的重要组成部分。对旅游者而言,这些一线服务人员是可见的服务产品的生产者,对服务产品质量负有最为直接的责任。以导游陪同人员为例,其作为旅行社接待服务工作的骨干力量,是旅行社产品价值实现的重要环节。"一个好的导游会带来一次愉快成功的旅行;反之,肯定是不成功的旅行。"从这样的评价可以看到,在旅游者的心目中,导游水平的高低已经成为衡量旅行社提供服务成败的关键。

(二)一线服务是旅行社形象的忠实体现

旅行社服务产品的无形性给旅行社确立良好的社会形象带来了难度。尽管旅行社可以通过加大广告宣传、强化硬件配套设施等手段进行形象的市场包装,但是同样不应忽视一线服务人员所起的窗口导向作用。旅行社门市咨询人员、导游陪同人员等都与旅游者产生直接的关系,其在服务工作中的言行举止无不成为旅游者眼中旅行社,乃至所在地区形象的直接代表,是旅行社的管理理念、企业文化、企业形象的代言人。在许多国家,导游人员甚至被视作国家文明的体现、民族礼仪的象征。由此可见,一线服务人员在宣传旅行社形象的过程中起着重要作用。

（三）一线服务是旅行社实现全员营销的基础

优质服务是旅游业的生命线，是旅行社发展的源泉。所以为提高服务质量，务必要求旅行社的全体员工以实现顾客满意为企业发展的基本目标，从各部门出发，从各自所在的岗位出发，全面参与旅行社服务质量管理。由于一线服务人员是旅行社产品的直接生产者，是旅行社中与旅游者关系最为紧密的人员，他们的职业道德、知识结构、业务水平和服务技能等将成为旅行社服务质量得到有效保证的要素。推行全面质量管理必然要以一线服务人员作为重中之重，通过加大授权、意识培养、技能训练等方式，推动旅行社全面质量管理的有效实现。

推行全员营销同样应强调一线服务人员的作用。首先，与旅游者的零距离接触，为一线服务人员直接对外宣传旅行社产品、了解旅游者的需求带来便利，旅游者往往因门市人员的热情周到的接待而最终将购买动机付诸行动。其次，旅行社产品设计部门也常常可以从一线服务人员所反映的情况中，挖掘出显示市场变化趋势的第一手资料，这些资料对旅行社的中长期发展具有重大意义。虽然一线服务人员的工作不能取代周密严谨的市场调查，但是却构成市场调查结果的有效补充。在与旅游者的面对面的交流中，任何一次咨询接待、导游讲解或是投诉处理，都是旅行社工作人员了解旅游者心理和真实需要的最好时机，这是旅行社所需的市场信息情报的主要来源。可见促进产品营销、提供市场情报，已成为一线服务人员工作职责的自然延伸部分。

第二节　旅行社服务接触与服务蓝图

一、服务接触

（一）服务接触的概念和类型

卡尔宗（Calzon，1987）将服务接触（或称服务经验）定义为"关键时刻"，其研究核心聚焦于顾客与服务提供人员之间的交互作用。服务提供者预期应提供的服务与顾客在实际服务接触中感受到的服务之间常存在偏差，而缩短这一偏差成为服务接触研究的关键议题。

服务提供者和顾客之间发生的服务接触成为服务管理中的重要环节，与顾客简短的交互过程是决定顾客对服务总体评价最重要的因素，也是企业展示所提供的服务、获得竞争优势的重要途径。服务的生产和消费往往是同时进行的。顾客需要参与生产服务，与服务企业发生多层次和多方面的交互作用。服务提供者和顾客之间发生的服务接触，是企业向顾客展示服务的时机，也是顾客评估服务质量的重要途径，因此服务接触的研究具有重要意义。服务接触可以分为以下两种类型。

1. 基于人际互动的服务接触

服务的一个显著特性在于顾客的主动参与,贯穿于服务生产的整个过程之中,每个关键节点都伴随着顾客与服务提供者之间的相互作用。基于此,国内外众多学者最初倾向于通过人际互动的视角来探讨服务接触现象。部分学者界定了服务接触的概念,指的是顾客与服务提供者之间发生的双向互动行为,但这种定义往往侧重顾客与员工之间的人际交往层面。

2. 基于广义交互的服务接触

为了优化服务的质量与效率,服务接触的范畴应超越顾客与服务提供者之间的单一互动,扩展至企业向顾客提供服务时所有能影响其感知的因素,这涵盖了非人为因素,以及顾客与组织间可能发生的所有交互方面。服务过程中的交流不仅限于顾客与服务人员的直接互动,也涉及顾客与设备设施之间的交互体验。鉴于服务往往在生产的同时即被消费,顾客通常在企业的实体环境中亲身体验整个服务流程。因此,服务接触不仅仅局限于人际互动,还包括了有形的如员工、实体环境,以及无形的多种因素。

随着科技的发展,越来越多的非人际交互因素如自助设施和互联网等愈发受到关注,顾客不必一直在服务现场,甚至不需要和服务人员面对面接触。除了实体接触外,公司网站等无形接触也是服务接触的重要组成部分。在这种背景下,服务接触的概念进一步得以拓展,同时我们也看到人际交互具有特别重要的意义。综上所述,服务接触是指发生在服务传递过程中的以人际互动为核心的各种交互作用,包括实体要素和无形要素的交互作用。

(二)服务接触的理论基础

1. 剧场理论

基于社会学家Goffman的研究,Grove和Fisk(1983)提出了服务剧场模型,该模型将服务接触形象地比喻为一场戏剧表演。在这一框架中,服务接触的关键要素被类比为:演员对应于服务人员,观众则代表顾客,而舞台设计则涵盖了服务环境和服务设施等方面。这一模型强调,服务人员、顾客以及服务场景之间的动态互动共同构成了服务接触的核心内容。

服务剧场模型对服务营销和管理的贡献在于为服务接触的设计和评估提供了一个多维视角,提出不同类型的服务接触强调的要素存在差异,不同服务的设计、制定与执行强调的关键因素不同。例如,高接触的服务应强调"演员"即员工的重要性来提高"观众"即顾客对服务接触的感知。服务剧场理论形象地传递出服务接触过程中创造体验价值的交互性、动态性和复杂性,戏剧表演虽有剧本的约束,但现场演员和观众的情绪、演员的现场发挥等都会随时影响观众的感知。服务剧场模型很好体现了服务接触的基本特征,涵盖了服务接触中互动的主要因素。服务剧场理论有利于更好地理解服务接触的本质。

2. 角色理论

角色理论起源于社会心理学,Solomon等(1985)将角色理论引入服务营销领域,认为角色理论可以用于解释服务接触。角色理论的核心概念源于戏剧的"角色"一词,原指规定演员行为的脚本。角色理论强调人在社会和市场中被赋予特定的社会角色,要遵照特定的行为方式,服务人员和顾客都是如此,每个服务环境中都有特定的角色脚本。服务接触与一般人际接触不同,具有目的性和任务导向的本质特征,当参与互动的双方即员工和顾客进入服务场景,就开始遵循一套相对固定的行为即脚本,来扮演各自的角色,即角色表演。

角色理论包含角色期望和角色扮演。顾客和服务人员在服务接触过程中实际上扮演不同的角色,服务员工的角色扮演是否符合顾客对其的角色期望是顾客感知和判断服务接触质量的依据。例如,顾客对酒店餐厅服务员的角色期望是态度热情、友好且熟悉菜肴,对酒店大堂经理的角色期望则是口齿清楚、思维敏捷、知识丰富、态度热情,并能高效处理顾客问题。当员工作为角色扮演者的行为与顾客所期望的角色行为相契合时,顾客的满意度通常会得到提升。

二、服务蓝图

提高企业的服务质量需要了解影响顾客感知服务质量的所有因素,要对服务进行良好的设计。如果服务得不到很好的设计,就容易出现质量问题,而在我们的传统观念中往往忽视服务设计。肖斯坦克(Shostack)提出的"服务蓝图方法"为新型服务的设计与开发提供了创新性的视角。1987年,在美国市场营销协会于芝加哥举办的服务营销年会上,该方法被作为专题进行了深入探讨,此举不仅吸引了学术界的广泛关注,也引发了实业界的重大兴趣。

1. 服务蓝图的概念和特点

服务蓝图是一种图表化工具,用于全面展示构成特定服务所需的所有要素。其核心目的在于通过客观分析来深入理解服务流程,而这一分析过程的基础在于充分掌握并理解顾客的观点、需求及期望。服务蓝图的概念精准地界定了其职能,即详尽阐述服务实施所需资源的广度,并规划出协调各服务要素以达成高效运作的流程。

服务蓝图的特点主要有:①服务蓝图与时间维度相联系,研究者可以按时间顺序排列顾客经历的服务要素;②它必须表示组成服务的主要职能,并表示出它们之间的相互联系;③它必须在每一个阶段设立绩效标准,并把其与可接受的偏差水平结合执行;④服务蓝图可用来确定"失败点"——是服务过程中,最易出现差错的部分。

2. 服务蓝图设计步骤

(1)研究顾客经历服务要素的顺序。研究方法一般多为观察法,研究者可以参加将要研究的目标旅游团,与旅游者同食、同住,从旅游者角度了解服务的要素。服务要素指的是旅游者在旅游过程中,所经历的服务活动或服务内容。例如,在旅行社服务流程中,旅游者的初始行动通常涉及前往旅行社进行咨询,并据此选择适合的旅游路线。随后,在旅行社指定的时间,旅游者需前往机场办理登机手续,体验航空公司提供的空中服务。抵达目的地后,旅游者可能需利用中转交通工具前往住宿酒店,并在酒店内进行包括餐饮、娱乐在内的多种消费活动。在目的地期间,旅游者会参与观光、游览、购物等多样化活动。整个旅程结束后,旅游者将乘坐飞机返回出发地,而整个旅行经历最终转化为一段珍贵的旅游回忆。这一系列环节构成了研究者创建旅行社服务蓝图时所需掌握的首套关键信息。

(2)把顾客的以上经历画成一套流程图。

(3)研究服务交递系统的特征,服务交递系统是旅行社的服务组合要素。它包括旅行社与住宿部门、交通部门的协调和谈判,以及与景区协调的旅游活动安排。在服务交递系统中,有许多要素是旅行社不能控制的。

(4)把服务交递的要素画成流程图。明确旅行社安排服务交递系统要素之后,将其按时间维度及所处阶段画成流程图。

(5)分析服务交递系统中顾客的经历,确定失败点。研究者从顾客的角度,分析影响顾客感知服务质量的关键点,如在机场登机时,过长时间的排队等候将大大影响顾客的感知服务质量,而飞机晚点更是旅游中的大忌。但这些旅行社一般都控制不了。

(6)评估现有服务交递系统缺点的代价,即对服务交递系统中的失败点所造成损害进行评估。如对这些失败点的管理不当,会大大降低顾客感知质量,无法保证顾客忠诚度,难以形成常客和回头客,尤其是这些顾客关于旅行社服务质量低下的不良口碑传播,将给旅行社带来更大的潜在损失。

(7)在评估服务改进机会及相应成本时,需明确部分失败点的改进并非旅行社单方面所能直接控制,例如酒店餐饮的品种与品质。然而,旅行社可通过采取一系列策略来提升整体服务质量,这些策略包括但不限于审慎选择服务供应商,即寻求与提供稳定高质量服务的酒店和航空公司建立合作关系。此外,旅行社还可利用旅游交易法治化的手段,进一步强化对服务供应商接待水平的监管与保障,从而间接促进服务质量的提升。这些措施的实施,旨在通过优化外部合作与内部管理,来应对那些难以直接控制的失败点,进而提升旅游者的满意度与忠诚度。

旅行社服务蓝图如图8-1所示。

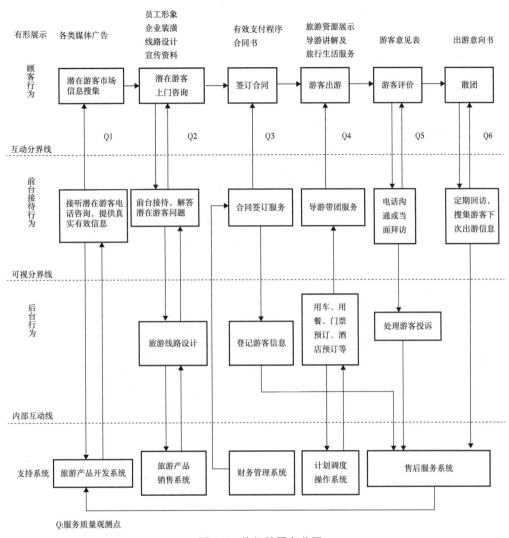

图 8-1　旅行社服务蓝图

旅行社服务蓝图的设计遵循一个系统化的流程,该流程首先依据游客的购买行为逻辑,将其划分为六个关键阶段:信息收集、上门咨询、签订合同、游客出游、游客评价及散团。随后围绕游客的六步行为,旅行社相应地规划了六项核心服务环节,分别是接听电话咨询、前台接待、合同签订服务、导游带团服务、及时处理问题和定期回访。上述内容均构成服务蓝图中的可视部分,直接体现了游客与旅行社之间的互动,因此被设定为观测点以监控服务质量。

此外,服务蓝图还涵盖了非可视的后台操作与支持系统。后台行为方面,旅行社需进行前期旅游线路的精心设计、合同签订后将客人信息录入系统、采购各类旅游服务要素(如订房、订餐、订车等)以及有效处理客人的投诉与不满。而在支持系统层面,则包括产品开发系统以不断推出符合市场需求的新产品、产品销售系统以扩大市场份额、财务管理系统以确保资金流的健康运作、计划调度系统以高效协调各项服务资源以及售后服务系统以维护良好的客户关系并提升客户满意度。这些非可视部分虽不直接面向游客,但却是保障服务质量与提升顾客体验的重要基石。

在游客与旅行社互动的每一个环节上设观测点,具体观测的方法是对比研究,即事先根据行业惯例和所签合同对每一个环节的流程与服务提出标准要求,并做成记分卡,符合服务流程标准的计0分(不加分也不减分),低于标准的扣1分(-1分),高于标准的加1分(+1分)。例如,地陪导游带团服务这个环节应该包括服务准备、接站服务、入店服务、核对节目安排、参观游览服务、游购娱等其他服务、送站服务和善后总结等八个环节,每个环节又有具体的标准要求,如入店服务应该包括协助办理入店手续、照顾行李进房、介绍酒店设施、带领游客用好第一餐等,设定好程序和标准之后,再对比导游实际带团时的服务流程和服务标准打分,从而测定导游是否符合既定的带团要求,总分为0分者即判定为总体合格的导游服务,否则即为不合格导游服务,其他环节亦然。

特别强调的是,旅游服务以其整体性和一致性的特性著称,其中导游服务扮演着关键角色,其服务质量具有显著的扩散效应。这意味着,即便在旅游行程的多数环节均表现优异,一旦在如用餐等单一环节出现问题,也可能触发游客的不满与投诉,进而对整体旅游体验带来负面影响,体现了"100-1≤0"的极端影响。因此,对于优质服务的定义在旅游行业中尤为严苛,不容许任何环节出现服务质量的滑坡或负面评价。

基于旅行社服务流程的精心规划与设计,服务蓝图成为一个有效的工具,它能够帮助旅行社系统地审视并优化各个服务环节。通过上述方法,旅行社能够清晰地观测到在旅游接待服务过程中,各环节服务质量的实际表现及潜在问题,为持续改进与提升顾客满意度提供了坚实的数据支持。

第三节 游客满意度评测和服务质量管理

一、什么是游客满意度

(一)游客满意是国家旅游发展的战略导向

游客满意度是游客需求实现程度的有效度量。进入国民消费为基础、散客为主的大众旅游阶段,游客有能力对旅游经济运行特别是旅游服务质量做出自己的独立判断,并通过多渠道发出自己的声音。现阶段的旅游权利的实现,是以游客评价为起点,先了解游客哪里满意、哪里不满意,不满意的原因是什么,这样才能有的放矢地保障游客的旅游权利。与传统的宏观经济指标相比,满意度更侧重于从质量方面来反映经济运行状况,是度量和评价经济运行质量的有效指标之一。随着大众旅游从初级阶段向中高级阶段演化,游客的主体地位日益确立,旅游业的综合性更加明显,游客满意度开始成为衡量旅游业发展质量的关键指标。未来的旅游产业发展,应把满足人民群众日益增长的旅游需求作为价值取向,建立以游客评价体系为基础的旅游业发展质量的评价机制,不断优化目的地自然环境、人文环境和商业接待的整体发展水平,不断提高游客的满意度。

游客满意是旅行服务质量的客观体现。近年来,游客满意度的内涵、测评模型和影响机制等方面已经有了丰富的学术成果,围绕游客满意的测度、旅游目的地服务质量的提升开展了若干系统而扎实的调查研究。国内外学者们从目的地视角和整体视角对游客满意的内涵进行分析,将游客满意度普遍界定为游客实际感知与期望的比较。与传统的旅游基础理论相比,大众旅游时代背景下,借由游客满意度不仅能全面、客观研究传统旅游行业服务,还能够研究所有部门和所有地区,从而在"客源地—交通中介(中转与集散)—目的地"之间建立起内在联系,进而修正和完善旅游资源、吸引物、目的地、接待管理、旅游公共服务、目的地生命周期等经典理论,在理论上建立起游客需求和市场供给的综合分析框架,在实践中建立起微观监管、分类指导和宏观调控的统一政策框架。

中国旅游理论研究和市场化意义上的旅游产业发展基本上是同时起步的,从早期的引入、消化到中期的旅游规划、政策制定、行业管理和市场开发等领域的课题研究再到大众旅游阶段的当代旅游理论的系统探索,初步形成有中国特色的旅游学科体系和理论框架,并对旅游经济实践起到了重要的推动作用。连续且系统性的游客满意度调查监测与理论分析,不仅丰富了旅游研究的原始数据与信息库,还揭示了传统资源与要素研究视角的局限性。发展旅游经济,不能仅仅依靠传统的旅游资源和单一封闭的旅游系统,而是要科学统筹包括狭义的旅游要素在内的各方面力量,发挥市场和政府两个方面的作用。游客满意既是当代旅游发展理论的核心理念,也是概念展开的逻辑支撑。对旅行社来说,旅行服务涉及旅行的全过程,旅行社与游客之间是典型的服务提供与服务消费的关系,在全程的旅行服务中任何环节的体验感受都会影响游客对旅行社服务的满意度。然而,在旅行中许多具体的服务提供者往往不属于旅行社,但旅行社却要承担其服务的后果,这成为旅行社服务的特殊性和难点所在。因此,旅行社为了实现游客满意,不仅要在旅行社服务上下功夫,还要站在更高、更广的视角,对旅行服务涉及的各环节进行管理和保障。

(二)游客满意度的形成机理

对于游客满意度的形成机理,不同学者从不同角度提出了多种理解和认识,从已有文献来看,大多数游客满意度形成机理研究主要是围绕游客期望、期望差异、感知质量、感知价值、旅游地形象、旅游动机等因素对于游客满意度的影响作用来展开的。

1. **游客期望影响游客满意度**

游客期望对于顾客满意度的作用在很多研究文献中都有所提及。游客对于产品和服务的期望对游客满意度有着直接的影响,游客期望是游客满意度评价的标准。在游客满意度研究中,大量的实证研究结果表明游客期望同游客满意度之间存在直接相关关系。游客期望是影响游客满意度的重要前提变量。游客期望与游客满意度之间呈负相关关系。

2. 期望差异主导游客满意度

期望差异理论最早应用于零售和服务业中的顾客满意度研究。根据这一理论,游客会在购买之前根据过去的经历、广告宣传等,形成对产品或者服务特征的消费前期望,消费活动结束后,游客会将感知绩效与消费前期望进行对比,如果两者不一致就会产生差异,当产品绩效大大低于原来的期望,此时会产生负差异,游客就会对产品(或服务)产生不满意。期望差异理论被广泛使用于游客满意度的研究中。科查克归纳了游客满意度研究的四种主要方法,它们分别是期望差异模型、差绩效模型、重要性—绩效分析模型,以及绩效方法。

3. 感知质量主导游客满意度

感知质量是指在消费体验之后,游客对产品质量的主观评价。早期对游客满意的研究认为,期望差异是游客满意的直接原因。后来的研究发现,除了期望差异对游客具有直接影响外,感知质量和游客满意度也具有直接的关系。

4. 感知价值影响游客满意度

感知价值是指游客在购买和消费产品或者服务的过程中,相对于所支付的费用,对其所获得的实际收益的总体评价。在游客满意度早期研究中,关于期望、感知质量和满意度之间关系的研究文献较多,但是近年来感知价值对于游客满意度的影响作用也渐渐引起了学者的关注。

5. 旅游地形象影响游客满意度

旅游地形象是由旅游地的各种旅游产品和因素交织而成的总体印象。旅游地形象与感知质量之间存在正相关关系,从而会产生更大的游客满意度和行为倾向。

(三)游客满意与游客行为之间的关系

游客满意与游客行为之间存在直接关联。满意的游客容易出现对企业有益的相关行为,比如重复购买或者是口碑宣传;相反,较低的游客满意度则可能导致对企业不利的行为,包括负面口碑的传播,进而对企业形象造成损害。

1. 游客不满意时的行为意向

旅行社服务因其涉及的要素众多,若其服务表现未能达到或超越游客的期望,将直接触发游客产生一系列负面情绪,包括但不限于生气、不满、失望、自怜、焦虑以及后悔等。在负面情绪的影响下,游客可能产生不同的行为意向。部分游客会选择投诉以表达不满,而另一些游客则可能选择默默忍受或采取其他非直接抱怨的方式。作为典型的服务行业,旅行社提供的服务直接关系到游客寻求愉悦体验的目的,因此游客对旅行社的服务标准有着较高的期待。然而,由于时间成本、精力成本、对投诉结果不确定性的担忧以及个人信念等多种因素的制约,部分游客即便对旅行社的产品或服务感到不满,也可能选择不进行投诉或抱怨。尽管如此,对旅行社产品或服务的不满仍然是游客产生抱怨行为的主要驱动力,这种不满情绪若得不到妥善处理,将对旅行社的未来发展构成潜在威胁。

因此,为了获得更优异的市场表现,旅行社必须致力于提升产品质量与服务水平。鉴于旅行社服务涉及要素众多且流程复杂,服务失误难以完全避免。在此情境下,那些重视服务质量和游客体验的旅行社通常会采取积极主动的策略,通过问卷调查、电话回访等多种方式主动收集游客的真实反馈。当旅行社为游客提供便捷的投诉渠道和充分的表达机会时,游客更有可能向旅行社反映旅行中的不满与问题。旅行社若能及时、准确地获取这些不满信息,并妥善处理游客的抱怨,不仅能够缓解游客的负面情绪,还能将这些反馈转化为提升服务质量和游客满意度的宝贵资源,进而实现负面情绪的积极转化。

2. 游客满意时的行为意向

游客如果对整个旅程感到满意,则可能会成为旅行社忠实的粉丝。这种忠诚包含态度和行为两个维度。态度忠诚指游客对旅行社的产品、服务以及员工的喜欢与留恋的情感,而行为忠诚指游客具体表现出的行为方式,包括向他人推荐和重复购买等。众多实证研究都证实了满意度对游客推荐倾向具有积极的正向影响作用。在一次旅途中,游客对旅行社服务的满意与对旅游目的地的满意之间的关系是微妙的,两者相互作用又彼此有差异。对游客来说,对旅游目的地的满意程度会影响对旅行社服务的满意度,因为目的地本身便是旅行社服务产品的重要组成部分。而旅行社的服务也会影响游客在目的地的游玩感知,出色的服务会使游客在当地的体验变得自在舒适游客对此往往是能够做出清晰的主观判断的。游客对目的地的认知强度较大时,首先会向他人表达对目的地的正面评价,随后会推荐旅行社信息。优质的旅行社服务会让游客积极地向他人推荐,从而提升自身的企业品牌认知度,扩大潜在顾客群。

此外,重复购买是旅行社最期望的游客行为结果,也是游客忠诚的最直接体现在这一方面,对旅游目的地满意与对旅行社服务满意之间是存在差异的。旅游学者研究发现,游客满意对重游旅游目的地的意向影响较小,其原因可能是因为求新猎奇是游客出行的重要动机,他们每次出行往往会选择不一样的旅游目的地。而游客与旅行社之间是消费者与生产者之间的关系,游客对旅行社不断积累的服务感知,将直接影响其下次是否会选择该旅行社的产品和服务。如果游客满意并对旅行社产生信任,就可能会在每次出行时继续选择该旅行社,成为旅行社的忠实客户。对任何企业来说,忠守客户群都是企业得以成功的巨大财富。因此,注重每次服务接触,为游客提供令人满意的服务是旅行社得以生存的基础。

二、游客满意度评测

(一)满意度评测的理论与方法

游客满意度调查,作为大众及当代旅游发展理论中不可或缺的基础研究方法,它代表了平民视角的客观评价,采用了第三方调查的方式以确保公正性,并面向旅游目的地、企业及政府等多个主体,提供了一种全面的综合评价手段。游客满意度调查的评价模型应遵循其评价主体、评价客体和评价方法在历史进程中的自然演化结果。游客满意度调查评价主体由早期的精英评价或官方评价过渡到游客的自主评价,以大众游客需求及其表达方式为出发点,评价内容包括但不限于传统的主顾客满意度评价、游客线上及线下评论、旅游抱怨及投诉受理等内容。随着旅游高质量发展的推进,游客满意度调查评价客体由早期狭义的旅游目的地接待系统过渡到游客视角下的全域环境及服务。游客满意度评价方法由早期的个案评价到大数据评价,从纯粹定量评价到混合模型评价,从单一评价到现场、网络、投诉等复合指数评价,从线性结构到综合模块、权重结合、数学模型和指数合成的多元结构评价。

游客满意的基本测度以期望—差异理论为核心依据。期望—差异理论由心理学家维克托·弗鲁姆(Victor H. Vroom)于1964年提出,主要反映个人的需要与目标之间的关系,是应用最为广泛的顾客满意度理论。期望—差异理论作为研究满意度的重要范畴,同样适用于旅游行业。基于该理论,游客满意指游客期望与可感知的服务质量之间的差异程度。游客在出发之前会通过不同渠道获取目的地的相关信息,游客在多种信息的作用下会提前对旅程和服务产生一种期望,从而驱使其做出进一步的决策。大量的实证研究发现,一般情况下,游客期望值越高,满意度往往越低。反之亦然。而满意度和重游意愿之间存在正相关关系,满意度越高重游意愿越高,给旅游企业带来经济效益就更大。

科学的游客满意度调查体系需要国家标准、扎根理论、最大最小法、科学程序等理论、方法和工具的综合支撑。传统游客满意度调查内容需要以国家标准为依据,主要有《商业服务业顾客满意度测评规范》(SB/T 10409—2007)、《顾客满意测评通则》(GB/T 19039—2009)、《顾客满意测评模型和方法指南》(GB/T 19038—2009)等。新兴的网络评论满意度调查指数主要依据扎根理论以归纳法为基础,从游客网络评论中抽象出涉及旅游服务评价的核心概念范畴,这种方法可对以演绎法为基础的主流结构方程模型进行有效补充和充分验证。

构建游客满意度多层次、多种方式的综合指数体系是一项开创性工作。以旅游目的地游客满意度为例,满意度调查需要传统满意度指数结构模型、访谈法等多种方法的综合应用。调研方法包括现场调研、网络评论调研、企业和游客访谈、投诉与质量监督调研等多种方法。现场调查包括在景区、酒店等地对游客进行的实时调研,一般采用问卷调查,运用定点拦截的方式获取数据。网络评论调研是对旅游网站、App、小程序等渠道中与旅游相关的游客评论、点评、互动等情况,利用大数据分析工具进行收集与处理。对企业和游客的访谈是对市场问卷调研的有机补充,一般是结合满意度市场调研的实际情况,围绕某些与满意度相关的关键问题,对游客和企业家进行深入的意见挖掘,从而更加细致地了解游客对旅游服务的态度及企业对其服务的认知及管理方式。投诉与质量监督调研主要对旅游行政机关、政府官方投诉网站、旅游企业下设的相关投诉部门等投诉受理机构的游客投诉数据进行挖掘和分析,同时也可对旅游服务的投诉满意度以游客的身份进行调研和分析。

（二）游客满意度评价体系

游客满意度是一个相对复杂的概念,衡量的方法和标准无法完全统一。旅行社游客满意度的测评同样是基于营销领域顾客满意度测量的理论成果,测量内容可分为两类。一类是游客的总体满意度,即针对游客在旅游体验之后的总体感知。丘吉尔(Churchil,1982)提出顾客满意度由顾客认知差异的方向与大小决定,而认知差异的方向与大小则由顾客对产品或服务的购前期望与所感知到的实际绩效之间的差距决定。基于此,游客总体满意度的测量就是衡量游客游前期望与游后感知之间的差异值。另一类则是对旅行服务进行分类,分别测评游客对单项旅行服务的满意度,赋予权重求和加总。这一类测评认为,游客满意是一个综合性概念,需要对单项服务产品属性的满意度进行测量,才能综合得出整体的游客满意度。当前旅行社更多地选择这类测评方式。

国内外众多学者对服务质量的评价方法进行了深入的研究,主要的测量模型有Martila 和 James(1977)提出的 IPA 分析(Imoprtance-performance Analysis,"重要性—表现程度"分析)、Parasuraman、Zeithaml 和 Berry(1988)提出的 SERVQUAL(服务质量)模型(简称 PZB 模型),以及 Cronin 和 Taylor(1992)提出的 SERVPERF(服务绩效)模型。其中,SERVOUAL 模型和 SERVPERF 模型应用较为广泛。

IPA 分析以象限形式对测量指标的重要性和满意度进行分布,以集中关注区、继续保持区、低顺位区以及过度努力区四区界定,帮助旅行社管理者明确哪些指标是游客最重视的,且目前游客对该指标的满意度评价如何。SERVOUA 模型的核心思想是顾客感知服务水平与期望之间的差异决定了顾客对服务质量的最终评价,通过设定可靠性、礼貌以及安全等维度对顾客期望进行调查,从而在实践中有针对性地提供高水平的服务。

SERVOUAL 模型与 SERVPERF 模型在维度和测量指标上并没有发生多大变化,主要区别体现在 SERVPERF 模型仅仅测量游客感知,而不考虑游客的期望。关于两个测量模型孰优孰劣,学者们有着不同的见解。

除了上述常见的三种方法,学者们还运用灰色理论、模糊综合评价、旅游体验交互理论等对游客满意度进行分析。

从目前国内对游客满意的研究成果来看,影响力较大的、监测时间最长的评价体系来自中国旅游研究院开发的游客满意度测评体系,该体系积累了连续60多个季度的游客满意度调查结果。这一评价体系主要由目的地旅游形象、游客预期、游客感知质量游客感知价值、游客抱怨、游客忠诚等一级指标构成。

三、服务质量的内涵与外延

以往,业界和研究领域常常将游客满意与服务质量视为等同的概念,这凸显了两者之间存在的密切关联。随着研究的进一步深入,学者们认为这两个概念是不同的,游客满意是游客对某一事物或体验所作出的暂时性、特定情境下的知觉评价;而服务质量则是对该事物或体验在较长时间内所展现出的整体性、全面性的评估与判断。期望—差异理论下游客满意度是游客期望与可感知的服务质量之间的差异程度。如果说期望为游客的满意程度设定了可能性,那么服务质量则为游客满意提供了现实性。由此可知,服务质量是满意度评估的重要指标和影响因素,而且是旅行社可以主导的重要指标,因此提升服务质量对旅行社来说至关重要,甚至被誉为企业生存的生命线。

(一)服务质量的维度

尽管服务营销学不断发展,但服务质量这一核心概念始终是学者们关注的焦点问题之一。1982年,莱蒂宁(Lehtinen)提出了两种服务质量的定义:一是从服务生产过程的视角将服务质量分为实体质量(Physical Quality)、互动质量(Interactive Quality)和企业质量(Corporate Quality);二是从顾客的角度将服务质量分为过程质量(Process Quality)和产出质量(Output Quality)。同一时期,Parasuraman、Zeithaml和Berry(后文简称PZB)(1985)等学者也对服务质量进行了深入的研究,认为服务质量是顾客购买的期望、感知的结果质量和感知的过程质量三者的乘积,并构建了服务差距模型。1988年,他们又提出了SERVQUAL模型,很多学者在不同行业对该方法的有效性进行了检验,SERVQUAL模型成为如今应用较为广泛的模型之一。至此,服务质量研究的理论框架基本得以确立。

顾客不是以单一的维度感受质量,而是基于与服务相关的多个因素判断质量。基于PZB开创性的研究定义了有关服务质量的具体维度,他们的研究确定了可靠性、接近性、胜任力、礼貌性、响应性、沟通性、了解性、安全性、可信性和有形性10个维度来衡量服务质量。随后又将这10个维度逐渐缩减为5个,按照顾客感知的重要性从高到低排列为:可靠性、响应性、保证性、移情性和有形性。

可靠性是指服务提供者能够可靠且准确地履行其服务承诺的能力,这一特性在顾客对服务质量的整体感知中占据首要地位,被视为最重要的决定因素。顾客普遍期望获得可靠的服务行动,即服务应以一致、清晰且准时的方式完成。在更广泛的层面上,可靠性涵盖了服务企业全面遵循其承诺的各个方面,包括服务内容的提供、问题的有效解决以及定价政策的透明执行。因此,游客倾向于选择那些能够严格信守服务结果和核心服务属性承诺的旅行社,因为这些旅行社展现出的高度可靠性为游客提供了更强的信心和满意度。

响应性是指服务企业具备积极帮助顾客并迅速提供所需服务的意愿与能力。顾客在享受服务过程中,任何不必要的等待,特别是缺乏合理解释的等待,都会对其质量感知产生消极影响。而当服务出现失误时,企业若能迅速采取有效措施解决问题,则能有效提升顾客对服务质量的正面感知。因此,响应性这一维度特别强调了在处理顾客请求、咨询、投诉及问题时所展现出的专注与高效。具体表现为顾客在寻求帮助、获取信息或问题被服务人员注意并着手解决之前所经历的等待时间应当尽可能缩短。

保证性指服务企业员工所展现出的自信、专业知识与技能的可信度,以及整个企业(包括员工)赢得顾客信任与信心的能力。当顾客认为服务存在较高风险或对自身评价服务绩效的能力感到不确定时,保证性这一维度显得尤为重要。与游客直接接触的员工,作为企业形象和信任感的重要传递者,其表现直接影响游客对旅行社的信任与忠诚度。具体而言,保证性包含以下几个关键特征:员工具备高效完成服务任务的能力,对顾客始终保持礼貌和尊敬,与顾客进行有效的沟通,将顾客的需求和关切放在首位。

移情性是服务企业设身处地为顾客着想和对顾客给予特别的关注。移情性的本质是服务人员通过个性化的或者顾客化的服务,使每个顾客感受到自己是唯一和特别的,并且自己的需求能够得到理解。游客想要感觉到旅行社对他们的理解和重视。旅行社往往对自己的老顾客更加了解,熟悉他们的需求和偏好,从而可以更好地为这些游客服务,使其在移情性上表现出明显的优势。

有形性是指企业在有形的设施、设备、人员和沟通材料等方面给予游客的感受。优良的环境、工具和人员形象会让游客有更好的服务感受。尽管有形性在塑造企业形象、确保企业服务一致性及传递产品高质量信息方面发挥重要作用,但其对服务质量的全面感知往往需要与其他服务质量维度相结合,方能实现更为深刻和全面的影响。

综上所述,游客通过对比其在服务过程中的预期服务与实际得到的服务,在可靠性、响应性、保证性、移情性以及有形性这五个关键维度上进行评估,最终构建出对服务质量的个人判断。这种判断基于期望与感知之间的差异,该差异直接作为衡量服务质量的标尺。从满意度视角分析,这种差异可能引发正面或负面的评价。

(二)服务质量差距模型

1985年,PZB提出了服务质量差距模型(也称5GAP模型),用来分析服务质量问题产生的原因。

如图8-2所示,模型中虚线以上的部分表示的是顾客差距(差距五),顾客差距是顾客期望的服务与实际感知的服务之间的差距。顾客期望的服务则受到顾客过去的消费经历、个人需求和口碑沟通的共同影响。顾客感知的服务是顾客对实际体验的服务的主观评价。顾客期望与顾客感知之间的差距(差距五)是服务质量差距模型的核心,它取决于其他四个差距。

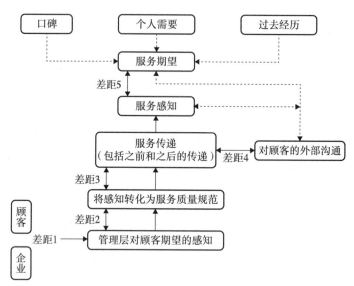

图 8-2 服务质量差距模型

模型中虚线以下设计的是其他四个差距,包括差距一到差距四,这些差距是在企业为顾客提供实际服务的过程中由于服务管理不完善原因而造成的。服务质量差距模型反映了服务质量计划和分析的整体步骤,管理层首先要了解顾客的期望,再进行服务设计和制定服务标准,然后一线服务员工按照服务标准向顾客传递服务,顾客参与服务传递过程并感知传递的服务,而市场沟通活动也就是营销沟通中也会对顾客期望与顾客感知有影响。根据对以上这些步骤的具体分析,管理者可以发现本企业服务质量问题的根源。

差距一:管理者认知差距,是指管理者对顾客期望的理解与顾客实际的期望之间的差距,管理者不了解顾客期望或未能准确地理解顾客期望都会导致这一差距的产生。差距一的影响因素有市场研究不充分、缺乏向上的沟通、不注重关系营销等。

差距二:质量标准差距,即企业所制定的服务质量标准与管理者对顾客期望的理解之间存在差距。管理者可以依照对顾客期望的理解,例如崭新舒适的车队,导游优质的服务等,但是管理者也会受到本身资源(淡旺季,需求不匹配)等限制,无法全部满足顾客的期望,而最后影响到实际提供的服务质量,导致差距二的产生,影响因素包括目标的设定、缺乏以顾客为导向的标准、服务流程的设计等。

差距三:服务传递差距,即服务在传递的过程中与企业制定的服务标准之间存在差距。影响因素包括对服务人员管理不当,培训机制、团队合作和员工配合,服务流程控制,服务供给与需求等方面。

差距四:营销传播差距,即营销宣传中所作出的承诺与企业实际提供的服务不一致。这种差距源于旅行社的市场部和销售部人员在对外宣传时采用的方法与策略,其受到多种因素的影响,包括但不限于过度夸大服务承诺、内部沟通机制的效率与透明度不足,以及对顾客期望管理的有效性与精准度缺失。

差距五:感知服务质量差距,即顾客对服务的期望和实际上的感知服务之间的差距。影响顾客服务期望的因素有很多,包括口碑、个人需要、过去经历和环境因素等。

要提高服务质量,就要尽可能缩小差距五感知服务质量差距,该差距在所有差距中是最重要的。理论上认为,差距五是差距一、差距二、差距三和差距四共同作用的结果,因此,弥合顾客差距的重点是持续消除或缩小差距一到差距四。

四、服务质量管理

(一)服务质量的测量

PZB基于服务质量差距模型开发出了SERVQUA模型的测量体系,用于测量服务质量的五大维度。通过利用李克特量表的七分法,记录顾客的满意与不满意的水平。SERVQUAL表包括5个要素和22个问题项,如表8-1所示。

表8-1 SERVQUAL表

要素	指标项
有形性	1.有现代化的服务设施
	2.服务设施具有吸引力
	3.员工有整洁的服装和外表
	4.公司的设施与他们所提供的服务相匹配
可靠性	5.公司向顾客承诺的事情都能及时地完成
	6.顾客遇到困难时,能表现出关心并提供帮助
	7.公司是可靠的
	8.能准时地提供所承诺的服务
	9.正确记录相关的服务
响应性	10.能告诉顾客提供服务的准确时间
	11.员工为顾客提供及时的服务
	12.员工总是愿意帮助顾客
	13.员工不会因为太忙而忽略顾客的需求
保证性	14.员工是值得信赖的
	15.在从事交易时顾客会感到放心
	16.员工是有礼貌的
	17.员工可以从公司得到适当的支持,以提供更好的服务
移情性	18.公司会针对不同的顾客提供个别的服务
	19.员工会给予顾客特别的关怀
	20.员工了解顾客的需求

要素	指标项
移情性	21.公司优先考虑顾客的利益
	22.公司提供的服务时间符合所有顾客的需求

SERVQUAL模型被应用于多种服务情景,旅行社可以通过这一模型进行服务质量的测量。得分越高服务质量越高,反之服务质量则较差。通过实施SERVQUAL体系进行测量,旅行社不仅能够获取服务质量的总体评价结果,还能深入剖析导致游客不满的具体原因,进而为制定和实施有效的服务质量改进措施提供科学依据。

(二)服务质量测量的工作流程

服务质量的测量主要由旅行社的质量监管部门完成。如今,旅行社都开始构建自己的质量管理系统,从服务质量调查到测量,再到统计分析,都由系统辅助完成。具体的服务质量测量工作流程如图8-3所示。

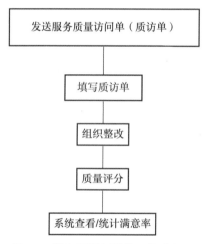

图8-3 服务质量测量的工作流程图

1.发送服务质量访问单(质访单)

质访单可以由导游在行中进行发放,也可以由质量管理专员在行后进行发放。如今,质访单主要采用电子形式。导游(领队)在行程结束前向游客出示点评二维码,让游客进行扫码填写;或是在行程结束后,由质量管理系统根据预留的信息(微信会员账号、电子邮箱、预订人手机号等)推送质访单链接给游客,如果游客未及时进行点评,质访员将发送点评邀请短信。

2.填写质访单

游客可根据收到的推送链接或在订单页面进行点评。若游客未主动点评,质访员最晚在游客返回后3日内完成发送点评邀请短信。

3. 组织整改

质量管理系统中质监处理单管理功能会将低分(即游客不满意)的质访单自动指派给对应业务部门的质量专员,由质量专员对被指派的处理单进行调查核实、原因分析、填写处理方案并整改、验证。

4. 质量评分

质访评分员根据来自各点评渠道的游客意见,结合各业务部门员工对质监处理单的核实回复情况,对每个团/自由行进行质量评分。若发现未自动发处理单的非低分质访单中游客文字反馈了质量问题,应在系统内发起并指派处理单给相应的业务部门的质量专员处理。

5. 系统查看/统计满意率

各业务部门均可通过登录质量管理系统,实时查看并追踪质量目标的达成情况,这一过程由各自业务部门的质量专员负责处理。系统内集成了包括供应商质量表现表、产品净推荐值、质量监督处理单完成进度等在内的多项关键质量数据,为各部门提供了全面的质量监控与分析依据。系统还支持查看通报结果,确保奖惩措施得以公正、透明地执行。相关部门依据系统统计的数据结果,及时对质量问题进行处理和改进,并对责任部门和人员在本月度的表现进行奖惩兑现。若满意率未达到合格标准,则需深入分析原因,并将改进措施纳入整体整改计划中。可以看出,旅行社服务质量调查和测量是一个完整的工作程序,从质访单的发放到数据的分析,再到数据反馈和相应的整改措施和奖惩措施。只有将服务质量的检测结果与企业管理和员工绩效挂钩,才能将服务质量工作落到实处。

(三) 服务质量成本

服务往往是无形的,具有生产和消费同步性的特征。这些特征对服务质量的实现提出了很多挑战。毕竟,旅行社很难像制造工厂那样在顾客与生产者之间插入质检环节。因此旅行社要实现服务质量,需要采取相应的措施。

著名的质量专家约瑟夫·莫西·朱兰(Joseph M.Juran)倡导建立质量成本会计系统,从而让高层经理认识到强调质量的必要性。他识别出制造业的四类质量成本:内部失败成本(在装运前发现的缺陷),外部失败成本(装运后发现的缺陷),检查成本(检查购买的原料和在生产过程中的检查),预防成本(在第一地点阻止缺陷产生)。朱兰发现,在大多数制造企业中,内部及外部失败成本占总质量成本的50%—80%。因此,为使总质量成本减到最少,他倡导应更多地关注预防,在预防上投入1美元,可以减少100美元的检查成本和10000美元的失败成本。

对游客而言,旅行社服务是一种经历,所以任何失败都会成为其向他人诉说的故事。旅行社高层管理人员必须认识到,不满意的游客不仅会转向其他的旅行社,而且会向他人诉说自己不愉快的经历,从而造成企业未来业务的严重损失。旅行社搜集服务绩效的相关数据和信息后,首先要对信息进行评判,在评估现状的基础上,判断服务是否确实失控。如果仅是随机发生的偶然事件,那么对应特殊事件做及时处理即可;如果判定确实是服务失控就要采取矫正措施,之后检查行动的结果是否有效,并且针对系统的失控原因调整系统。

（四）提供服务保证

服务保证有显著的市场需求,而且通过服务保证设定质量目标,可以提升整个旅行社的服务质量。有学者指出服务保证在以下几方面促进了服务企业的组织效率。

第一,更加关注顾客。服务保证要求服务企业必须明确顾客需求。旅行社在进行服务保证时要针对游客关注的问题,因此进行游客需求调查是必要的。

第二,设立明确的标准。对游客具体而明确的保证也为旅行社设定了清晰的标准,众多旅行社都有自己的服务标准,并且将标准建设作为质量管理的重要组成部分。

第三,保证的反馈。接受保证的游客可以为评估旅行社服务质量提供有价值的信息,也为旅行社改进服务质量提供依据。

第四,促进对服务传递系统的理解。旅行社在向游客做出保证之前,必须确定服务系统中可能失败的地方和可控制的因素,从而更好地进行服务传递。

第五,建立顾客忠诚。服务保证降低了游客感知风险,进而促使游客对服务的期望更加清晰和具体。这种明确的期望不仅提升了游客的满意度,还显著增强了其对旅游企业的忠诚度,从而为企业巩固并扩大其市场占有率奠定了坚实基础。

第四节　旅行社服务补救

一、服务补救的内涵

服务补救(Service Recovery)自20世纪80年代初由英国航空公司引入服务管理领域以来,已成为一种重要的营销战术。它指的是企业在服务过程中发生缺失或失误后,所采取的旨在恢复顾客满意度和重建顾客信任的一系列行动与反应。这一过程的核心在于通过及时的应对措施,缓解顾客因服务问题而产生的不满情绪。进一步地,服务补救措施可以根据其具体内容分为两大类:精神补偿和有形补偿。前者侧重通过情感关怀、道歉或特别关注等方式来安抚顾客情绪,而后者则涉及提供物质利益、折扣、免费服务或补偿品等实质性的补偿措施。

在服务行业,尤其是旅游服务领域,由于种种原因,难以完全避免各类服务缺陷与失败情况。为了有效降低顾客流失率,旅游企业需积极实施服务补救措施以进行服务质量的改进。这些补救措施的核心目的在于修复并强化客户与企业之间的关系,同时减轻因服务失误或不足给顾客带来的心理与利益上的伤害或损失,从而维护并提升顾客的忠诚度和满意度。

当旅行社的服务表现低于游客期望便会导致游客不满意。为了改善这一状况,提升顾客满意度,旅行社需采取服务补救措施以应对服务失败的情况。服务失败的原因包括服务未按约定履行、服务传递过程延迟或效率低下、服务方法不当导致质量低下,以及接待人员态度粗暴或缺乏关怀等。尽管这些服务失败的情况普遍会导致游客不满,但研究表明,仅有部分遭遇服务失败的游客会选择正式投诉。这意味着,即使那些未投诉的游客,也可能已经经历了服务失败。因此,旅行社若未能及时且合理地解决服务失败问题,不仅可能导致客户流失,还可能引发法律纠纷等不利后果。

近年来,随着各种线上旅游服务平台的出现,更多的消费者将旅游消费定制服务由线下转到线上,无论是线下旅行社员工和消费者之间的接触,还是线上旅游服务平台客服与消费者的沟通,都可能会出现因企业的不当行为造成服务失误的情况。为弥补服务失误、保护消费者权益、提高消费者满意度,企业和相关平台必然要进行服务补救,企业服务补救的速度和效果决定了消费者是否满意、是否会进行正面口碑传播及产生再购行为。同时,在服务补救中,消费者扮演服务接受者的角色参与其中。消费者参与服务补救过程能够显著提升其对补救内容的认知度,进而增强消费者对服务补救措施的接受程度。这种参与不仅促进了信息的透明交流,还加深了消费者对补救措施的理解与信任。

二、旅游投诉的特点

(一)服务质量引发投诉事件比例大

服务质量引发投诉事件比例大是当下旅游投诉最明显的一个特点,近年来,随着人们维权意识增强,人们对于自身受到的服务也更加在意。人们期望在出外旅游的同时可以享受到更好的服务,而这与旅行社所提供的服务存在一定的不符,从而导致了人们对于旅行社服务质量的投诉,其中具体表现可以从下面内容体现出来。相关数据显示,自2008年起,我国旅游投诉事件数量呈现出逐年上升的趋势。在这些投诉中,关于旅游服务质量的投诉占据了相当大的比例,具体涵盖了旅行社基础设施不完善、导游服务质量不达标等多个方面。虽然在这期间,国家对此进行了相应的整治,旅游投诉人次有所下降,但是整体旅游服务质量投诉案件却没有减少,这也是当下旅游投诉的一个重要特点。

(二)导游违规行为引发的投诉较多

在旅游投诉特点中,除了服务质量引发的投诉事件比较多,导游行为引发的投诉事件也占了很大一部分。在实际中,由于导游是在外进行服务,受到的约束和管理会相对宽松,这样就有可能导致出现不合规定行为,从而引发游客投诉事件发生。据相关调查,很多游客投诉导游在旅游过程中,没有按照原先的协议进行,胡乱添加旅游项目,改变原先的旅游计划以及进行一些不合理的收费。这些服务问题不仅给游客带来了额外的经济负担,还引发了游客对导游行为的不满情绪,进而导致了导游投诉事件的显著增加。因此,旅行社加强这方面管理是非常必要的,应该采取有效的措施提升导游素质,降低投诉现象发生的概率。

(三) 投诉处理效率低

投诉处理效率低也是现在旅行社投诉事件中一个重要特点,在实际中,由于投诉案件往往涉及复杂多样的内容,加之证据收集过程中常面临诸多困难,导致难以及时有效地获取关键证据,进而影响了投诉处理事件的迅速与有效解决。同时对于投诉事件处理,有些旅游管理部门也不太重视,对于那些旅游投诉事件抱着一种应付态度,没有进行认真的处理,所以就会影响投诉事件的处理效率。在实际中,这种现象的出现给游客利益保障带来了巨大的影响,游客的切身利益无法得到保障,这也是现在旅行社投诉事件中一个重要特点。

(四) 投诉覆盖范围广

旅游者的投诉涵盖了旅游活动的各个环节,主要集中于航空、酒店、景区、导游服务、交通及旅行社等六大领域。其中,针对旅行社的投诉占据较高比例,而关于航空和酒店服务的投诉亦不在少数。值得注意的是,针对旅行社、景区、导游服务及交通的投诉量均呈现上升趋势。在航空投诉中,机票无法退票及改签费用高昂成为焦点问题。此外,随着政策法规的完善及市场监管力度的增强,诱导购物、定点购物行为及"不合理低价游"现象也成为投诉的重灾区。

(五) 时间因素与投诉关联分析

由于受到"闲暇时间"和"可支配收入"两方面因素的影响,旅游者在出游时机的选择上呈现一定的趋同性,再加上其他社会因素及各地旅游产品特点的影响,就形成了旅游市场的淡旺季。因此,旅游投诉也呈现出了明显的淡旺季,旅游投诉集中的月份也正是旅游市场的旺季。在旅游旺季,尤其是旺季中的高峰时段,对景区及酒店的接待能力、旅游企业及导游等服务提供者的服务意识及服务水平都提出更高的要求,服务失败出现的概率更高,旅游者的体验质量和满意度也会被削减。旅游投诉主要集中于七月、八月、九月和十月这四个月份;按季度来分析,第三季度投诉较多。

三、旅行社服务补救的要点

旅行社服务失误补救是提高服务质量的一个重要环节,有效地实施服务失误补救,不仅需要从旅行社本身找原因来弥补不足,同时需要及时追踪游客的行为,这有利于旅行社有效地稳固客源。旅行社要及时发现经营中所存在的问题,总结经验教训,建立服务补救管理机制,及时解决服务失误,以使旅行社更健康顺利地发展。

（一）补救工作的执行原则

旅行社在执行服务补救的过程中需要遵循一定的原则,只有这样,员工才能有章可循,更好地实施服务补救。旅行社的服务补救原则如下。

1. 及时性原则

相关研究表明,及时的服务补救工作不仅能够降低游客的不满,而且能够降低企业的补救成本。服务补救工作应该遵循及时性原则,在认识到服务失误发生时,积极采取补救行为。

2. 与服务失败匹配原则

当服务失误发生时,旅行社首先要衡量这种服务失误给游客带来的损失的严重程度,在此基础上提供相应的服务补救措施,旅行社应遵循服务补救所消耗的成本与游客感知的损失相一致的原则。例如,在游客投诉相关服务人员态度恶劣的情境中,适时的道歉往往被视为最为恰当的服务补救措施,它能够有效为游客提供精神上的慰藉和补偿。相反,若在此情境下盲目提供经济补偿,可能不仅无法有效缓解游客的不满情绪,反而会导致旅行社承受不必要的经济损失,无法实现补救的初衷。

3. 游客参与原则

让游客参与到服务补救的整个过程当中,能够及时了解游客的服务补救期望,从而在服务补救措施的制定方面能够使游客满意。

（二）服务补救的系统框架

服务补救机制的构建涉及多个系统,包括服务失误预应系统、服务提供系统、补救反应系统和信息库系统。基于广义的服务补救理论,即在服务流程的事前、事中和事后阶段均应采取相应的反应措施,旅行社可以构建一套全面的服务失误补救机制。该机制具体涵盖三个关键方面:预警机制(事前预防服务失误的发生)、执行机制(事中迅速且有效地应对服务失误),以及评估机制(事后对补救效果进行评估与反馈),以确保旅行社能够全方位、系统地管理和改善服务质量。

1. 服务失误补救的预警机制

为了建立有效的服务失误识别预警系统,旅行社需持续且及时地收集相关信息,并运用科学的方法进行分析处理。这一过程应包含定期或不定期的自我诊断活动,旨在客观评估旅行社自身的运营状况以及市场环境的现状。通过前瞻性的决策与规划,旅行社能够预见并预防潜在的服务失误,确保服务质量的稳定性和提升。制定明确的服务标准可以让游客建立明确的期望,帮助旅游者判断是他们自己的错判还是旅行社的失误,使游客在遭遇服务失误时不抱怨。以餐饮服务为例,旅行社可预先设定合理的餐标容差范围,明确当餐标在此范围内低于预期标准时不视为服务失误,此举有助于游客对服务失误有更清晰、更理性的认知。同时,为有效应对潜在的服务失误,旅行社应基于过往服务补救的实践经验,系统分析并整理相关资料,建立一套完善的服务失误补救预案。此预案旨在减少服务失误处理的盲目性,确保旅行社能以顾客为中心,迅速且高效地采取补救措施,从而提升顾客满意度和忠诚度。

2. 服务失误补救的执行机制

旅行社服务失误补救的执行机制有两个方面:一方面,若为已发生过的服务失误,则可从已制定的服务补救预案中选出相似案例再根据具体情况实施服务补救。另一方面,若是没有发生过的服务失误,则要进行服务失误的判断,及时向顾客解释服务失误发生的原因,并对已发生的错误进行道歉、解释,与游客沟通协商,认真了解顾客期望,实施恰当的补偿方案,对游客进行精神和物质上的补偿。旅行社服务失误补救执行步骤可以表示为:公司内部的服务补救(员工专业培训＋团队合作＋服务补救预案＋公司管理规章制度)＋公司外部的服务补救(主动补救＋及时行动＋及时道歉＋执行补救方案)。在旅行社服务失误补救执行步骤中,尤为重要的是员工专业培训,通过各种工作技能和行为技能的培训来提升员工的专业素养,提高员工创造性解决服务失误的能力,让员工具备及时发现服务失误,或者出现服务失误时能够做到临危不乱,不是对游客的要求采取敷衍或者推脱的行为,而是能用正确的方法来解决问题。让员工明确自己的职责,做好客户的工作,迅速改正错误并及时做出赔偿。要求员工主动地去解决,而不是等到顾客投诉时再进行补救;并且要求员工及时道歉给予顾客心理上的安慰,避免顾客的不满情绪扩大。

3. 服务失误补救的评估机制

旅行社服务失误补救评估是一项系统的工程,涉及众多因素。然而对于旅行社来说游客是旅行社服务质量的唯一评委,同样也是验证服务失误补救行为是否有效的判断者。旅行社在实施服务补救后,将补救结果及时反馈给信息提供者,这一举措能够显著增强顾客及旅行社员工内心的归属感和被重视感,进而促进他们的忠诚度提升,并有效提高服务失误补救的整体效益。为实现这一目标,旅行社不仅需要深入理解游客对于服务补救的具体期望,还必须在交易过程中确保公平性的实现,以满足各方利益,构建和谐的客户关系与工作环境。

本章思考题

1. 基于期望—差异理论,游客满意度的内涵是什么?
2. 如何对游客满意度进行测评?
3. 影响游客期望的因素有哪些?
4. 如何对游客服务期望进行管理?
5. 服务质量的维度有哪些?
6. 哪些因素会导致游客投诉?
7. 如何进行积极有效的服务补救?

第九章
旅行社人力资源管理

本章概要

本章介绍人力资源及人力资源管理的概念,介绍旅行社人力资源管理的特点、原则和基本内容,重点介绍和探讨旅行社人力资源管理的职能和适合旅行社采用的先进的人力资源管理技术。

导入案例

旅游行业整体复苏,酒店、旅行社忙招人

金三银四招聘季,步入快速复苏轨道的多家旅游企业纷纷启动招聘计划,旅行社"一导难求"消息一度登上热搜。

熬过三年疫情的旅游业,现在究竟有多缺人?重启招聘计划后,流失的人才能及时归位吗?"新鲜血液"愿意加入吗?当下,各家旅游机构都在忙着寻求解决之道。

伴随周边游和国内游逐步复苏,出境团队游试点国家增加,旅行社也正为大规模的旅游复苏做准备。春秋旅游人力资源部总经理告诉记者,疫情期间,春秋旅游100来人的导游队伍基本都保留了下来,基本可以满足当下的业务需求。不过,考虑到未来旅游业的进一步复苏导致的人手紧缺,新一轮的人员招聘已经启动。

旅行社方面,除了导游人群有缺口,以线路设计为主的计调岗位、视频和直播等新媒体人才也有较大需求。面对迅速复苏的旅游市场,春秋旅游也加速了招聘计划。2023年2月下旬,春秋旅游人力资源部总经理参加了上海市春季促进就业专项行动大型招聘会,发现参展商和应聘者都规模空前。"现场人气非常旺,收到的简历也比疫情前同类招聘会多了一倍以上。应聘者有的来自上海,也有一些来自长三角其他区域。"总经理说。

春秋旅游从招聘会上接触到的应聘者中既有旅游行业的熟手,也有应届毕业生,经过面试已有10人上岗。新入职的人员主要集中在计调和新媒体岗位。根据业务开展的情况,2023年6月之前旅行社还将新招聘40人左右。而对市面上更多旅行社而言,导游紧缺仍是普遍现象。"疫情期间,很多导游人员被裁撤,他们中有些人已转行卖保险或理财产品等。除非旅游行业恢复到2019年的状态,否则他们中的有些人不一定会回来。"

课前思考:旅行社如何吸引人才加入自己的团队?

第一节　旅行社组织设计和业务流程再造

组织结构是指组织将人力、信息、资源和技术进行有效整合的方式,旨在助力组织达成其既定目标。对于旅行社这样的企业来说,其组织结构是实施企业战略的基础框架,支撑着企业的日常运营与管理。旅行社作为一个组织,其存在的必要性在于能够集合众人的力量,完成个人难以单独完成的工作或实现个人难以达成的目标。通过组织化的运作方式,旅行社能够显著提升工作效率,使得整体效能远超相同数量个体单独工作的总和。这既是组织工作的核心追求,也是其存在的根本意义。如果组织运行的成本超过了其带来的效益,那么组织的存在就失去了意义。

一、组织管理基础理论

(一)分化与整合理论

1. 组织的分化

在组织内部,实施以职能、产品、地区、市场和业务流程等因素为基础的分化。

(1)以职能为基础的分化。

以职能为基础的分化具有明显的优点:明确各主要职能部门的权力与威信;体现职业专门化原则,有利于提高劳动力的利用效率;简化培训流程。但是,这种分化也有缺点,具体主要包括:各职能部门的工作人员目光狭隘,只忠于自己所在部门而不把企业看成一个整体,在各部门之间形成阻碍协调的障碍;高层领导对企业利润负全部责任;不利于培养全局型管理人才。因此,以职能为基础的分化方法仅适合于小型组织。

(2)以产品为基础的分化。

以产品为基础的分化的优点包括:使设备和技能以产品为中心实现专业化,有利于生产与销售;在产品部门内各项职能的协调比较容易;将利润和经济效益的责任下放到各个部门,为管理者在未来把握全局提供了训练机会。其主要的缺点包括:要求组织中有更多的全局型管理人才;最高层对各产品部门的协调与控制难度增大;使可以在一个部门中完成的职能分散到许多产品部门,造成简单重复成本增加。

(3) 以地区为基础的分化。

该分化与以产品为基础的分化基本相似,只是其强调的是地区性市场,因而有利于与地区中的有关团体和顾客保持密切的联系。

(4) 以市场为基础的分化。

该分化也称服务对象部门化,这种分化方法的突出优点在于各部门能够更好地了解和服务顾客的需要,并有利于在某些细分市场领域内形成和发挥企业的专长。其主要的缺点包括:针对不同细分市场的各个部门之间的协调有困难;当顾客群体不稳定或者市场需求不足时,专业人员与设备将得不到充分利用。

(5) 以业务流程为基础的分化。

这种分化方法的优点在于能够实现业务流程操作的专业化,有利于提高生产效率;可以简化培训过程,使员工更高效地掌握所需技能。其缺点在于各部门之间受专业化限制难以沟通,从而导致各部门之间协调困难。

2. 组织的整合

组织在分化基础上的整合也存在不同的形式,概括起来主要有以下两种图式。

(1) 机械论的科层制图式。

韦伯是论述科层制组织的著名的学者之一。韦伯认为,科层制组织指的是以理性组织原则为基础的组织体系。理想中的科层制组织具有以下特征:有对组织目标的清晰阐述;以达到目标的理性步骤为基础,从目标中引申出明确的组织制度、程序和规章;对组织成员的任务进行划分,使每个成员都有一个与其能力相匹配的确定的活动范围;具有金字塔式的结构,上级比下级拥有更多的权力;决策应以约束决策者的规则为基础;岗位都由详细的规则和程序所约束;组织人员的选择应以个人的技术能力为基础。

(2) 有机适应性图式。

有机适应性图式的组织倾向于具有与科层制组织相反的特征。在这一图式的组织中,制度规定比较灵活,组织权力的集中度比较低。它基本克服了科层制组织的缺点,比较适用于面临动态环境的组织。但是,并不能因此得出有机适应性图式的组织要比科层制图式的组织优越的结论,而是要视组织所处的环境而定。

组织在任务分化和整合过程中,展现出多样化的策略选择,这也导致了设计过程中存在多种可供选择的组织结构。每种组织结构均具备其独特的优势与局限性,因此,不存在一种普遍适用于所有组织的"最优结构"。相反,特定组织在特定情境下,会选择最适合其需求和条件的组织结构。此外,为了最大化组织效能,组织还可以根据实际需要在同一体系内混合运用多种结构类型,通过优势互补,实现更高效的运营和管理。

（二）影响因素与构成要素理论

倘若把组织结构看作因变量，影响与决定它的自变量则至少包括以下方面：组织所处的外部环境、组织客源市场的特征、组织的战略目标、组织所要完成的任务、企业家和管理者的管理理念、采用的技术、组织成员的工作能力及个性、组织规模与地域分布。然而，不论是哪一种因素在起作用，组织设计的总原则都是有利于高效地实现组织的既定目标，这也是衡量组织结构合理性的基本标准。

1961年，斯科特提出了古典组织理论赖以存在的四个支柱，即分工、指挥系统（等级与职能结构）、控制范围和结构。在今天，这四大支柱仍然可以看作是组织设计与管理的基本构成要素。

首先，分工是对组织经营目标的恰当分解与定位，包括在产品和服务流程设计的基础上，对服务岗位和管理岗位进行最优化配置，并明确工作标准、职责、内容和程序设计。

其次，指挥系统是管理指令的传输通道、方式和反馈机制，如层级管理制度、授权与分权、沟通与协调、质量管理制度、管理作风优化制度和员工合理化建议制度等。

再次，控制范围指管理层级与管理跨（幅）度，如组织管理层次与管理跨度之间的反向替换、窄的与宽的管理跨度之间的选择、助理与总监的设置等。

最后，结构反映的是各管理层级与部门之间的关系。在三个组织系统中，由部门分化而来的是各部门之间责权利的分制，这种分制有时会在组织运作中阻碍组织整体利益的最大化。

因此，在组织设计与管理过程中应该有一种合理结构关系，来协调各层级和各部门之间在实现组织总体目标的过程中有可能出现的冲突。

二、旅行社组织设计

（一）影响组织结构形态的关键因素

旅行社组织结构的形态受很多因素的影响，相对关键的因素有旅行社企业战略、组织环境、组织自身的技术特点、组织规模和生命周期等。

1. 企业战略

旅行社实行服务产品差异化、个性化市场战略，这就要求旅行社的组织结构具有更高的适应性和灵活性，结构上要求纵向具有弹性，横向强化协调沟通的能力。

2. 组织环境

旅行社处于旅游服务领域，服务行业的高速发展和激烈竞争使得该行业的市场和服务环境都具有高度的不确定性。这就要求旅行社不得不强化与环境的接口功能，不断加强旅行社内部的整合能力，强调有机的而非僵化的内部过程。

3. 组织自身的技术特点

旅游服务的创新性和复杂性,以及旅游线路规划内部的高度相互依存性,要求企业的组织结构强调非正规性、高度分权、协调沟通,建立具有跨越职能的横向结构以适应相互依存关系。

4. 组织规模和生命周期

众多小型旅行社正处于由中小型企业向规范化转型的进程中,但鉴于外部环境的复杂多变性,它们难以先行构建一个完全正规化的组织结构,再逐步减少由此可能引发的官僚化倾向。相反,这些旅行社在当前阶段必须时刻关注并维持高度的灵活性和快速响应能力,以适应不断变化的市场环境。

(二)组织设计的原则

旅行社在组织结构设计过程中应遵循以下原则。

1. 任务目标原则

任务目标原则就是根据旅行社的经营目标来确定旅行社的组织结构。不论部门怎么设计,最终都是要实现旅行社的销售职能、对旅游者的接待服务职能以及内部管理职能等。旅行社要有相应部门来完成这些职能,实现这些目标。可以将旅行社的各类业务与管理职能分解到各个部门和各个岗位,按需设岗,确定旅行社的组织结构。不同旅行社因业务范围的不同和客源结构的差异,具体部门设计有可能不尽相同,但只要能够很好地实现旅行社的经营目标,组织结构就是合理的。

2. 责权利统一的原则

要调动员工的积极性,很重要的一点就是要明确规定各岗位的责任、权力和利益;否则,将很容易使员工产生不公平的感觉,也会在一事当前时产生推诿等低效率现象。应当规定明确的职责范围,确定何事该由谁负责、完成了有何利益、不完成又有何惩罚。同时,要给予员工充分的信任和授权,赋予员工充分的权力,避免部门之间、人员之间相互牵制,确保工作顺利进行。

3. 有效管理幅度原则

由于受个人精力、知识和经验条件的限制,一位领导能够有效领导的直属下级人数是有限的。有效管理幅度不是一个固定值,它受职务的性质、人员的素质、职能机构健全与否等条件的影响。在组织设计的过程中,为确保管理工作的有效性和效率,领导人的管理幅度应被合理控制在一个适当的水平。由于管理幅度与管理层次的数量之间存在着直接的比例关系,这一原则明确指出,在确定企业内部的管理层次结构时,必须充分考虑并受到有效管理幅度的实际制约。因此,有效管理幅度也是决定企业管理层次的一个基本因素。

4. 集权与分权相结合的原则

旅行社在组织设计过程中,需平衡权力集中与分散的度,两者均为不可或缺之要素。集权,作为大型企业运营的基石,确保了企业的统一领导和指挥体系,优化了资源(人力、物力、财力)的配置与使用效率。而分权,则是激发下属积极性与主动性的关键组织条件,它促使基层依据实际情况快速且准确地做出决策,同时减轻上层领导负担,使其能专注于重大战略问题。因此,集权与分权是相辅相成、矛盾统一的两个方面,不存在绝对的集权或分权。

在具体实施这一原则时,旅行社需根据企业规模、生产技术特性、各项工作的专业性质、单位管理水平及人员素质要求等因素,细致分析并确定权力集中的领域与分散的边界,以及集权与分权应达到的合理程度。这一过程要求企业具备高度的战略洞察力和组织灵活性,以确保权力分配既能维护整体秩序,又能激发组织活力。

5. 柔性经济原则

组织的经济指组织的管理层次与幅度、人员结构以及部门工作流程必须设计合理以达到管理的高效率。组织的柔性指组织的各个部门、各个人员都可以根据组织内外环境的变化而进行灵活的调整和变动。组织的结构应当保持一定的柔性以减小组织变革所造成的冲击和震荡。组织的柔性与经济是相辅相成的,一个柔性的组织必须符合经济的原则,而一个经济的组织又必须使组织保持柔性。只有这样,才能保证组织机构既精减又高效,避免官僚主义作风的滋长和蔓延。

(三) 组织设计的分类

1. 以任务为中心的组织设计

我国旅行社传统的组织结构模式是按照旅行社内部业务分工进行部门设置的,这种组织结构也被称为直线职能结构。在这种组织结构模式中,除人力资源部和财务部等职能部门以外,各业务部门的分工情况如下。

(1) 外联部。

有很多旅行社的外联部又称市场部、销售部或市场营销部。外联的主要业务就是设计和销售旅行社产品。外联一词,最初不仅指代对外界的联络工作,更蕴含了在中国旅游业发展初期,特别强调对国际入境旅游市场的宣传与招徕策略,因而"外"字凸显了其国际化导向。然而,随着行业演进,许多旅行社已逐步摒弃或调整了这一称谓,即便沿用,其内涵也已发生转变,更多时候成为行业内的一种习惯用语。在旅行社的运营管理体系中,营销管理占据了至关重要的地位,它直接关系到旅行社产品的市场竞争力、品牌形象塑造以及经济效益的实现。有效的营销管理不仅能够促进旅行社产品的创新与优化,还能增强客户黏性,拓宽市场份额,为旅行社的可持续发展奠定坚实基础。

(2) 计调部。

计调部的全称为计划调度部,是旅行社接待业务的调度中心,其主要职责是负责接待服务的计划和调度。由于旅行社提供的是综合性服务,各方面、各环节之间的协调与配合就显得尤为重要了,计调工作成为旅行社接待工作的保障。

(3) 接待部。

接待部主要由不同语种的导游人员组成,主要负责具体接待计划的制定与落实,为旅游者(团)提供导游和陪同服务。

(4) 综合业务部。

综合业务部是旅行社多功能的、带有拓展业务性质的综合部门,它同时具有某些职能部门的特征,主要承担散客旅游业务和票务工作等。在旅行社的所有部门中,综合业务部的业务范围最广,服务项目最细。

直线职能制组织结构在我国旅行社行业中扮演着较为传统的角色。在这种结构框架下,旅行社通常会在总经理的领导下,平行设立多个职能部门,如外联部、接待部等,每个部门均设定有各自明确的工作目标与职责范围,这些部门之间在履行职责时保持相对独立,互不干涉,共同支撑起旅行社的整体运营体系。改革开放初期,我国几乎所有的旅行社都采用这种方式,现在仍有很多规模较小的旅行社沿用这种组织结构。这样划分,看起来结构较为简单,但旅行社业务本身具有连续性与不可分性,因此这种人为的划分使部门之间的协调难度加大,各部门往往会因为部门利益而忽视企业的整体利益,而且,各部门容易因分工的不同而产生利益分配上的矛盾。在旅行社管理中,直线式组织的弊端越来越明显,因此,许多旅行社转而采用事业部制的组织结构。

2. 以结果为中心的组织结构设计

在经营单一业务或少量业务,且外部环境相对简单稳定的情况下,直线职能制是一种有效的组织设计。当旅行社业务开始增多,进入跨区经营、多业务线混合经营时,管理的规模与范围不断增加,这种设计模式的管理重心就会太高,协调成本增大,此时需要转变为以结果为中心的组织设计。

以结果为中心的组织设计,指其主要构成单元能够直接面对外部市场环境检验,承担经营责任,交付业绩成果,可落实为一个完全责任主体,负责人必须能对结果的达成承担不可推卸的责任。这种设计结构主要以独立核算的事业部制为代表。

(1) 事业部制的组织结构。

事业部制的组织结构,即设立一系列业务单位为某一个细分市场的旅游者提供某种旅行社产品,每一个事业部都是多种职能或多个部门的一种组合,这些职能或部门共同运作,进行生产。设立事业部制结构的目的是在组织内部创立一个更小、管理更有效的单位。

在理论上,事业部结构有产品结构、区域结构和市场结构等三种形式。产品结构指按照旅行社产品的类型进行组织的事业部;区域结构指按照经营运作的市场区域进行组织的事业部;市场结构指按照顾客类型组织的事业部。

事业部制最早由通用汽车公司前总裁斯隆先生研发采用,初期所处理的是多个汽车品牌之间的协同管理问题,后期出现了区域事业部制。图9-1是旅行社所采取的事

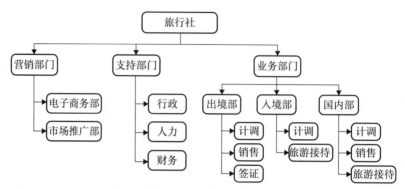

图 9-1　旅行社事业部制结构图(区域)

业部结构中的区域结构。旅行社按照客源地来进行组织机构设置,各部门分别针对各自的目标市场实行原有的外联、计调和接待等职能,从而减少了部门间的冲突,提高了工作效率。

此外,旅行社也可以采用按照旅游产品的类型设立的事业部制结构,如图 9-2 所示。该结构可以使管理者对旅游者的需求迅速做出反应,并根据旅游需求的变化进行决策。例如,在美国柯达公司,顾客成像事业部负责管理柯达著名的照相产品的分销和销售。直到 1995 年,成像事业部把顾客按地区分群,使用区域结构来分销和出售其照相产品。然而顾客反映他们无法得到个性化服务,销售人员面对太大的市场而感到力不从心。因此,管理者决定重新设计组织,将原有的区域结构转变为市场结构,并调整销售队伍的配置,使其专注于为特定类型的顾客需求提供服务。这一变革旨在提供更加个性化和定制化的解决方案,以满足不同顾客群体的独特需求。

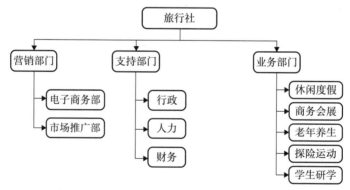

图 9-2　旅行社事业部制结构图(旅游产品类型)

(2)旅行社常使用的组织结构还包括矩阵制结构。

矩阵制体现的是以任务为中心和以结果为中心的折中,因此既具备两种模式的优点,也面临两种模式的缺点。管理者将来自不同职能部门的员工组成一个小组共同开发产品,小组成员同时对职能和产品小组的上司负责,在小组的具体工作结束后,小组成员回到其原在职能部门。该结构加强了职能部门之间的横向联系,最大限度地使用了人力资源,比较适合某些高科技公司。

3. 以关系为中心的组织设计

以关系为中心的组织设计往往是企业突破自身的组织边界,构建起了更为广泛的合作关系或生态关系,以战略联盟、集团化、加盟代理等为体现形式。平台组织的出现已成为旅行服务业的重要力量。携程、去哪儿、途牛、马蜂窝等作为新兴在线旅行服务平台的代表,是互联网技术深度渗透旅行服务业后催生的平台型企业。这些平台不仅区别于传统的联盟或中间组织,而且其影响力已广泛渗透至社会分工的各个层面,逐步融入并成为行业公共治理体系的一部分。随着这类平台企业的崛起,传统上公共与私营领域之间的界限变得日益模糊,它们同时扮演着被监管对象与共同监管主体的双重角色,对既有的行业治理体系构成了大的挑战,引发了一系列亟待解决的新问题,这些均是当前时代背景下的重要议题。

三、旅行社业务流程再造

旅行社业务流程再造是业务流程再造理论在旅行社中的应用,即通过业务流程再造改变旅行社原有的僵硬的落后的流程,以实现旅行社经营绩效的大幅度提高。旅行社的业务流程再造具有以下特点。

第一,旅行社业务流程再造强调资源整合。传统的旅行社按照劳动分工划分为不同的部门,每个部门负责旅行社业务的一部分。这种分工方式虽然有利于旅行社业务的专业化开展、管理便利化以及提高员工的工作熟练程度,但是随着社会环境的变化以及经济的发展,传统的分工暴露出组织效率低下、部门沟通不畅、人员冗杂等问题。旅行社业务流程再造对企业的资源进行整合,借助流程再造沟通各个部门,减少重复、无效流程,缩短流程时间,提高效率,实现内部资源的充分利用。

第二,旅行社业务流程再造强调以客户为中心。作为服务行业,客户对于旅行社的发展至关重要,尤其是旅行社进入买方市场以后,哪一个旅行社能够获得更多的客户满意度,就能够获得更多的资源,提高旅行社的市场份额。因此旅行社进行业务流程再造,应该做到以客户为中心,根据客户需求调整业务内容与结构,从客户的角度考虑问题,而不是单纯地降低产品价格。只有以客户为中心进行业务流程再造,才能够满足客户合理需求,提高其满意度,加强企业核心竞争能力。

第三,旅行社业务流程再造强调信息技术的应用。业务流程再造一直强调信息技术的应用,在旅游行业已经进入网络时代,去哪儿、携程、途牛等旅游网络涌现的当下,信息技术已经全面融入旅行社的营销、采购与出团业务中。因此旅行社的业务流程再造应该充分发挥信息技术的优势,借助信息技术平台进行日常管理与资源协调,加强旅行社各部门的内在联系,使不同业务流程从分工到合作转化。

在旅行社传统的劳动人事工作中,考虑的是员工的选拔、使用、考评、报酬、晋升、调动、退休等。而人力资源管理打破了员工和管理人员之间的界线,将他们作为企业重要的人力成本进行统一管理。而且现代人力资源管理体系具有决定企业命运的战略作用,由于企业外部环境的急剧变化,必须通过对人力资源规划的详细论证,编制长期、中期和近期的各层次人员的需求规划,才能有效地保持企业的活力。人力资源管理对旅行社的战略作用已大大超出传统人事管理的局限范围。可以说,旅行社人力资源管理的战略作用是与企业的未来前途紧密相连的。

第二节 旅行社人力资源招聘与任用

旅行社人力资源管理工作的一个重要方面是使员工与工作之间实现最佳匹配,从而做到人适其职、职得其人、人尽其才、才尽其用。要达到这一管理目的,既要了解旅行社各种工作的特点,又要掌握能胜任各种工作的人员特点,这就是人力资源管理中进行职位分析的主要内容。在推行旅行社进行科学化人力资源管理的过程中,职位分析不容忽视。

而旅行社的人力资源规划则是通过旅行社在不同时期、不同内外环境、不同战略目标下的人力资源供需情况进行预测,不仅确保旅行社在需要的时候能够获得各种人力资源,而且有助于员工队伍的精简化和高效化。职位分析是人力资源规划的前提,而人力资源规划则是依据职位分析来进行的。二者共同构成了旅行社人力资源管理的首要步骤。

一、职位分析的内涵及主要流程

(一)职位分析的内涵和基本原则

旅行社人力资源管理中的工作分析,也称职务分析,是指通过观察和研究,掌握职务的固有性质和企业内职务之间的相互关系,以确定该职务的工作任务和性质,以及工作人员在履行职务上应具有的技术、知识、能力和责任。简言之,工作分析就是确定该项职务的成分和胜任该职务的条件。旅行社在企业管理体制确定之后与实施具体的人事措施之前,必须对每种工作职务的职务说明和所需的特殊心理品质及特殊能力加以分析研究,并作书面记载,作为人力资源开发与管理的基本依据。显然,工作分析也就是对某一职务的内容及有关因素做全面的、系统的、有组织的描写或记载。为了达到这一目标,旅行社可以利用工作分析模式中确定的七项要素进行分层分析,即工作主体、工作内容、工作时间、工作环境、工作方式、工作原因和工作关系。

职位分析的对象虽然是各种各样的职位,但在职位分析的过程中还是有一定的规律和原则可以遵循。

第一,分析而不是罗列。在进行职位分析的时候,并不是仅仅停留在将一个职位所要完成的所有工作事无巨细地排列下来,而是要将该职位所需要完成的工作分解或者归纳为几个重要的组成部分,同时按照一定的原则或标准将其进行组合。

第二,针对的是工作而不是人。在人力资源管理中,有的时候强调"因事设人",有的时候也会需要"因人设职"。但是,对于职位分析来说,它只关心职位本身的要求,并不关心员工的绩效高低或者任职者个性方面的差异,它所要总结和提炼的是职位本身的要求。

第三,以当前工作为依据。职位分析的任务是将职位当前的工作内容和职责做一个清楚的描述,至于职位过去的情况以及该职位将来可能发生的变化,并不是当前的职位分析所需要强调或了解的。

第四,事实而不是判断。职位分析要求尽可能准确而全面地传递关于职位的事实资料,至于判断该职位的职责是否需要调整,职位是否需要撤销或合并等工作,则应当留给职位说明书的最终用户去做。

(二)职位分析的主要流程

旅行社人力资源管理过程中的职位分析是一个技术性很强的评价过程,这个过程可以分为四个阶段:准备阶段、调查阶段、分析与总结阶段、完成阶段。这四个阶段相互联系、相互影响。

1. 准备阶段

进行工作分析的准备阶段主要任务有:了解基本情况,确定样本,设计调查方案并明确调查方法。具体准备工作如下。

第一,明确通过工作分析所获得的信息将用于何种目的。因为通过工作分析所获得的各种信息的用途直接决定了需要搜集何种类型的信息,以及使用何种技术来搜集这些信息。

第二,对人力资源管理部门所要分析的工作职务的类型、基础资料和工作环境等情况进行初步了解。

第三,确定工作分析的方法和步骤。

第四,向旅行社内部接受工作分析的相关人员进行宣传和解释,消除可能产生的误解,以便在友好合作关系的前提下做好相关分析。

第五,组建精减高效的工作分析小组。

第六,确定调查对象,选择样本,明确调查方法,设计调查方案。

第七,把所要调查的各项工作分解成若干工作要素和环节,确定职务分析的基本维度。

2. 调查阶段

旅行社人力资源管理部门工作分析的第二步就是调查阶段。调查阶段的主要任务是对整个工作过程、工作环境、工作内容和工作人员等主要方面做一个全面的调查。具体工作步骤如下。

第一，编制各种调查问卷和提纲，使调查工作有明确针对性。

第二，在实际工作中灵活运用访谈、问卷、观察、关键事件法等各种调查方法进行实地调查。

第三，广泛深入地搜集有关工作职务特征及要求的原始数据资料，尤其应注重人员特征和工作特征方面的相关情况。

第四，要求被调查的部门员工按照调查要求，对各种工作特征的重要性和发生频次给予相应的等级。

3. 分析与总结阶段

分析阶段中十分重要的一环是对有关工作性质、人员特征的调查结果进行分析和提炼。工作分析并不是简单机械地收集和积累某些工作标准信息，它包含的具体工作如下。

第一，仔细审核已经收集到的关于各种工作职务的信息。

第二，对收集到的工作职务信息进行分析，尤其要注意有关工作和有关人员在具体工作过程中可能存在的问题。

第三，归纳、总结出工作分析的要点，包括关键岗位的职责、任务、工作关系、职务范围等。

第四，回顾最初列出的主要任务，针对工作分析提出的问题，提出改进建议，重新划分工作范围。

4. 完成阶段

完成阶段是工作分析的最后阶段，主要任务是根据所收集的信息和调查的结果，综合提出工作描述和工作规范，并制定职能说明书（或工作说明书、工作标准）。

（三）职位说明书和任职资质的编写

在工作分析的基础上，进行旅行社的工作说明。所谓工作说明，是对旅行社内部某一特定工作作出的明确规定，并对其范围、任务、责任、技能、工作环境以及职业条件等进行详细描述。

1. 职位说明书的主要内容

职位说明书范例如表9-1所示。

第一，职位名称。旅行社对一定的工作活动所规定的职位名称或职位代号，以便于对各种工作进行识别、登记、分类，以及确定企业内外的各种工作关系。

表 9-1　职位说明书范例　　　　　　　　　　日期：　　年　　月　　日

职务(岗位)名称:人事助理(招聘)	所属部门:人力资源部
直接上级:人事经理　　　　直接下级:无	职务(岗位)等级:七级
职位概要	A.制订和执行旅行社的招聘计划 B.制定、完善和监督执行旅行社的招聘制度 C.组织应聘人员面试工作
工作职责 工作要求	A.根据旅行社人力资源规划,提出人员招聘计划 B.执行旅行社招聘计划 C.制定招聘工作流程 D.安排应聘人员的面试工作 E.应聘人员材料筛选及证件的鉴别 F.完成上级交办的其他工作任务
工作目标	为旅行社找到合适的应聘人员
资格和条件	A.学历要求:大专及大专以上 B.工作经验:曾从事招聘工作3年以上 C.年龄要求:25岁以上 D.知识技能:英语4级,计算机达到办公自动化水平 E.能力:有较强的语言表达能力、文字表达能力、观察能力、逻辑处理能力、人际交往能力;有良好的职业道德;有较强的独立工作能力;工作认真,责任心强

第二,工作活动和程序。这里的工作活动和程序主要包括所要完成的工作任务、工作职责、使用的资料、机器设备与材料、工作流程,以及与其他部门的工作关系、接受监督与进行监督的性质和内容。

第三,工作条件和环境。包括工作地点的温度、光线、湿度、通风设施以及工作位置和地理环境等要素。

第四,社会环境,包括工作群体的情况,同事的特征及相互关系、社会心理氛围、各部门之间的关系以及工作点内外的文化设施,社会习俗等。

第五,职业条件,包括工作时间、工作季节性、工资结构、支付工资的方法、福利待遇、晋升机会、进修机会、该工作在企业部门职务序列中的正式位置等。

2.任职资格要求

旅行社的任职资格要求包括从事某项工作的人员必须具备的生理要求和心理要求,主要包括以下几个方面。

首先,一般要求。旅行社任职资格的一般要求是指员工的年龄、性别、学历、工作经验等情况。

其次,生理要求。任职资格的生理要求主要包括员工的健康状况、力量和体力、运动的灵活性、感觉器官的灵敏度等。

最后,心理要求。旅行社任职资格的心理要求主要包括员工的观察能力、专注能力、记忆能力、理解能力、学习能力、解决问题能力、创新思维能力、数学逻辑能力、语言表达能力、决策能力,以及特殊技能、个人气质、兴趣爱好、职业态度、事业心、团队合作精神与领导能力等。

二、旅行社员工的招聘

(一)选择招聘渠道

1. 内部招聘

内部招聘是指向旅行社现有人员传递有关职位空缺信息,吸引其中具有相应资格的人员参与应聘,或对有关职位适合者提出邀请,通过选拔、调动和提升的方式,将合适的人员安置到有关新的职位上。

(1) 内部招聘的优势。

旅行社进行内部招聘的优势主要有以下几条。

首先,得到升迁的员工会认为自己的才干得到了旅行社的承认,因此他的工作积极性和工作效率就会提高。其次,旅行社人力资源管理部门了解自己员工的长处和短处,能将被选用的员工安排到更合适的位置上,使其更好地发挥自己的工作能力。再次,旅行社通过提拔内部员工,可以起到较好的示范导向作用,以利于提高企业所有员工对旅行社的忠诚度,并为员工个人发展和晋升提供了广阔的空间,进而使员工在企业中确立比较明确的个人发展目标。最后,通常来说,内部员工比较了解旅行社内部的情况,为胜任新的工作岗位,旅行社所需的指导和培训费用会比较少,而被选用的人在短期内离职的可能性也相对比较小。

(2) 内部招聘的缺点。

内部招聘人员,有其一定的优势,这是无可非议的。但是,从旅行社人力资源管理部门实施内部招聘的实际工作成效来看,内部招聘也有一定的缺陷,这主要表现为以下几方面。

一是在内部招聘中,那些没有得到提拔的应征者会产生程度不等的不满情绪,因此旅行社人力资源管理部门需要加强解释和鼓励工作。二是当旅行社内部新的领导人员从同级的员工中产生时,会因各种因素在一定程度上引起团队其他人员的不满,从而使新主管较难在短期内树立起领导的声望,不利于工作的开展。三是如果旅行社已经确立了内部晋升的惯例,而当旅行社由于市场发展需要,或旅游产品创新需要,以致急需从外部招聘优秀的经营管理人才时,就可能会遇到现有员工的抵制。处理不当的话,还可能伤害员工的工作积极性,乃至出现"引进一个人,伤害一批人"的现象。

(3) 内部招聘的渠道。

旅行社内部出现职位空缺以后,一般的做法是,优先考虑的是企业内部是否有合适的人员填补空缺,即通过内部各种招聘渠道来寻找合适的候选人,常用的内部招聘渠道主要有以下几种。

首先,旅行社内部的宣传媒体。一般企业都有自己的宣传媒体,如宣传栏、墙报等。企业在确定了空缺职位的性质、职责及其所要求的条件等内容后,就可通过内部媒体公开空缺职位,吸引各级人员来应聘。这种途径既为有才能的员工提供成长、发展的机会,又体现公平竞争的原则。同时,人力资源管理部门还应通过内部渠道,围绕科学而公正的考核和选拔工作进行广泛宣传,使员工意识到绩效与晋升、加薪之间的密切关系,从而鼓励更多的员工积极参与内部的招聘工作。

其次,旅行社工作人员的引荐。从旅行社角度来说,主要是内部员工引荐其同事,也可以是上级引荐下级。这一渠道的主要优点是,引荐人对企业较熟悉,对空缺职位的职责、要求等也较了解,并在引荐某人之前,对某人的能力和愿望等都做了考虑和了解,因而成功的可能性较大。但是,采取这一渠道时要注意避免或克服"帮派"小团体现象,不搞裙带关系网,力求任人唯贤。

最后,档案记录。由于旅行社的档案通常记录员工的教育、经历、技能、培训、绩效等有关情况,所以人力资源管理部门通过档案选拔人才也是一条渠道。员工档案在一定程度上和范围内能帮助企业了解并确定符合某空缺职位要求的人员。人事档案对内部人员晋升来说是非常重要的。当然,档案记录必须准确、可靠,并力求详细。不过,应该看到档案记录这一渠道对员工的透明度低,影响力小,员工参与也少。因此,档案渠道常常与内部媒体、企业成员引荐结合起来使用,以起到相互补充的作用。

2. 外部招聘

外部招聘是根据一定的标准和程序,从旅行社外部的众多候选人中选拔符合空缺职位工作要求的管理人员。

(1) 外部招聘的优点。

首先,外聘干部具有"外来优势"。所谓"外来优势"主要是指被聘者没有"历史包袱",旅行社内部成员(部下)只知其目前的工作能力和实绩,而对其历史,特别是职业生涯中的失败记录知之甚少,因此,如果外聘确有能力,那么便可迅速地打开局面。相反,如果从内部提升,部下可能对新上司在成长过程中的失败教训有着非常深刻的印象,从而可能影响后者大胆地放手工作。

其次,外聘人员有利于平息和缓和旅行社内部竞争者之间的紧张关系。旅行社内部空缺的管理职位可能有好几个内部竞争者希望得到,而且每个人都希望获得晋升机会。如果员工发现原本与自己处于同一职级、具备相似能力的同事获得晋升,而自己却未能获得相应提升时,这种情境可能引发其内心的不满情绪。这种不满情绪若未能得到妥善处理,可能进一步导致员工在工作中的积极性下降,表现为懈怠态度,对新任领导的管理指令采取不合作或抵触行为,极端情况下,还可能出现故意破坏团队协作或工作进程的行为。从外部选聘可能使这些竞争者得到某种心理上的平衡,从而有利于缓和他们之间的紧张关系。

最后,采取外聘人员的做法能够为旅行社带来新鲜血液。来自外部的候选人可以为企业带来新的管理方法与经验。那些外来人员没有太多的程序束缚,工作起来可以放开手脚,由于其与上级或下属没有历史上的个人恩怨关系,因而在工作中可以很少顾及复杂的人情网络。

（2）外部招聘的局限性。

从旅行社的角度看，从外部招聘优秀的经营管理人员固然有其不可多得的优势，但也有许多局限性。这些局限性主要表现在以下几方面。

首先，外聘干部不熟悉旅行社的内部情况，同时也缺乏一定的人事基础，因此需要一段时间的磨合，才能开展行之有效的工作。

其次，旅行社对应聘者的情况不能深入了解，虽然选聘时可借鉴一定的测试、评估方法，但一个人真正的能力是很难通过几次短暂的会晤、几次书面测试而得到全面正确的反映。被聘者实际工作能力与选聘时的评估能力可能会存在很大差距，导致旅行社可能聘用一些不符合实际工作要求的经营管理干部。这种过失的选聘可能给旅行社带来较大危害。

最后，旅行社采取外聘干部的做法所产生的最大局限性莫过于对内部员工的打击。旅行社内部大多数员工都希望在企业中有不断发展的机会，都希望能够担任越来越重要的工作。如果旅行社经常从外部招聘经营管理人员，且形成制度和习惯，则会堵死内部员工的升迁之路，从而挫伤旅行社内部员工的工作积极性，影响他们的工作情绪。与此同时，有才华、有发展潜力的外部人才在了解到旅行社这种情况后也不敢前来应聘，因为一旦应聘成功，也将面对这一可能到来的现实，也即虽然在旅行社里从事新的管理工作的起点很高，但今后提升的希望却很小。

由于这些局限性的存在，造成许多旅行社不轻易从外部聘请经营管理人员，而主张采用内部培养和提升的方法。

（3）外部招聘的渠道。

外部招聘是指旅行社面向全社会进行的人员招聘活动。一般采用广告招聘、校园招聘，借助职业介绍机构招聘，或参加社会性人才交流活动，以及借助猎头公司进行人才招聘等办法。

首先，广告招聘。广告招聘是通过报纸、杂志、广播、电视等大众传播媒介来传递企业招聘人员信息的招聘活动。旅行社招聘广告的主要内容包括企业本身的简介、有关职位的介绍、职位要求及待遇介绍、联系方式等。一则好的招聘广告既能吸引更多的求职者前来应聘，同时又能树立旅行社良好的企业形象，扩大旅行业的知名度。

其次，校园招聘。大学校园是旅行社人才的主要来源之地。采用大学校园现场面试等招聘形式，不仅简化了招聘的程序，而且缩短了招聘周期。旅行社的人力资源部门要与企业所在地的大学院校保持比较密切的关系，及时掌握院校相关的专业设置和毕业生情况。同时旅行社也应主动与学校建立各种横向联系，如采取设立奖学金、提供助学金、为学生提供毕业实习场所等方法，以提高企业在大学生中知名度和威望，增强企业对人才的潜在市场吸引力。

再次，通过职业介绍机构或参加人才交流活动。职业介绍机构专门从事人才流动中介工作,联系面广,掌握信息多,因此虽然委托其招聘需要支付一定的费用,但是与旅行社自己进行招聘所需投入的人力与资源相比,招聘成本差别不大,而且效果有时会更好。此外,参加社会性的人才交流活动也是旅行社招聘人才的一大途径,参加人才交流活动不仅能达到招聘目的,广泛宣传本旅行社及其人才招聘信息,而且能掌握旅游人才市场发展变化的动态。社会上的人才招聘活动有利于与各类旅游人才建立联系,为吸引人才前来求职打下基础。

最后,猎头公司是一种与职业介绍机构类似的就业中介组织,但是由于它特殊的市场运作方式,以及服务对象的特殊性,因此经常被看作是一种独立的招聘渠道。一个已被旅行社人力资源管理部门广泛接受的看法是,那些最好的人才已经处于就业状态,而猎头公司是一种专门为雇主"搜捕"和推荐高级主管人员和高级技术人员的公司,他们设法诱使这些人才离开正在服务的公司。猎头公司的联系面广,而且特别擅长接触那些正在工作并对更换工作还没有积极性的人。它可以帮助公司的最高管理当局节省很多招聘和选拔高级主管人员等专门人才的时间。但是,借助猎头公司招聘人才的费用相对较高,一般为所推荐人才年薪的1/4到1/3。虽然国内旅行社借助猎头公司招聘高级主管人员的情况在目前尚不多见,但是可以预计,随着外国旅行社逐步进入国内旅游市场以及旅游竞争的加剧,旅行社在招聘优秀的经营管理人才中对猎头公司的依赖性会逐渐加强。

(二)旅行社人员招聘的过程与方法

1. 人员招聘录用的过程

旅行社人员招聘录用过程就是不断收集有关应聘人员的信息,并进行筛选,最终做出取舍决定的过程。这一过程包括六个具体步骤。

第一,审查应聘人员的求职申请表,了解个人简历,进行筛选。这一过程可称之为"粗选"。

第二,与应聘人员进行有目标的选择和面谈,目的在于获取对有关特定工作至关重要的专门信息。

第三,对应聘者进行考试和测试,以便了解应聘者与工作有关的各方面情况及发展潜力。

第四,对应聘者的品行能力检查。通过审核事实,获取新的信息。

第五,对应聘者进行面试。面试是指应聘者和旅行社招聘人员之间的正式的、面对面的信息交流过程。它可以是高度结构化的,也可以是完全没有限制的。面试较之笔试、查看人事档案资料等更灵活、直观、深入,不仅可以全面评价应聘者的学识水平,还能判断出应聘者真实能力、才识和个性特征。谈话、观察和倾听是面试的主要评价手段。

第六,录用应聘人员。在以上程序的基础上,一旦做出录用决定,旅行社应立即发出录用通知,签订录用合同,为被录用者办理有关手续。

2. 旅行社对应聘者的考核内容

旅行社对应聘者的考核内容主要从两个方面展开。

（1）对应聘者能力的考核。

首先,业务能力水平考核。通过面试、笔试和口试,招聘小组成员对每个应聘者的业务能力做出适当评价,而这一评价结果与所招聘岗位要求的一致性程度就是确定适用人选的首要依据。一致性高,则成为适用者;一致性低,则应被拒绝录用。

其次,个人的品质修养考核。一个人的个性、修养,以及具有的责任心、进取心、合作精神、诚实、善良、公正等个人的品质,对其来旅行社后的工作表现和个人工作发展具有非常重要的影响,因此应聘者的道德品质和修养也是决定其是否被录用的重要依据。

最后,人际协调能力考核。旅行社工作的特点是要求每位员工具有高度的团队精神和协作性,因此员工的人际协调能力也是选用应聘者的重要依据之一。

（2）对应聘者心理素质的考核。

心理素质包括基本的认知能力(智力)、气质、性格以及情绪的稳定性、心理健康水平、适应能力、自我意识等方面。心理素质直接影响旅行社员工的业务能力和人际协调能力的发挥,也影响着人的潜能的发挥。

3. 应聘人员的面试

通过求职申请表可以了解求职者的基本情况,但要深入了解求职者以及职业适应性情况,就必须借助求职者面试这一形式。根据不同的需要,或从不同的角度可以将面试工作划分为不同的种类。一般可将面试划分为结构式面试、非结构式面试、压力面试、序列面试、考评面试等。根据旅行社人员应聘的实际需要,在此重点介绍三种面试方式:结构式面试、非结构式面试和压力面试。

第一,结构式面试,也称指示面试。旅行社总经理或人力资源管理部门经理,在面试前准备一份问题清单,并将问题的顺序排好,面试时就按此问题清单,提问应聘者,同时记录下求职者的回答。结构式面试的优点在于对所有求职者都采用同样的面试,要求回答同样的问题,以便于分析和比较,具有清晰和简洁的效果。结构式面试的缺点是不能做到因人而异,缺乏灵活性。

第二,非结构式面试,也称非指示面试。参加招聘面试的旅行社有关工作人员事先无须太多准备,没有固定格式,没有统一的评分标准,所提问题可以因人而异,而且往往提一些开放性的问题,如"请描述一下你以前的工作情况""请谈谈你的兴趣爱好""能否举例说明你的长处和不足"等。非结构式面试的优点是灵活性强,可以根据求职者的陈述或求职者关心的内容提出相关的问题。它的不足之处是由于缺乏统一的标准,主观性强,易产生偏差。

第三,压力面试。这种面试是专门为那些所聘职位的工作绩效取决于求职者对口头提问的反应而设计的。压力面试是通过故意对应聘者提出一系列粗鲁或敌意的问题,给求职者以意想不到的一击,而使其处于不愉快或尴尬的情景之中。面试者从中观察求职者的反应如何。一些求职者在压力面前表现得镇定自若,另一些则不知所措。采用这种方法可以识别求职者的敏感性程度和承受压力的能力。因此,压力面试较多用于选拔那些要求敏感度较强和压力承受力较高的工作,如旅行社的公关工作和销售工作等,而对没有这样要求的工作而言,压力测试则并不一定适合。

4. 应聘人员录用的原则

第一,公开原则。是指把招考单位、招考的部门种类和数量、招考的资格条件,均面向社会公告,公开进行。一是便于使考试录用工作置于社会的公开监督之下,防止不正之风;二是有利于给予社会上人才以公平竞争的机会,达到广招人才的目的。

第二,平等原则。是指对待所有报考者,应当一视同仁,不得人为地制造各种不平等的限制条件,也不能因应聘者的身份、种族、宗教、党派、性别、籍贯和容貌等条件的不同而对应聘者有歧视行为,努力为社会上有志于从事旅行社经营管理工作的人士提供平等竞争的机会,不拘一格地选拔和录用各方面的优秀人才。

第三,竞争原则。所有的候选人都必须经过前期招聘过程中各类严格的科学测评、考核程序,并有客观的测定成绩记录,为适用人选的确定提供参考依据,避免仅靠面试者的直觉、印象来选人。因此,必须有严格统一的考核程序,以利比较科学地决定录用人选。

第四,全面原则。是指录用前的考试和考核应该兼顾德、智、体诸方面,对应聘者知识、能力、思想、品德、进行全面考核。不能因为某些应聘者的业务能力优秀,而忽视其人格、思想、修养及其潜能等因素的差异,因为往往一些非智力因素对日后的作为起决定作用。

第五,择优原则。这是考试录用的核心,择优就是广揽人才、选贤任能,为旅行社各个岗位选择第一流的工作人员。因此,在录用过程应深入了解、全面考核测试、谨慎筛选。为确保择优性原则,应制订明确而具体的录用标准。

第六,量才原则。招聘录用时,必须考虑有关人选的专长,量才录用,做到"人尽其才""用其所长""职得其人"。

第三节 旅行社人力资源绩效和薪酬管理

一、旅行社员工的激励

调动人的积极性是人力资源开发与管理的永恒主题,也是提高旅行社工作效率和经济效益的关键环节。所谓员工激励,就是创造满足职工各种需要的条件,激发职工的发展动机,使员工产生实现旅行社长远战略目标的特定行为的过程。

(一)员工激励的作用

1. 员工激励是调动职工积极性的重要手段

美国哈佛大学的教授威廉·詹姆士研究发现,在缺乏激励的环境中,人员的潜力只发挥出一小部分,即20%—30%,刚刚能保住饭碗即止;但在良好的激励的环境中,同样的人员却可发挥出潜力的80%—90%。因此,旅行社人力资源管理部门应积极创造条件,使每位员工始终处于良好的激励环境中,为旅行社的发展献计献策。

2. 员工激励是提高人员素质的有力杠杆

旅行社提高员工素质的途径主要有两个:一是培训;二是激励。任何值得奖励的行为都是企业员工素质优异的表现,也是人员素质不断提高的证明。旅行社奖励这种行为,就是旗帜鲜明地鼓励全体员工自觉地提高各方面的素质。反之,任何受到惩罚的行为都是人员素质低下的表现,或是人员素质不断下降的信号,惩罚这种行为,相应地是警告有关人员痛改前非,提高素质,特别是改正不良素质。

3. 员工激励是形成良好企业文化的有效途径

众所周知,良好的企业文化是旅行社生存和发展的基础,而良好的企业文化的培育离不开正反两方面的强化。例如,树立优质服务意识,已成为旅行社进行企业文化建设的目标。显然,对旅行社来讲,奖励优异的服务行为,必然同时强化了良好的服务意识。反之,批评和惩罚恶劣的服务行为,则是对服务意识的负强化。交替运用奖罚手段,就可以有力地促进追求良好服务这种群体价值观的形成。

(二)员工激励的原则

激励是一门科学,其理论基础是马斯洛需要层次理论。当然,旅行社应用激励手段有其自身的经济和道德的内在要求。旅行社正确的激励应遵循以下原则。

1. 企业目标和个人目标结合的原则

旅行社采用激励机制,设置目标是一个关键环节。激励目标设置必须体现旅行社长远发展的要求,否则激励将偏离实现旅行社发展目标的方向。激励目标设置还必须能满足旅行社员工个人的需要,否则无法提高员工的目标效价,达不到满意的激励强度。只有将旅行社目标与员工个人目标有效地结合起来,使旅行社目标包含较多的个人目标价值,也使员工个人目标的实现离不开为实现旅行社目标所做的努力,这样才会收到良好的激励效果。

2. 物质与精神激励相结合的原则

任何情况下,旅行社员工都存在着物质和精神的双重需要,旅行社的激励方式也应该是物质激励与精神激励相结合的产物。旅行社的物质激励是基础,精神激励是根本,在两者结合的基础上,逐步过渡到以精神激励为主,以物质奖励为辅的阶段。在两者关系的处理上,应该避免走极端,迷信物质激励则导致拜金主义,迷信精神激励又导致唯意志论或精神万能论,事实证明二者都是片面的,对旅行社的发展是有害的。

3. 外在激励与内在激励相结合的原则

旅行社采取的激励措施中可区分两种基本因素——外在激励因素和内在激励因素。凡是满足员工生存、安全和社交需要的因素都属于外在激励因素,其作用只是消除员工的不满情绪,但不会产生满意感,这类因素包括工资、奖金、福利、人际关系等,外在激励因素也称为保健激励。内在激励因素主要是满足职工自尊和自我实现需要,最具有激发力量,可以产生满意感,从而使职工更积极地工作,使员工在工作中充满光荣感、自豪感,这一切所产生的工作动力远比外在激励要深刻和持久。因此在激励中,领导者应善于将外激与内激相结合,而以内激为主,力求收到事半功倍的效果。

4. 正激与负激相结合的原则

根据美国心理学家斯金纳的强化理论,可把强化(即激励)划分为正强化和负强化。所谓正激(正强化)就是对职工的符合组织目标的期望行为进行奖励,以使得这种行为更多地出现,即职工积极性更高;所谓负激(负强化)就是对职工的违背企业目标的非期望行为进行惩罚,以使得这种行为不再发生,使犯错误职工弃恶从善,积极向正确方向转移。显然正激与负激都是必要而有效的,不仅作用于当事人,而且会间接地影响周围其他人。但鉴于负激具有一定的消极作用,容易使员工产生挫折心理和挫折行为,应该慎用。旅行社人力资源管理部门在采取激励手段时应该把正激与负激巧妙地结合起来,坚持以正激为主、负激为辅。为了贯彻这一原则,旅行社应该将企业的严格管理与企业文化建设相结合,使职工外有压力、内有动力,从而焕发出巨大劳动积极性。

5. 按需激励原则

旅行社对员工进行激励的起点是满足职工的需要,但职工的需要存在着个体差异性和动态性,因人而异,因时而异,并且只有满足最迫切需要(主导需要)的措施,其激励强度才达到最大。因此,旅行社在对员工进行激励时,切不可犯经验主义,搞多年一贯制的奖励方法。在激励上不存在一劳永逸的解决办法,更没有放之四海而皆准的真理。旅行社人力资源管理部门必须深入地进行调查研究,不断了解职工需要层次和需要结构的变化趋势,有针对性地采取激励措施,才能收到实效。

6. 民主公正原则

公正是旅行社运用激励手段的一个基本原则。如果不公正,奖不当奖、罚不当罚,不仅收不到预期的效果,反而会造成许多消极后果,阻碍旅行社的正常发展。公正就是做到赏罚严明,并且赏罚适度。赏罚严明就是铁面无私、不论亲疏、不分远近、一视同仁。赏罚适度就是从实际出发,赏与功相匹配,罚与罪相对应,既不能小功重奖,也不能大过轻罚,从而让旅行社员工感到心悦诚服,真正起到激励的作用。

（三）员工激励的有效方式

科学有效的激励对于调动员工积极性、发掘员工潜能、提高员工素质等方面具有突出的作用。

1. 目标激励

目标激励就是通过制定科学的发展目标，激励员工为之奋斗，最终达到目标，满足自我实现需要的一种激励方式。自我实现的需要是人的最高层次的需要，也是高层次人才共有的一种精神需求。他们希望通过工作能实现自身的价值，能发挥其潜力，实现自我发展。而许多旅行社往往只关注员工给旅行社创造的利润，忽略了员工个人事业的发展，忽视了人才的这一需求，不能为其提供施展才能的环境和空间，使员工感到在旅行社发展受到阻碍，自己的理想和抱负难以在此实现，因而跳槽谋求新的发展。因此，旅行社需要通过目标激励，明确广大员工的工作方向，促使其在实现发展目标的过程中，不断提高自身素质，实现自身价值。

2. 文化激励

企业文化是企业的灵魂。优秀的企业文化会不断激励着员工为企业的发展竭尽全力、不懈奋斗，即使是工作条件略艰苦些，待遇略低些，员工也愿意接受并坚持下去，并不轻易地放弃。中国有句古语："士为知己者死"，这说明人是需要理解、信任、重视、尊重的，需要融洽、和谐的工作环境和积极向上的企业文化。反之，没有企业文化或缺乏和谐工作氛围的旅行社，存在人际关系复杂、人员之间缺乏交流沟通、人情淡漠，甚至冷漠、个人见解得不到重视，个人工作业绩得不到认可等问题，因而容易让员工产生失落感，失去工作热情和乐趣，进而失去了对企业的信任和留恋。因此旅行社要积极构建符合企业实际、具有鲜明特色的优秀企业文化。通过加强企业文化，进一步增强员工的归属感和自豪感，激发员工的工作热情，不断推动企业持续健康发展。

3. 物质激励

物质激励是最为直接有效的激励方式。目前，很多中小旅行社薪酬福利较低，使得有能力的人才难以实现其获得较高收入和待遇的愿望，难以体现其价值。特别是有些旅行社未能建立有效的评估体系，缺乏合理的薪酬结构，不能提供有竞争力的薪酬水平，造成了薪酬内部、外部的不公平，挫伤了人才工作热情。当他们感到同样的付出将会在外单位获得更高的收入和福利待遇，有能力、有魄力的人才就可能会为追求个人最大的经济利益而跳槽，这是造成人才流失的主要原因。因此，旅行社要通过建立科学的绩效考核体系，实施公正的绩效考核，真正体现按劳分配的收入原则，用利益杠杆激励员工努力工作，取得更好的成绩。

4. 行为激励

旅行社领导的行为对广大员工具有很强的导向作用。一位杰出的领导者,不仅能够正确运用手中的权力,树立领导权威,还会以身作则,用自己的实际行动激励广大员工扎实工作。要求员工做到的,自己首先做好;禁止员工去做的,自己首先不做,用实实在在的行动激励和带动每一名员工兢兢业业完成自己的工作。

激励的方式多种多样,各有侧重。旅行社要结合实际,积极构建科学合理的激励机制,从而切实提高员工的工作绩效,不断促进旅行社快速健康发展。

二、旅行社的薪酬管理

旅行社薪酬管理的核心问题是薪酬制度。薪酬制度是企业人力资源管理乃至企业整个管理的核心内容之一,不仅涉及企业的经济核算与效益,而且与员工的切身利益密切相关。旅行社薪酬管理同时又是企业与社会的联系纽带的表现,涉及社会学、经济学多方面敏感问题,薪酬管理的核心问题是如何科学、合理地根据"劳"来确定职工的薪酬差别,即制定公平、公开、公正的薪酬制度。

(一)旅行社薪酬制度的类型

1. 绩效型

绩效型薪酬制度是旅行社根据员工对企业贡献值来确定其薪酬的标准的分配制度。但是在实际的运作中,由于旅行社对员工的绩效进行准确度量往往存在较大的难度,如果没有一套准确的测试和评价标准,这种薪酬制度极有可能会给旅行社的经营工作造成极大的混乱。

2. 技能型

技能型薪酬制度是旅行社以员工的知识技能和业务能力为基础来确定薪酬标准的分配制度。技能薪酬包括三个方面:一是纵向技能深入,当旅行社员工在其专业领域内钻研得越深,技能等级越高,可得的技能薪酬就越高。二是横向技能的扩展,如果员工能学习并掌握企业中其他部门的知识和技能,则可以获得更高的技能薪酬。三是员工的自我管理能力,即员工自行制订工作计划,自行安排工作进度和决定完成任务的方式等方面的能力。员工自我管理的能力越强,可得的薪酬就越高。

旅行社采用技能型薪酬制度实际上提供了一种制度机制,它能广泛而有效地调动员工的学习热情,使企业不断向学习型组织迈进,在员工的学习中逐步培养出企业的发展后劲,逐步建立起企业的核心竞争能力。

3. 资历型

资历型薪酬制度是以职工的年龄、工龄、学历、本专业工作年限等因素为依据的薪酬分配制度。通常情况下,年龄越大的职工工龄也越长,熟练程度与经验也越丰富,因此薪酬也越高。职工表现较出色而更快地被企业发现并较快地升职后,工资特别是底薪却与同一资历的人不是相差很大，只在岗位津贴上与其他待遇上有较大的差别，一旦离开这一职务或岗位，也就取消了津贴与其他待遇，所以职工在薪酬待遇方面的争执不是很激烈，有利于形成职工的集体归属感和较高的忠诚度。此种薪酬制度缺点是强调资历，论资排辈，不直接与绩效挂钩，时间一长易形成依赖性（依赖于终身雇佣）、消极性（等待工龄、年限的增长）、呆滞性（不利于流动人才与老年化趋势）等弊病。

4. 综合型

旅行社通过综合考虑多种因素来确定员工薪酬标准的分配制度。综合型薪酬制度的主要形式有以下几种。

第一，职务技能型。旅行社以员工所任职务为主，根据技能、责任、工作负荷量、工作环境等因素来确定其薪酬标准，这是国内旅行社目前应用非常广泛的一种工资形式。如果员工职务发生变动的话，其薪酬也相应变动。由于这种制度既考虑了职务所需的技能（技术等级）要求，又考虑了不同职务的工作差异因素，因此可以借助职务分析和评价等手段对工资等级进行科学合理的划分，比较公正、公平。常见的职务工资制、岗位工资制、职位薪资定级标准等均属于这一类型。当然，这一薪酬制度也有缺点，主要是由于职务高，其收入也高，但职务与绩效直接挂钩不多，容易造成职位较高的人即使工作业绩平平也不愿主动离职，从而导致旅行社的激励措施的效果不理想。

第二，职务、技能、资历、绩效复合型。这是旅行社进一步把职工工作的职务与绩效，同其技能、资历等因素复合后作为构成薪酬的不同组成部分来加以考虑的一种薪酬制度。常见的结构工资制就是这种复合型。还比如一些旅行社把工资分为工龄工资、效益工资（浮动工资）、职务工资等部分，就是把复合型制度分解后实施的工资制度，实质上也是复合型的薪酬制度。复合型的薪酬制度考虑比较全面，既有利于稳定职工队伍，也有利于激励员工做出工作业绩。然而，即使旅行社面面俱到地考虑，也往往难以在一个综合业务复杂、工作分工较细的服务企业中满足不同岗位、不同职务的要求。

（二）薪酬管理策略

旅行社的人力资源管理工作的实践证明，在管理过程中加强物质激励是保持员工积极进取的工作状态的一种重要的激励手段。因此必须重视旅行社的薪酬管理工作，制定科学的薪酬制度，以最大限度地发挥通过物质激励提高员工绩效的正面效果。旅行社采用怎样的薪酬策略应根据企业的实际状况、竞争能力和行业整体环境等因素而定。虽然采用高薪酬的旅行社相对来说更容易招聘到优秀人才，更容易保持员工的稳定，但高薪酬会增加旅行社的人力资源成本，会导致产品价格提高，从而使企业在市场竞争中处于不利的地位。而过低薪酬虽然能使旅行社获得成本上的优势，但却可能产生更为复杂的员工管理的问题，如内部员工由此而降低工作积极性和主动性。此外，过低的薪酬政策将使旅行社难以招到优秀的经营管理人才，最终造成旅行社产品质量和服务质量难以得到应有的保证。

显而易见,从旅行社的现实需求和长远的发展角度出发,旅行社必须确立有效的薪酬管理策略。薪酬管理策略应包括以下主要内容。

第一,旅行社的薪酬应能吸引住所需要的合格员工。

第二,旅行社的薪酬策略符合有关法律和规章制度的要求。

第三,旅行社的薪酬策略能对员工产生激励和引导作用,并使员工感到薪酬制度的制定公平合理。

第四,薪酬策略应将员工的工作业绩与物质奖励相结合。

第五,旅行社的薪酬策略有助于向员工传递企业的文化、价值和竞争战略。

总之,旅行社实施有效薪酬管理策略的核心,就是要在人工成本和员工需求之间取得平衡,充分发挥薪酬制度在提高员工工作满意度和促进企业生产力方面的积极作用。

（三）旅行社薪酬制度的发展趋势

1. 顺应薪酬体系宽带化潮流

薪酬体系宽带化,是旅行社行业实施薪酬管理的新趋势。薪酬体系宽带化的内涵是:减少企业内部的薪酬等级,同时拓宽每一等级的变化幅度。在旅行社传统的薪酬体系中,特定薪酬等级的最大值和最小值之间的差距较小,一般不超过50%。例如某旅行社可能规定:所有工作分为15个薪酬等级,第10等级的薪酬变化幅度为800—1200元。而在宽带化的薪酬制度下,特定薪酬等级的上下限之间差距拉大,一般可达到3倍(如从800元至2400元)。这种做法使旅行社管理人员在决定员工薪酬时拥有更大的灵活性,可以根据员工的实际工作行为和对企业贡献值的大小,调整其报酬水平,切实体现公平原则。同时,在宽带化薪酬制度下,由于减少了工作头衔、工作等级和薪酬等级,员工不再专注于职务提升,而更注重于工作本身。员工更乐意平调到其他部门,去尝试新的工作内容,也更乐意参与一些跨部门的工作小组,感受相互协作、共同解决问题的乐趣,这在一定程度上缓解了由于组织结构扁平化而导致的管理职位减少、员工升职困难等问题给员工带来的挫折感,为有效实施员工激励创造了条件。

2. 团队薪酬趋势

在旅行社内成立工作团队能有效提高员工工作满意程度和组织效率,这已逐渐成为旅游企业人力资源管理部门的共识。在团队工作的环境中,旅行社员工对自己在工作团队里所发挥的作用感到满意,工作团队的建立使员工之间的关系实现了从竞争到合作的转变,大大减少了无谓的内耗,团队小组成员得以在友善互助的气氛下拧成一股绳,把精力集中在工作上。为了鼓励更多的员工加入各种类型的工作团队,使工作团队保持长久的生命力,旅行社应制定相应的激励措施。激励措施的设计应考虑工作团队的使用情况,若团队并非长期存在,而且数量较少,那么可以考虑采用给予团队成员一定补助,或在任务完成后给予相应奖励的做法来实施激励。但当旅行社广泛使用

旅行社创新经营与管理

工作团队,授予工作团队相应的权力去进行各种主要的决策,而且小组成员在工作中确实相互依赖时,就不应再满足于简单的和临时性的激励措施,而必须考虑单独设计团队薪酬,根据工作小组对企业做出的贡献来决定小组成员应得的报酬。在具体操作上可以考虑把减少薪酬等级与利润提成相结合,前者有助于弱化薪酬等级对小组成员的限制,使小组成员的报酬主要取决于工作团队为旅行社做出的贡献值的大小以及个人在团队中发挥的作用,后者则能有效避免小团体思想的产生,使小组成员不但关注团队目标的实现,更关注企业整体利润的高低,从而较好地实现个人目标、团体目标和旅行社目标的结合。

3. 实行员工持股计划

员工持股计划是近十年来在西方发达国家旅游企业中兴起的一种新的绩效薪酬形式。美国经济学家凯尔索认为,在正常的经济运行中,任何人不仅可以通过他们的劳动获得收入,而且必须通过资本获得收入,人类社会需要一种既能促进经济增长,又能鼓励社会公平竞争的制度,这种制度必须使任何人都拥有两种收入(劳动收入和资本收入)的权利,从而激励员工的创造精神和责任感。这种制度就是员工持股计划。在我国旅行社中,已经有不少企业实施了员工持股计划,并且取得了令人瞩目的实效。

而股票期权计划是一种以管理人员为主要奖励对象的绩效薪酬形式。股票期权约定的价格允许管理人员在一定的时期买入本公司约定数额的股票,即管理人员获得一份标的为本公司股票的看涨期权,且只有离任后方可带走。股票期权计划能有效抑制企业经营者的短期行为,吸引选拔和留住优秀人才。股票期权计划在国外旅游企业已得到采用,目前尚未在我国旅行社得到推广。

第四节 旅行社人力资源开发与培训

一、人力资源规划的主要内容

(一) 人力资源规划的内涵

所谓人力资源规划,就是指旅行社根据自身战略的需要,结合职位分析的结果,用科学的手段来预测组织在未来可能会遇到的人力资源需求和供给情况,进而制定必要的人力资源获取、利用、保留和开发的计划。在旅行社的人力资源规划中,主要解决这样三个方面的问题。

第一,旅行社在未来的某一特定时期内所需要的人员数量有多少,这些人员的构成及其相关要求是什么?

第二,旅行社在同一时期内能够获得在数量上和质量上都满足要求的人力资源供给吗?

第三,旅行社应当通过哪些方式来达到未来的人力资源供需平衡?

(二)人力资源规划的主要内容

1.人力资源的需求预测

所谓人力资源需求预测,就是指预测一个组织在未来一段时期内到底需要多少名员工,以及需要的是哪些类型的员工。在进行旅行社人力资源需求预测时,首要考虑旅行社的战略定位和战略调整、旅行社所提供的产品和服务、旅行社内部各职位员工的工作量、旅行社组织结构调整,以及流程再造等若干方面的因素。既可以采用定性的主观判断法,也可以使用定量的统计学方法,从而尽可能准确地对组织在未来经营所需要的人力资源总体情况作出分析和评估。

2.人力资源的供给预测

人力资源供给预测就是指一个组织对自己在未来的某一特定时期内所能够获得的人力资源数量、质量以及结构等所进行的估计。显然,对旅行社人力资源供给的预测必须同时考虑组织外部的人力资源供给情况和组织内部的人力资源供给情况。一方面,旅行社人力资源供给状况一定会受到外部劳动力市场总体供给情况的影响,因此在预测中要综合考虑多方面因素,如所在地区经济发展水平、本地区对其他地区劳动力的吸引力、本地区的高等教育和技能教育发展水平等;另一方面,在进行人力资源供给预测时,旅行社必须对其组织内部现有的人力资源状况有一个清晰的了解,如现有人员的技能水平,在不久的将来可能会退休、晋升、调动以及解雇的员工情况。

3.人力资源需求与供给的比较

一旦完成了人力资源的需求和供给两方面的预测,旅行社就可以对两个方面的数据进行比较,然后确定各种不同的职位中将会出现的是人力资源过剩还是短缺,从而采取相应的措施。

第一,人力资源需求大于供给的组织对策。当旅行社面临人力资源供给不足时,往往是旅行社正处于高速扩张期,或者是刚刚进入一个新的经营领域,又或者是外部市场环境忽然出现了新的机会,这个时候,旅行社是最需要快速补充人员的。例如上海在世博会召开期间,各旅行社对导游人员的需求量猛增,旅行社就有可能面临短期的人力资源需求大于供给的情况。这时,旅行社可以采取的主要措施包括:一是延长现有员工的工作时间,可以考虑用加班的方式来满足人力资源的需求;二是扩大招募范围,加大招聘投入,还可以在法律允许的情况下,采取聘用已退休人员以及雇用非全日制员工的方式来满足人力资源的需求;三是采取各种措施降低现有人员的流失率,比如增加补贴和福利等;四是将组织中的部分非核心业务通过外包的方式处理,从而减少本组织对人力资源的需求。

第二，旅行社人力资源需求小于供给的组织对策。当出现整体经济滑坡、市场环境不好、旅行社战略调整等情况时，旅行社在未来的人力资源需求就有可能小于组织内部现有的人力资源供给。这时，旅行社主要可以采取以下几种措施。第一，冻结雇用，即不再从组织外部招聘新人。第二，缩短现有员工的工作时间，采用工作分享的方式同时降低工资的方式。例如2009年5月，甲型H1N1流感对上海出境游带来了严重影响，各大旅行社业务量还不足往年同期的一半。由于业务量的大幅减少，一些旅行社不得不采取轮休放假的方式来度过此次危机。第三，临时性解雇或永久性裁员，这种方法最简单直接，同时见效最快，但是需要付出较高的成本，若处理不当，也会影响组织在劳动力市场上的形象，不利于组织未来招聘工作的开展。

二、职位分析和人力资源规划的意义

（一）为旅行社的人事决策奠定基础

通过全面而深入的职位分析和人力资源规划，旅行社的管理层可以充分了解各工作的具体内容，以及工作人员的身心要求，这就为企业进行正确的人事决策提供了科学的依据。

（二）避免人力资源的浪费

通过科学的职位分析和人力资源的统筹规划，旅行社中每个人（从总经理到清洁工）的职责更加分明，有助于提高员工个人和部门群体的工作效率与工作的协调性，从而避免工作岗位和职责的重叠，减少劳动重复等浪费现象的发生。

（三）有利于科学评价员工实绩

通过职位分析，每一种职位的内容都进行了明确界定。员工应该做什么，应该达到什么要求，都一目了然。因此，以工作分析为依据对员工实绩进行评价就能做到合理公平，从而达到科学评价员工实绩的目的。

（四）人尽其才

职位分析和人力资源规划可以帮助管理者明确哪种工作岗位需要什么样的人才，这样可以尽量减少或避免旅行社内部出现大材小用的人力资源浪费现象。同时，也可以使旅行社在对外招聘和内部晋升中，最大限度地使最适当的人员得到最合适的职位，真正做到人尽其才。

（五）有效地激励员工

人力资源管理部门通过职位分析和人力资源规划，可以在人员培训、职业开发、工资分配、奖金发放、人际关系处理等方面向企业管理层提供建设性意见，以便旅行社采取有效措施，对员工进行全方位激励。

三、旅行社员工的培训

旅行社服务对象是人,是游客,因此要求员工知识面丰富、一专多能。但是任何人不是生而自知的,也不可能样样精通,尤其在这个知识快速更迭的年代,仅靠员工在学校里学到的知识或者在工作中积累的经验是远远不能够的。因此,旅行社人力资源管理部门结合旅行社的长远发展战略,实施人才培养策略,开展各种培训是非常必要的。这样不仅有益于员工的自我发展和自我完善、增强员工的自信心,同时也有利于增强旅行社的市场竞争力。

(一)旅行社员工培训的意义

1. 培训是旅行社人力资源开发的重要手段

在知识经济时代,作为知识载体的人是企业最重要的资源,而他们所掌握的知识、技能和能力是企业竞争力的关键。旅行社是智力密集型的服务行业,其服务人员和管理人员的素质与技能的高低直接决定经营的成败和竞争的胜负。对旅行社员工进行合理培训则是人力资源开发的一种十分重要的手段。旅行社员工通过培训可以加快学习速度和学习质量,掌握正确的操作方法,提高劳动效率,避免工作中出现差错,真正提高旅行社的服务质量。世界著名的旅行社都十分注重员工培训,如日本最大的旅行社——日本交通公社每年的培训费用高达1500万美元。

2. 培训是旅行社员工完成转型的关键环节

旅行社是直接对客服务的旅游企业,旅行社服务的无形性、不可预见性、不可储存性等特点,决定了旅行社员工应具备多方面的能力,包括交际能力、合作能力、沟通能力、管理能力等。在将各种专门的知识化为旅行社员工经验和技能的过程中,培训起着关键的作用。培训一方面把理论水平转化为实际技能,另一方面又把员工自身素质中所蕴藏的巨大能量诱发出来作用于企业经营管理活动。如果旅行社将员工培训视为企业组织结构的必备环节,就不必把工作经验当作招聘员工时的不可缺少的条件,就可以在丰富的人力资源的获取和利用中做出更具有战略性的选择。从现实的旅行社行业发展的情况看,重视培训工作的旅行社,其生存能力、适应能力往往显得更强。

3. 培训是旅行社造就优秀员工队伍的重要途径

旅行社主要凭借服务人员的专业知识、专业技能为旅游者提供各种服务来占有市场。旅行社员工经常是分散、独立和自主地开展工作,在对外联系业务或接待业务过程中,他们往往没有来自管理者和同事直接的、面对面的帮助和监督,这就对员工的个人素质和工作能力提出了更高的要求。知识更新速度的加快也要求旅行社员工不断吸收国内外先进的服务知识和管理理念。"工欲善其事,必先利其器",旅行社要想在激烈的旅游市场竞争中获得竞争优势,必须具有一支训练有素的专业服务人员队伍。旅行社经营的成败和竞争的胜负,从根本上说取决于有效和有序的培训。培训是一个带来"未来"的项目,培训能在很大程度上提供旅行社赢得长期竞争的优势。同时,加强员工培训工作,可以调动员工的学习积极性,提高员工工作满意感。

(二)旅行社员工培训的内容

旅行社人力资源培训的基本内容可以概括为"ASK"。"A"即Attitude,指员工的工作态度,包括职业道德和思想素质;"S"即Skill,指员工的工作技能;"K"即Knowledge,指员工掌握的知识。

1. 职业道德的培训

旅行社员工职业道德培训的首要任务是加强员工对本职工作的道德认识,在服务工作中形成正确的道德观念,树立自己对事物的主观态度和行为准则,从而使所有员工在本职工作中追求高尚的行为,并且能形成长期的职业习惯,将职业道德规范自觉运用到本职工作中去。

2. 工作技能的培训

旅行社的服务工作是技能性和技巧性很强的工作。因此,工作技能的培训是员工培训的一项重要内容,如对服务人员的谈话技巧、应变能力,对突发事件的处理能力等进行培训。工作技能的培训既是基础性培训,又是持续性的培训,没有可以一劳永逸的培训方式,应该既有集中培训,也有贯穿实践过程的实时培训,以求不断让员工掌握最新工作方法,提高工作能力与效率。

3. 职业知识的培训

旅行社员工的素质是专业知识、专业能力和政治素质的综合反映。专业知识的培训对员工素质的提高起着潜移默化的作用。专业知识培训是对受训员工按照岗位需要进行的专业知识和教育,不一定面面俱到,也不应漫无边际。由于培训对象不同,专业知识培训的深度、广度和难度应有所区别,对旅行社服务人员的专业知识培训重点在于掌握本岗位所需的基本知识,如重要客源国的政治、经济、历史、地理和民俗、旅游心理、本地旅游资源和交通、商业情况,以及政策法规知识等。

(三)旅行社员工培训的方式

旅行社员工培训的方式是多种多样的,各旅行社可以结合自己的实际需求,采用合适的培训方式。目前国内旅行社行业普遍采用的员工培训主要有以下几种。

1. 课堂讲授法

这是目前国内最常采用的培训方式之一。基本上是教师讲、学生听,这种培训方式的主要优点是经济实惠。但由于无法针对受训人员的差异进行培训,培训效果无法反馈,因此,这种培训方式缺点也是很明显的。

2. 案例研讨式

案例是指借用一定视听媒介,如文字、录音、录像等,描述企业中客观存在的情况。

案例既包括企业在实践活动中的成功经验和失败教训,也包括一些尚待解决的问题,有时并没有固定的答案。案例教学的主要作用在于能够使受训人员各抒己见,群策群力,共同研究问题的解决方法。这种培训方式的优点是受训者参与程度高,能有效提高他们的决策能力、沟通能力和说服能力。

3. 角色扮演法

这种方法通常用于情景培训中,培训人员创造和模拟一种现实的工作环境,让学员在其中扮演各种不同的角色,培训人员对学员的表现进行评估和纠正。这种方法可以使学员体会各种各样的角色,体验不同的职位。角色扮演的优点主要有:第一,角色扮演能给员工带来很大的信心和鼓励;第二,角色扮演增强了员工之间的团队合作;第三,角色扮演实现了即时双向反馈的培训效果。

4. 小组训练法

小组训练的实施进程一般是把参加培训的人员分成若干小组,每个小组由1—2名培训人员负责。培训人员通过开展露营、旅游、外出考察等活动,把每个小组的成员带到远离工作环境的地方,让其在一起共同相处一段时间,培训人员只在活动开始之前介绍行程安排,其余的时间便以观察员的身份出现。在培训过程中,由于员工接触的是真实的日常生活,会非常自然地表现出不同的情绪、态度和个性特征,表现出面临各种各样问题时不同的处理方式和态度,同时也会对成功、挫折做出不同的反应。培训人员在整个考核过程中仔细观察、记录,分析员工的特长、个人品质等。这种方式对于旅行社今后有目的地培训管理人员,将合适的人员安置到合适的工作岗位上特别有效。

5. 在职培训

在职培训又称岗位培训,是指对具有一定业务知识和操作经验的员工进行有组织、有计划的教育,是不脱产或短期脱产的培训。在职培训的目的是提高现有员工的业务素质,不断提高其应用能力和水平。它的一个基本理念就是员工在进行学习的过程,实际是一个首先观察自己的同事或上级如何完成工作,然后再对他们的行为进行模仿的过程。

与前面的培训方式不同的是,在职培训更为重视实践应用能力,培训的内容基本贯穿整个旅行社工作的过程,较为常见的方法有以下几种。

第一,操作示范法。培训人员在工作现场借助实际设备采用边演示、边操作、边讲解的方式进行培训,讲解完毕让受训员工开始动手操作,并对其进行辅导、纠正。目前各大旅行社在兴建网站的过程中,为了让员工熟悉网站的建设、维护和网页的更新设计,经常采用这种方法进行现场培训。

第二,以"老"带"新"法。这是在新员工的培训过程中经常采用的方法。在这种培训方法中,老员工往往扮演师傅的角色,将自己多年积累的经验和技能传授给新员工。这种方式主要有两大优点:一是不会影响旅行社的日常工作;二是有助于消除新员工对新的工作环境的陌生感。

第三，互联网培训法。网络技术的发展使旅行社开始把互联网作为一种重要的培训工具。由于旅行社可以及时、迅速更新网页，而互联网又可以持续提供最新的培训资料，这样就使培训的循环和更新变得方便、容易、简单，旅行社由此可以节省很多培训费用。这种培训方式的前提是旅行社员工必须经常在线开展业务活动。

目前，旅行社培训的方式主要以讲授式为主，教师讲学员听，授课方式比较单一，导致培训针对性不强、培训效果不显著。为提高培训成效，旅行社要结合培训对象的特点进行变革，多采用启发式、研讨式、活动式和互联网教学，充分运用案例分析、角色扮演、拓展训练等多种新颖的方式方法，为旅行社员工量身定做培训方案，寓教于乐，使员工在轻松的学习氛围中得到能力的提升。

本章思考题

1. 简述旅行社人事管理与人力资源管理的区别。
2. 简述旅行社内部招聘的优缺点。
3. 简述旅行社招聘的程序。
4. 旅行社培训有何意义？
5. 旅行社对员工激励的原则有哪些？
6. 简述旅行社薪酬制度的发展趋势。

延伸阅读

国际知识链接

第十章 旅行社管理的未来

本章概要

本章阐述了旅行社在科技支撑和旅游消费新需求影响下服务边界扩展和消费创新的内容,并结合大数据发展和旅游产品创新和旅游营销创新的相关知识,重点介绍此背景下定制旅游。

导入案例

被直播改变的文旅业

近几年文化和旅游部发布的《全国旅行社统计调查报告》显示,2019年签订劳动合同的导游人数为121710人,但这个数值在2022年下降至82047人。2019—2022年间,导游人数减少近4万人。形成强烈反差的是,目前在抖音平台上进行文旅导游创作的"文旅达人"规模超365万人。当导游在互联网上成为独立IP,与旅行社之间的关系已经发生了微妙的变化,有部分自媒体导游自己成立旅行社公司,实现产业闭环。大多网红导游背靠一家正规的旅行社,为旅行社吸引业务,这是传统的旅行社在社交媒体平台的线上化。通过直播、短视频等方式,打通线上业务,拓宽获客渠道,为旅行社带来收益。在这类模式的发展框架下,网红导游的剪辑、拍摄、剪辑等任务都由专人操作,其视频的流量也由公司统一负责。

应该用辩证的眼光来看待"直播+文旅"的发展模式。短视频在为旅行社和导游带来流量的同时,负面影响也随之而来。直播打通了从生产、流通、服务到消费的整个环节,透明化程度高,信息流转速度快,缩短了供应链和产品的价值转换链。值得注意的是,当个人IP越做越大时,会有更多的用户拿着"放大镜"在屏幕前盯着主播的一言一行,要在这一环境下继续保持初心,把导游工作做好,并非易事。

旅游的终极目标是游客对本地生活的体验,人与人面对面之间的沟通依然是最重要的方式。抖音导游的非现场化,预计并不会对传统导游行业造成大的冲击,多数游客仍愿意选择线下面对面的旅行方式。与此同时,抖音导游作为一种数字化展现形式,为一部分热爱数字技术的旅游者提供个性化方式的选择。如何将这一异化的产业规范化、合理化是接下来需要重点探讨的一个问题。

课前思考:如何看待被新技术、新现象改变的旅行社行业?

第一节 科技支撑下的旅行社服务边界扩展

一、科技下的旅行社发展

进入21世纪,新技术革命由过去主要在制造业领域全面向服务业转移。互联网+、大数据、云计算、VR虚拟现实、AI人工智能、物联网等技术不仅能广泛应用到旅游行业,更改变了旅游业态的经营模式,如网络技术使旅游产品实现了通过网络媒介面向消费者的B2O模式,大数据、智能化、物联网等技术使得这种模式更加便捷。

以旅行社产品销售为例,产品供应者可以在网上将其产品展示出来,消费者利用智能化便携设备(通常是智能手机)就可以了解相关信息,通过大数据系统,消费者还可以实现对同类产品的比较、对产品特征的了解,以便做出购买决定。在基于大数据系统的结算系统、智能结算支付系统的帮助下,消费者可以非常便利地进行支付、获取购买凭证等。

新技术的应用并非只是改变了旅行社业的经营业态,它改变了人们的旅游行为。旅游智能化、旅游购买电子化等的广泛应用使得人们摆脱了传统的旅行模式,个性化、定制化、综合化等旅游形式逐渐成为主流,而这些旅行方式对旅游产品的购买可能更多的是通过新的平台实现的。抓住了这一发展契机,尤其是获得新技术的支持,新创业企业会获得更多的发展机会,而传统的旅行社企业则因为固有的经营模式惯性更容易失去发展的机会。

从目前已有的新科技在旅行社业的应用与发展来看,呈现下列五个趋势。第一,便携化。旅行社产品的购置与服务最好能够通过便携的设备完成,目前最重要的设备就是智能手机。产品提供者利用网络的渠道,以网站、App、微信公众号等形式为消费者提供直观的产品选择界面,消费者可以通过其持有的便携式智能设备进行产品的选择购买、结算等。第二,智能化。无论是在产品的选购、结算方面,还是其他科技产品的应用方面,都呈现简单化、便利、智能的特征,消费者无须过多地了解应用说明就可以便利地操作和实施。第三,体验化。高科技设备的广泛应用使消费者可以享受更真实、刺激、便利的旅游服务体验,甚至还能实现远程体验,极大地丰富了旅游的方式和乐趣。第四,个性化和自助化。新科技在旅游产品的应用使得消费者按照个人的喜好进行旅游活动有了可能,并日益便利。第五,管家化。在个性化自助化旅行日益普及的情况下,旅行者对旅行指导的需求大大增强,通过微信、QQ等平台,旅行达人(管家)可以远程为自助旅行者提供实时的顾问服务。

二、旅行社的数字化转型

2008年,美国IBM提出"智慧星球"战略,而后又衍生了"智慧城市""智慧国"和"智慧旅游"等概念。大数据、互联网、云计算、物联网等技术的融合为智慧旅游的发展提供了支撑,保证了信息的及时获取和处理。21世纪10年代末至今是我国旅游产业数字化的升级期。新一代信息技术阶段以集成应用为主,是数字技术加速与经济社会全方位深度融合的阶段。2016年,我国印发《国家信息化发展战略纲要》,成功举办G20杭州峰会,并发布了《二十国集团数字经济发展与合作倡议》,这是多国领导人共同签署的数字经济政策文件。党的十九大报告提出了加快建设"数字中国"的目标,这一战略为充分利用大数据、人工智能、移动互联网、云计算、物联网、区块链等核心技术推动数字经济发展,从而释放其蕴含的强大社会生产力新动能,带来了历史性的机遇。2018年"智慧旅游"被写入政府工作报告,同年3月出台的《国务院办公厅关于促进全域旅游发展的指导意见》提出要"推进服务智能化"。2020年印发的《关于深化"互联网+旅游"推动旅游业高质量发展的意见》为旅游产业和数字技术的健康融合发展提供了坚实的制度支撑。智慧旅游依托新一代信息技术,旨在实现旅游资源和社会资源的共享与高效利用,通过提供高质量、高满意度的服务,满足游客的个性化需求,推动旅游行业向系统化、集约化的管理变革迈进。智慧旅游作为旅游产业数字化的代表,不仅丰富了旅游产品的供给,而且基于智慧旅游系统,通过智慧游览、互动共享等方式提高了游客满意度。新一轮科技革命和产业革命使传统的旅游领域发生了重大变化,云计算、移动通信技术、人工智能、大数据等为旅游业发展提供了新动力。随着数字化与智能化的不断推进,中国经济正不可阻挡地向高质量发展转型,旅游业的边界和生产方式也在悄然变化,同样不可阻挡的是,旅游业正从数量扩张阶段迈向质量提升的新阶段。

在外部需求环境和技术环境的驱动下,旅游产业主体结构不断完善,产业动力呈现"政策驱动—市场驱动—技术驱动"的演化规律。在以企业管理信息化为主的萌芽期和国际互联网时代,旅游产业在政府主导下成长和发展。随着大众旅游时代的来临,游客的需求愈发呈现出个性化和多样化的特点,这促使旅游产业向多元化、规模化方向不断演进。就旅游产品的内容而言,传统的观赏性景观正在向融合更多知识性、趣味性的多元化方向转变。从旅游产品的形式来看,研学旅游、体育旅游、康养旅游、乡村旅游等旅游产品层出不穷。从旅游产品的范围来看,原来零散的单个景点正在向空间全景化的全域旅游转变。进入新一代信息技术时代,数字技术成为旅游业发展的主要驱动力量。从资源要素的角度来看,数字技术以其覆盖面广、渗透性强及辐射效应显著等特点,对传统旅游生产方式和管理模式造成了冲击,打破了经营者的传统思维定式,进而推动了生产要素的高效流动与优化配置。

三、创新的旅行社发展模式

(一)云旅游

受疫情影响,我国旅游业遭受了严重冲击。为应对这一危机,"云旅游"应运而生,并迅速吸引了广泛关注,成为一种新兴的线上旅游形式。"云旅游"的兴起,不仅是应对疫情挑战的关键举措,更是推动旅游产业向线上化、智慧化、数字化发展的重要力量,彰显了智慧旅游的发展趋势。它依托互联网技术和数字化手段,在传统旅游行业基础上创新了一种新模式。作为新兴的旅游观光业态,"云旅游"不仅能有效吸引更多旅游消费者,还能让消费者在线上体验过程中提升对地区旅游资源的满意度,进而增强对旅游目的地的吸引力。

如今,我国"云旅游"形式更加多样化。"云逛展""云赏花"、VR全景漫游、语音导览、旅游直播、旅游短视频、AI虚拟导览、AI全景地图等各类线上的"云旅游"方式不断呈现。云南文旅部门发布官方旅游平台App"游云南",上线"一部手机游云南"项目,汇集各文旅部门和旅游景区的资源,将900多个景区"云游"到线上平台,成为全国首个全域旅游智慧化平台。敦煌研究院与腾讯联合推出微信小程序"云游敦煌",实现游客和敦煌文化的近距离接触。马蜂窝与快手短视频携手推出"云游全球博物馆"项目,让用户足不出户就能在家感受到艺术文化的熏陶。以携程、飞猪等OTA平台为代表的景区语音服务,为在线游客提供了"图片+语音"的便捷游览模式。同时,中国国家博物馆及国内众多博物馆携手网红主播,推出了融合"直播+科普+带货"元素的线上展览。而在疫情之后的武汉,通过举办线上"赏樱花"活动,让千万用户得以领略到武汉的美丽风光。

在5G、VR、AR、AI、4K等技术的有力支撑下,"云旅游"得以迅速发展,并以短视频、直播、三维全景影像等形式,迅速融入了普通用户的日常生活。官方平台主要展示景区、博物馆等"云旅游"资源;旅游博主与网红主播则更倾向于采用"直播+互动"的模式;而旅游地和旅游企业则更关注转化率,多采用"互动+带货"的模式。尽管模式各异,但它们都为用户提供了高质量的"云游"资源和体验,让用户在视觉与心灵上得到了满足,也为未来可能的线下实地旅游打下了良好基础。

"云旅游"的传播媒介展现出多渠道的特点,各家媒体平台通过多样化的方式和资源整合,实现了资源共享,共同构建了混合型的"云旅游"新模式。例如,淘宝飞猪、美团、小红书等平台都充分利用自身的旅游资源和庞大的流量,开发了一系列"云旅游"项目。在"云旅游"产品的转化方面,模式多样且丰富,从最基础的直播,到涵盖餐饮、住宿、交通、游览、购物、娱乐等全产业链的直播带货,应有尽有。携程、飞猪等平台携手众多豪华酒店和游轮,推出了价格优惠的旅游产品预售活动。同时,相关的文旅IP类产品也通过直播等"云旅游"形式,成功转化为直接的利润来源。

在设计"云旅游"产品时,必须高度重视提升产品的体验性。由于"云旅游"产品是一种在线虚拟服务,其有效性很大程度上依赖于体验性的增强。与线下旅游提供的实体服务不同,线上旅游的虚拟性要求我们从以下几个方面着手提升"云旅游"产品的体验性。首先,要有效运用技术。信息技术和互联网技术的发展是推动"云旅游"兴起和发展的关键因素。通过VR技术、高清显示等技术,可以将旅游资源全方位地存储在云端供用户使用。为此,旅行社应建立专门的数据库系统和资源库,以支撑"云旅游"产品的开发。在开发过程中,旅行社应围绕最新技术开发相应的应用系统。考虑到手机应用App的开发成本和投入产出效益比,建议旅行社重点利用微信小程序、H5网页等方式进行深度开发,这样既能降低成本,又能对市场需求进行测试和验证。其次,要深度对接旅游资源,确保有足够的资源支撑。作为旅游资源的中介机构,旅行社自身并不直接拥有现成的旅游资源储备。因此,在开发"云旅游"产品时,旅行社需要借助旅游景点资源。为此,旅行社可以借助旅游集团的平台,与旅游景点进行深度对接,以获得更清晰、更详细的影音资源。同时,旅行社也应积极争取相关旅游景点的资源支持,以确保"云旅游"产品的质量和体验。

"云旅游"产品作为线上服务,旨在充分激发用户兴趣并增强用户黏性。在开发和设计"云旅游"产品时,需融入互联网思维,并着重提升用户的参与感。具体而言,这包括两个方面。一是互动性。在"云旅游"产品的服务过程中,应设计出色的智能交互功能,鼓励用户积极参与其中。这不仅要求充分设计人机互动功能,还应注重用户间的交流功能设计,以提升社群经济效应。例如,故宫博物院在其官方网站上推出了数字文物库和全景故宫两款线上产品,利用数字技术全方位、多角度地展示了故宫的魅力,并设立了互动区域,形成了垂直的社群内容群体。二是娱乐性。如果"云旅游"产品仅仅被设计成一种推广宣传工具,那么其吸引力将大打折扣。因此,应巧妙融入娱乐功能,通过设计简单有趣的小游戏,结合旅游景点的特色和具体情况,打造趣味游戏界面,使用户在享受"云旅游"服务的同时也能感受到娱乐性,从而大大提升"云旅游"产品的生命力。虽然身临其境的旅游体验是"云旅游"无法替代的,但"云旅游"同样具有其独特的价值。在流程中嵌入丰富的互动环节并努力提升用户的参与度,可以有效增强"云旅游"产品的吸引力。从在线"种草"到互动直播,"云旅游"能够持续保持景区景点的关注度,吸引潜在游客,并为后续的线下引流打下基础。

"云旅游"产品以其"云"特性为核心,虚拟性成为其显著特征。在设计这类产品时,旅行社需充分重视其虚拟性特点。首先,要确保"云旅游"产品的层次清晰。无重点、无层次的展示会使虚拟产品缺乏针对性。因此,应根据旅游资源的实际特征,设计合理的层次路径,明确区分旅游资源的主次,从而设计出功能页面布局清晰、路径层次明确的"云旅游"产品。其次,保障用户信息安全至关重要。在设计过程中,旅行社不仅要注重登录的便捷性,甚至可以考虑采用免登录模式,以便用户轻松访问并提升用户黏性。同时,在没有专门App的情况下,设计网页和小程序等资源时,要格外关注页面和链接的安全性,确保用户信息的安全无虞。此外,不同的旅游资源能结合不同的科技手段,为旅游者提供多样化的旅游体验。因此,在开发产品时,旅行社需要充分考虑游客的需求以及旅游资源与科技手段的可结合性,开发出具有不同体验层次的产品,以满足游客多元化的体验需求。

(二)线上线下融合发展

随着传统旅游产品收益日益受到上游企业和竞争对手的挤压,原有利润来源不断缩减,旅行社亟须在传统产品基础上提供特色增值服务以增强竞争力。例如,推出私人定制旅行服务便是一种有效的策略。通过与产业链各环节的紧密沟通,私人定制服务能够合理控制交通、住宿等成本,并打破报名人数、交通工具及时间的限制,推出灵活便捷的包价旅游产品。这些产品以游客需求为核心,量身定制,不仅贴合游客的个性化要求,还能提供专业化的介绍和推荐,确保最大限度地满足游客期望。尽管私人定制产品的价格高于普通报价产品,但相较于游客自行组合购买各项服务的成本,仍具有优势。更重要的是,这一服务模式为旅行社提供了充足的产品利润空间,有助于其在激烈的市场竞争中立足。

在提供单项服务的增值服务方面,企业需要重新审视游客的外出需求。尽管普通游客能够利用现代工具和手段在线预订单项服务,但他们往往还是会遇到一系列挑战,比如如何挑选合适的酒店、如何在国外顺畅使用网络、如何在当地便捷兑换外币,以及如何有效解决当地交通问题等。

旅行社可以通过面对面的沟通和交流,了解到游客的需求,为游客规划行程,推荐单项旅游产品,进而帮助游客顺利完成旅行活动。旅行社可以就行程、特色餐饮、特色活动等方面的设计和安排进行深度开发,策划产品构成的各个要素。在完成这样一款产品设计后,与相关企业深度合作,对产品进行包装、策划、设计,提升产品文化内涵。

与此同时,旅行社与线上企业携手合作,将线上销售的热门产品进行本地化设计和包装,然后引入旅行社的线下渠道进行销售。例如,西安线上最畅销的三日游产品,旅行社可以将其纳入自己的产品平台,并增添西安往返的动车票、车站接送服务,经过精心包装和策划,将其转化为旅行社线下销售的西安动车五日游产品。由于该产品成功打通了西安本地旅行社的渠道,因此不受收客人数的限制。为了实现线上线下产品线的融合,企业需要将本地产品进行线上销售,并对线上产品进行本地化设计。这要求企业能够建立起线上线下的融合运营模式。旅行社通过自建电子商务网站以及在携程、飞猪等第三方平台上开设店铺,成功实现了产品的在线销售。

此外,旅行社应当构建微信公众平台,通过科学规划其内容、功能和模块,以满足客户基本的旅游资讯和服务需求。为了提升客户对品牌的忠诚度,旅行社应定期发布旅游热点资讯、实用小贴士、热门景区攻略以及产品优惠信息,以此增加公众号文章的阅读量,使其成为线上线下融合经营的有效补充。同时,旅行社还应打造新浪微博账户,利用视频、图片、文字和音频等多种形式进行信息的有效传播。新浪微博不仅允许用户与信息发布者直接沟通,还通过自然分类用户的爱好、兴趣和选择,形成了众多社交账号和群体,从而改变了信息分享的方式,实现了信息的即时交流。与微信公众平台相比,微博在信息发布上展现出更高的灵活性、广泛性和自由性。旅行社建立微博账号后,可以即时与微博用户互动,发布旅游热点资讯和相关信息。最后,旅行社还应建立抖音等短视频平台的账号。抖音作为一个全民热衷的短视频分享平台,不仅捧红了许多原创作者,也带动了多个景区的知名度。旅行社可以通过创建官方抖音账号,分享办公室工作日常、旅游团行程花絮以及热门景区推荐等内容。

第二节 需求导向下的旅行社消费创新

一、结合数字经济积极开发定制旅游

2023年3月中国互联网络信息中心发布的第51次《中国互联网络发展状况统计报告》数据显示,截至2022年12月,我国网民规模达10.67亿,互联网普及率达75.6%,较2021年12月增长3549万,意味着中长期内我国旅游消费市场数字化潜力巨大、网络消费增长势头延续。同时,随着以"两微一抖"(微信、微博、抖音)为代表的网络消费渠道不断扩展,旅游业的电商渗透率和平台消费规模持续攀升。消费互联网的广泛普及显著提升了网民在消费过程中的主体地位,这一变化从根本上扭转了传统旅游消费模式中消费者难以获取信息和反馈消费偏好的被动局面,从而大幅降低了旅游业消费者忠诚度的建立壁垒。

数字技术正深入应用于创新消费者社交场景,激发消费平台的服务协同效应,并加速购物决策过程,满足新型数字化消费需求。这一趋势为产品流通、用户匹配、精准营销、使用核销及获客成本控制等消费关键环节提供了更为强大的数据预测和技术支持,显著推动了数字旅游消费在更广泛范围、更多领域以及更深层次上促进旅游业实体经济的高质量发展。据世界旅游理事会预测,到2032年,中国有望成为全球最大的旅游市场。与此同时,"Z世代"群体正逐渐成长为旅游消费的主力军,他们熟练掌握数字科技,偏好个性化、小众化的旅游产品,并高度重视沉浸式旅游体验,这些消费特征对数字技术在旅游消费领域的应用提出了更新、更高的要求。

在大众旅游时代,旅游消费需求从标准化走向个性化是大势所趋,也是旅行社开发定制旅游产品的宝贵契机。目前,定制旅游尚是旅游业的蓝海,潜力还远未被开发

出来。旅行社依托旅游大数据,通过打造特色鲜明的主题产品、采用大规模定制策略以寻求成本与效益的最佳平衡,以及开展跨行业合作来丰富旅游产品体验,既是其推动供给侧改革、实现自身发展的内在需求,也是助力我国旅游业迈向高质量发展的社会使命。在当前环境下,旅行社完全有能力以旅游者的个性化需求为指引,运用大数据分析精确预判消费者偏好,并据此有针对性地增强线下旅游活动的互动性和深度体验,从而满足特定群体的共同个性化需求。

此外,将社交元素融入定制旅游产品的开发之中,不仅能促使供应端迅速捕捉旅游者或潜在旅游者的需求,进而做出精确预判并提供与消费者需求高度契合的定制产品,还能有效解决定制旅游在发展过程中遇到的定制师对旅游者了解不足、定制流程耗时过长等问题。面向未来定制旅游的发展,旅行社可根据自身实际情况,选择性地与社交媒体企业合作,共同打造以旅游为主题的社交板块,或者在自身的旅游服务中拓展社交功能,以此顺应当前旅游需求的潮流趋势。

二、开发基于产业融合理念的复合型产品

产业融合发展是大势所趋,旅游发展也不例外。旅行社应在定制旅游视角下创新性地开发"旅游+"主题系列产品,针对不同消费群体,在"旅游+影视""旅游+养生养老""旅游+文创""旅游+商务""旅游+教育"等已有基础上,大胆创新设计不同形式、不同层次的复合型旅游产品,满足多样化需求,深化旅游体验。在定制旅游产品开发过程中,衍生性旅游产品也是重要的发展方向,即"+旅游"产品。协同的发展思路有利于丰富旅游业态,推进旅游业与相关产业融合,促进各行业的健康协调发展。

(一) 单身旅游产品定制开发

随着人们生活水平的提高以及平均结婚年龄的推迟,单身旅游渐成风尚。携程数据显示,在机票、酒店、门票等产品订单中,来自"一人游"的订单占比超过20%;单身青年成为高频次旅行群体,超过50%的单身青年每年出游次数超过4次。旅行社可以利用自身网络成员异质性强的特征,吸引目的地社区参与定制旅游产品开发。一方面,有利于发动当地群体挖掘小众却独具魅力的景点;另一方面,将本地特色饮食与特色活动融入定制旅游产品之中,能够显著提高产品的吸引力。这不仅可促进定制旅游产品的特色化开发,增强旅游者的浸入式体验,还可推动当地旅游经济的持续发展,实现多方共赢。此外,单身群体除了承受工作上的压力之外,还普遍承受着来自家庭和社会直接或间接的"催婚"压力,定制旅游产品开发可以通过打造慢游产品来帮助其释放压力。定制型的慢游产品通过设置低碳骑行、森林采摘、田园风光、小资咖啡馆等体验性活动,有助于单身旅游者释放心理压力。

(二) 研学旅游产品定制开发

在教育部等11部门联合印发的《关于推进中小学生研学旅行的意见》指引下,在线

旅游平台可以利用自身地域局限性小的特点，根据学科特点开发定制旅游产品以及与线下旅行社合作的方式，开拓定制研学旅游市场。

首先，挖掘中小学语文课本中古诗或经典文章的内涵、意境，引导学生跟随作者的视角领略其中韵味，加深对学习内容的理解，据此推出特色定制旅游产品。语文学科还可以与历史、思政科目相结合，通过参观革命建筑、文化遗迹和访谈，以故事的形式讲述出来，以体会的方式深入进去。其次，立足科学学科内容打造动植物题材旅游产品。以动植物为主题，将采摘收获等体验性活动融入定制产品开发中，让学生用眼睛去观察、用心去体会，进行深度体验。最后，根据地理学科特点，创新地质地貌等内容的学习方式。旅行社可以根据丹霞地貌、喀斯特地貌等教学大纲内容，开发相应的科普旅游，以实地课堂的形式让学生一边旅游一边学习，促进中小学生变被动学习为主动学习。

第三节　旅行社大数据应用

一、大数据时代旅行社的机遇

（一）大数据能够更完整地描述旅游者的需求

互联网技术的蓬勃发展，让旅游者能够轻松地在任何时间、任何地点获取旅游目的地、酒店、旅行社的最新资讯以及各类旅游信息。同时，他们还能借助互联网、微信、旅游论坛等平台进行互动交流，并对比不同旅游服务以做出最优选择。这一变化使得旅行的主导权从旅行社转移到了旅游者手中。而基于互联网的大数据技术，则能够精确地捕捉并描述旅游者的这些需求。例如，当旅游者在某个搜索引擎中搜索与旅游相关的信息时，网站会归纳他们的查询记录，进而根据旅游者的个人需求和偏好对其进行分类。旅行社则可以利用这些分类好的旅游需求信息，来设计和开发更符合市场需求的旅游产品。

（二）大数据能够更加准确地预测旅游者可接受的价格和营销渠道

大数据通过分析客户点击页面的热度、购买次数及相应的购买价格，能够精确预测旅游者可接受的价格范围。在大数据背景下，企业的大数据营销系统充分发挥了大数据、物联网、云计算以及移动电子商务的优势，通过与第三方开放平台的连接，不断拓展营销渠道的外延与深化其内涵。在营销渠道的外延上，客户对产品品牌、商品及服务的直接体验，为他们带来了丰富的虚拟购物感受，进一步激发了他们的购买欲望，并增强了客户与企业品牌之间的紧密联系。而在营销渠道的内涵方面,数据挖掘技术使企业掌握了庞大且直接的用户资源。通过与自身用户数据库的匹配,企业可以利用O2O或App平台进行战略合作,不仅能为广大客户提供个性化的电商服务,还能实现渠道内客户资源的共享、开发与利用。这为旅行社在制定价格策略和渠道策略时带来了无可比拟的优势。

(三)大数据营销能够助力旅行社广告的精准投放

大数据提供了地域、日期、时段、浏览器等多种定位选项,使得受众覆盖面的控制更加精准。当数据库整合了来自不同渠道的广泛数据,包括旅游者使用手机的时间和地点、信用卡购物记录、银行卡电子交易信息、QQ等聊天工具的使用情况、QQ好友关系网络,以及微博上的关系图谱等,数据分析师便能通过匹配这些数据来深入了解旅游者的不同特征。借助大数据的分析能力,我们可以揭示出各种关联和旅游者的需求,在数据量足够庞大的情况下,甚至能够预测旅游者生活中几乎所有的需求。基于这些预测,我们可以向旅游者推荐相应的旅游产品等。

二、基于大数据的旅游产品定制

旅游产品定制服务在旅游企业中展现出极高的价值,其业务占比正逐年稳步增长,预示着广阔的发展潜力和前景。该服务的核心策略聚焦于精准定位客户群体,旨在通过为游客量身打造个性化的旅游产品来满足其独特需求。为实现这一目标,数据挖掘技术被广泛应用于定制服务流程中,以持续挖掘并识别游客的新兴需求,从而为定制化服务的优化提供坚实的数据支持与量化依据。

通过数据挖掘与分析技术,定制游消费群体被科学划分为多个类别,每个类别游客的特征与偏好得以详细剖析,进而为每类游客量身定制专属化旅游产品。这一过程依赖多渠道收集游客反馈信息,这些反馈为定制化线路的持续优化提供了有效依据。同时,游客的评价信息被即时汇总至数据库中,确保数据库的实时更新。在定制流程中,同步更新游客数据资料是必要环节,包括行程前后的产品调整、行程中的变更需求及行程结束后的评价反馈,均被及时录入数据库,为后续数据挖掘提供充足且准确的数据基础。这一流程构建了一个闭环系统,在定制策略中实现了数据的连续循环与利用。

旅游产品定制策略的逻辑起点是把旅游数据库与数据挖掘的技术结合起来,通过算法把游客的个人信息和消费信息做聚类分析,通过对游客的细分,关联游客和消费行为特征之间的关系,了解每一类型游客的旅游偏好,为定制服务提供数据支持。在数据挖掘的基础上对各个类型的游客特点和出行偏好做进一步分析,针对不同类型的游客制定出不同的产品定制策略,降低和游客沟通的时间成本,使定制服务更加精准高效。逻辑终点对旅游产品定制服务的交易过程进行测评,并将测评结果保存到数据库中,完成定制策略的闭环,也为新一轮的数据挖掘提供丰富的数据资料。

数据挖掘的基础是数据库,旅行社以游客和旅游元素作为对象建立数据库,数据库之间建立联系,区分不同类型客户的需求特点,从而对游客需求做出有效的预测,设计出用户满意度高的定制化产品。在定制过程中要求同步更新游客的数据资料,存储游客在行程前对产品的更改、行程中对产品的变更、行程后对产品的评价等数据信息,及时对数据库的游客信息进行补充和更新,有利于定制师对已制定的旅游方案进行线路的调整,完善准确的数据库是数据挖掘的基础。

三、基于大数据的旅游产品精准营销

(一)旅游产品设计需以精准的旅游者分析和预测为基础

通过收集、筛选和计算海量数据来整合旅游者的需求,根据需求的不同类型做动态的打包和组合。通过对旅游者需求的预测向旅游供应商开放数据库,针对不同的游客群体提供出游数据,让旅游供应商通过数据分析了解到出游相对适宜的季节以及适合的目的地。

对旅游者来说,目的地确定以后有多种行为,一是到旅游网站搜索信息,二是进行比价搜索,三是看旅游分享。所以旅行社要想精准地分析和预测旅游者的需求必须从以下三步入手。第一步,互联网的数量分析,主要分析搜索,搜索数据及时记载了搜索特点,反映用户变化。第二步,情绪分析,负面情绪影响旅游人数,需要通过大数据分析他们之间的相关性。第三步,网络的互动行为,浏览和搜索有一个过程,一般在确定目的地之后会浏览,浏览行为对旅游目的地的选择更加重要,浏览了什么视频,浏览了什么相关网站更加确认人数。

(二)合适的市场细分和聚类

传统营销学在进行市场细分时大多以人口统计学特性来概括,如消费习惯、心理特征、兴趣爱好等。而借助大数据技术,旅游营销者可以无限地接近、近乎准确地判断每一个人的属性,这些属性不单单包括人口自然属性,还包括兴趣喜好、行为轨迹、购物经历等。旅行社需要灵活组合这些数据,利用共同的属性去组建用户群组,进行目标人群的细分和聚类。

精确的目标人群的细分和聚类,有利于加强旅行社客户关系管理,实现精准营销。

每个旅游者的成长环境、教育情况、所处环境等因素的不同,导致了差异性的客户需求。由此旅游市场细分对于旅行社的重要性可见一斑,只有准确了解市场的各种情况,对市场有不同的细分,针对不同类型的细分市场,制定相应的营销策略,为客户提供针对性的客户关系管理服务,集中企业的优质资源,提供符合客户期望的产品和服务,提高客户满意度,这样旅行社才能获得科学、稳定、长远的发展。

大数据时代旅行社进行市场细分与聚类,必须对以下数据重点挖掘。

(1)根据业务需要,获取全面准确的客户相关的信息资料。全面的信息资料,不仅

包括旅行社内部的各种与客户相关的数据、决议,还包括客户所在地的经济环境、市场环境、人口等因素。

(2)构建客户细分模型时,着重考虑客户的潜在价值,引入旅行社所在的商圈信息。不同的商业圈,面对的人员群体的收入、年龄结构、文化程度、消费理念等因素的不同,这些不同的因素会对旅行社的销售产生影响。

(3)可以结合旅行社的地理位置信息,构建出每个地理区域的市场消费量及旅游消费类型。

(三)开展精准的旅游者推广活动

基于数据的旅行社推广活动可遵循以下流程。

首先,旅行社作为其产品的经营者可以通过大数据的分析定位到有特定潜在需求的旅游者并针对这一群体进行有效的定向推广以达到刺激消费的目的。

其次,针对既有的旅游者客户,企业可以通过用户的行为数据分析他们各自的购物习惯并按照其特定的购物偏好、独特的购买倾向进行一对一的定制化旅游产品推送。

最后,旅行社可以依据既有旅游者各自不同的人物特征将受众按照"标签"细分(如"网购达人"),再用不同的侧重方式和定制化的活动向这些类群进行定向的精准营销。对于价格敏感者,旅行社需要适当地推送性价比相对较高的产品并加送一些电子优惠券以刺激消费;而针对喜欢干脆购物的人,旅行社则要少些干扰并帮助其尽快地完成购物。

本章思考题

1. 旅行社如何实现转型?
2. 简述传统旅行社和OTA竞争的优缺点。
3. 简述旅行社产品创新的意义。
4. 简述数字经济是如何影响旅行社发展的。
5. 未来旅游发展有哪些旅游新需求?
6. 简述旅行社未来的发展趋势。

参 考 文 献

[1] 暴元. 旅行社服务过度价格竞争的原因和对策分析[J]. 河南师范大学学报（哲学社会科学版），2010, 37（06）：115-117.

[2] 曾博伟, 吕宁, 吴新芳. 改革开放40年中国政府推动旅游市场优先发展模式研究[J]. 旅游学刊, 2020, 35（08）：18-32.

[3] 陈国平, 边二宝, 李呈娇. 服务补救中自我调节导向对顾客感知公平的调节作用——基于旅行社的实证研究[J]. 旅游学刊, 2012, 27（8）：53-59.

[4] 陈晓芳, 薛兵旺. 文旅融合背景下旅游市场协同治理研究[J]. 学习与实践, 2022（9）：136-140.

[5] 陈雪奇. 两级传播理论框架下的旅游营销传播效果研究[J]. 西南民族大学学报（人文社会科学版），2014, 35（12）：173-177.

[6] 谌春玲. 研学旅游市场的挑战与发展问题研究[J]. 经济问题, 2020（6）：88-93.

[7] 龚金红, 谢礼珊, 彭家敏. 旅行社服务不诚信行为如何影响顾客信任——心理契约违背与企业声誉的作用[J]. 旅游学刊, 2014, 29（4）：55-68.

[8] 顾阳, 马嵘, 胡建忠等. 新疆体育旅游产品开发及发展路径[J]. 体育文化导刊, 2018（9）：80-84.

[9] 韩小芸, 冯欣. 旅行社顾客心理授权、顾客参与及服务质量关系研究[J]. 旅游学刊, 2012, 27（4）：91-98.

[10] 胡兵, 沈玲, 龚箭. 中国上市旅游企业社会责任的市场价值效应：基于营销战略的分析视角[J]. 旅游学刊, 2020, 35（10）：15-27.

[11] 雷引周. 旅行社管理中导游人力资本提升模式探究[J]. 湖南师范大学社会科学学报, 2013, (4)：264-265

[12] 李飞, 李达军, 李纯青, 等. "小而美"的营销神话——基于环意国际旅行社的案例研究[J]. 南开管理评论, 2018, 21（6）：131-141

[13] 李晓莉, 马洁. 旅行社企业转型中的服务创新研究——以旅行社经营会奖旅游为例[J]. 江西财经大学学报, 2015（3）：27-33.

[14] 李新军, 廉吉全. 考虑企业社会责任的双渠道旅游供应链优化决策研究[J]. 旅游科学, 2020, 34（2）：1-22.

[15] 李艳丽, 丛艳国, 龚金红. 服务认知—行为模式对一线员工服务绩效影响研究——以酒店和旅行社为例[J]. 旅游学刊, 2012, 27（8）：45-52.

[16] 李燕琴, 陈灵飞, 俞方圆. 基于价值共创的旅游营销运作模式与创新路径案例研究[J]. 管理学报, 2020, 17（6）：899-906.

[17] 李志飞, 陈琴. 旅行社经理人工作倦怠的影响因素研究[J]. 旅游学刊, 2012, 27

(6): 92-100.

[18] 梁春媚.基于"蓝海战略"的旅行社营销战略探讨[J].学术论坛,2014,37(3): 81-83, 140.

[19] 刘必强,黎耀奇,翁敏珠.满减还是满返?——旅游产品促销框架对旅游者购买意愿的影响研究[J].旅游学刊,2022,37(9): 107-122.

[20] 马仪亮.旅游产品价格波及影响:方法建构与实证测算[J]旅游科学,2013,27(4): 71-79.

[21] 毛照昉,冯博,刘伟等.在线旅游平台混合不透明营销策略选择研究[J].系统工程理论与实践,2018,38(3): 655-664.

[22] 牛君仪.体验型旅游产品类型及开发研究[J].学术交流,2014(01): 125-128.

[23] 宋振春,王运姣.关于准入制度与导游管理体制的思考[J].旅游学刊,2013,28(07): 57-63.

[24] 谭春桥,陈丽萍,崔春生.公平关切下旅游产品O2O模式的定价与服务策略研究[J].管理学报,2019,16(06): 939-948.

[25] 谭业.旅游隐性营销:新时代的旅游营销理念变革[J].经济地理,2013,33(09): 184-187.

[26] 田虹,姜春源.社会责任型人力资源管理对旅游企业员工亲环境行为的影响研究[J].旅游学刊,2021,36(11): 133-144.

[27] 王伟,梁留科,李峰等.短期旅游线路产品中的游旅比研究——基于河南省内短期线路的统计分析[J].经济地理,2016,36(2): 189-194.

[28] 魏宝祥,陆路正,王耀斌等.三人可成虎?——旅游产品在线评论可信度研究[J].旅游学刊,2019,34(8): 78-86.

[29] 魏小安.中国旅游市场的40年起伏变迁[J].旅游学刊,2019,34(2): 1-3.

[30] 吴保刚.大数据在智慧旅游管理中的应用——评《旅游管理》[J].科技管理研究,2020,40(6): 274.

[31] 肖建勇.论目的地优质旅游产品开发的场景、内容与生活[J].旅游学刊,2018,33(12): 9-11.

[32] 徐成元,王磊.邮轮旅游供应链的旅行社激励机制研究:组织游客奖励还是营销推广扶持?[J].旅游科学,2020,34(1): 71-87.

[33] 杨美霞.休闲旅游产品内涵建设与层次提升——以江苏泰州为例[J].社会科学家,2015(7): 91-95.

[34] 杨懿,李秋艳.基于SERVQUAL模型的旅行社产品质量影响因素分析[J].中国人口·资源与环境,2018,28(S1): 221-226.

[35] 姚国荣,陆林.旅行社联盟伙伴选择研究[J].西南民族大学学报(人文社科版),2014,(9): 139-143.

[36] 于超,樊治平,张晓晓.考虑小型团体游客多类型期望的旅游产品个性化定制方

法[J].旅游科学，2017，31（2）：32-41.

[37] 鱼文英，李京勋.市场力量对战略导向与企业绩效的影响研究——旅行社营销能力的调节作用[J].旅游学刊，2017，32（12）：68-79.

[38] 张建涛，王洋.大数据背景下智慧旅游管理模式研究[J].管理现代化，2017，37（2）：55-57.

[39] 张思豆，李君轶，魏欢.旅游电商平台在线评论的可信度研究——以"阿里旅行·西安东线一日游"旅游产品为例[J].旅游学刊，2016，31（11）：74-84.

[40] 朱镇，王新.互联网转型驱动的线下旅行社电子商务能力识别——创业感知的中介效应[J].旅游学刊，2018，33（5）：79-91.

[41] Abou-Shouk M，Elbaz A M，Maher A. Breaking the Silence of Travel Agency Employees：The Moderating Role of Gender[J]. Tourism and Hospitality Research，2021，21（4）：487-500.

[42] Abrate G，Bruno C，Erbetta F，et al. Which Future for Traditional Travel Agencies? A Dynamic Capabilities Approach[J]. Journal of Travel Research，2020，59（5）：777-791.

[43] Capriello A，Riboldazzi，S. Exploring Service Innovation in a Network of Travel Agencies：The robintur Case[J]. Journal of Hospitality and Tourism Technology，2021，12（1）：58-71.

[44] Chen L，Zhou X. Tourism Product Packaging Design based on Marine Culture in Coastal Cities[J]. Journal of Coastal Research，2020，112（sp1）：128-131.

[45] Domínguez Vila T，Darcy S，Alén González E. Competing for the Disability Tourism Market - A Comparative Exploration of the Factors of Accessible Tourism Competitiveness in Spain and Australia[J]. Tourism Management，2015(47)：261-272.

[46] Hassan A. Tourism Products and Services in Bangladesh：Concept Analysis and Development Suggestions[M]. Berlin：Springer，2021.

[47] Huang H. A Study on Comprehensive Industry Data System based on Computer Exploring Big Data and Resource Integration[J]. Journal of Physics：Conference Series，2021（4）：42-76.

[48] Kim J，Franklin D，Phillips M，et al. Online Travel Agency Price Presentation：Examining the Influence of Price Dispersion on Travelers' Hotel Preference[J]. Journal of Travel Research，2020，59（4）：704-721.

[49] Li J，Xu L，Tang L，et al.（2018）. Big Data in Tourism Research：A Literature Review[J]. Tourism Management，2018(68):301-323.

[50] Ling L，Guo X，Yang C. Opening the Online Market place：An Examination of Hotel Pricing and Travel Agency Online Distribution of Rooms[J]. Tourism Man-

agement, 2014(45): 234-243.

[51] Liu X. The Construction of Tourism Model based on Big Data Statistics[J]. Agro Food Industry Hi-Tech, 2017, 28 (3): 2208-2211.

[52] Lyu J, Khan A, Bibi S, et al. Big Data in Action: An Overview Big Data Studies in Tourism and Hospitality Literature[J]. Journal of Hospitality and Tourism Management, 2022,51:346-360.

[53] Ma S, Zhao X, Gong Y, Wengel Y. Proposing "Healing Tourism" as a Post-COVID-19 Tourism Product[J]. An International Journal of Tourism and Hospitality Research, 2021, 32 (1): 136-139.

[54] Masiero L, Nicolau J L. Tourism Market Segmentation based on Price Sensitivity: Finding Similar Price Preferences on Tourism Activities[J]. Journal of Travel Research, 2012, 51 (4): 426-435.

[55] Oroian M, Gheres M. Developing a Risk Management Model in Travel Agencies Activity: An Empirical Analysis[J]. Tourism Management, 2012, 33 (6): 1598-1603.

[56] Ray A, Bala P K, Rana N P. (2021). Exploring the Drivers of Customers' Brand Attitudes of Online Travel Agency Services: A Text-Mining based Approach[J]. Journal of Business Research, 2021, 12 (8): 391-404.

[57] Santos M C, Ferreira A, Costa C, et al. A Model for the Development of Innovative Tourism Products: From Service to Transformation[J]. Sustainability, 2020, 12 (11): 43-62.

[58] Sharma A, Sharma S, Chaudhary M. Are Small Travel Agencies Ready for Digital Marketing? Views of Travel Agency Managers[J]. Tourism Management, 2020, 79: 104-178.

[59] Weaver A. Tourism, Big Data, and a Crisis of Analysis[J]. Annals of Tourism Research, 2021, (88): 103-158.

教学支持说明

为了改善教学效果,提高教材的使用效率,满足高校授课教师的教学需求,本套教材备有与纸质教材配套的教学课件和拓展资源。

我们将向使用本套教材的高校授课教师免费赠送教学课件或者相关教学资料,烦请授课教师通过电话、邮件或加入旅游专家俱乐部QQ群等方式与我们联系,获取"电子资源申请表"文档并认真准确填写后发给我们,我们的联系方式如下:

地址:湖北省武汉市东湖新技术开发区华工科技园华工园六路

邮编:430223

电话:027-81321911

E-mail:lyzjjlb@163.com

旅游专家俱乐部QQ群号:758712998

旅游专家俱乐部QQ群二维码:

群名称:旅游专家俱乐部5群
群　号:758712998

电子资源申请表

填表时间：_____年___月___日

1. 以下内容请教师按实际情况写，★为必填项。
2. 根据个人情况如实填写，相关内容可以酌情调整提交。

★姓名		★性别	□男 □女	出生年月		★职务	
						★职称	□教授 □副教授 □讲师 □助教

★学校		★院/系	
★教研室		★专业	
★办公电话		家庭电话		★移动电话	
★E-mail（请填写清晰）		★QQ号/微信号	
★联系地址		★邮编	

★现在主授课程情况	学生人数	教材所属出版社	教材满意度
课程一			□满意 □一般 □不满意
课程二			□满意 □一般 □不满意
课程三			□满意 □一般 □不满意
其 他			□满意 □一般 □不满意

教 材 出 版 信 息						
方向一		□准备写	□写作中	□已成稿	□已出版待修订	□有讲义
方向二		□准备写	□写作中	□已成稿	□已出版待修订	□有讲义
方向三		□准备写	□写作中	□已成稿	□已出版待修订	□有讲义

请教师认真填写表格下列内容，提供索取课件配套教材的相关信息，我社根据每位教师填表信息的完整性、授课情况与索取课件的相关性，以及教材使用的情况赠送教材的配套课件及相关教学资源。

ISBN（书号）	书名	作者	索取课件简要说明	学生人数（如选作教材）
			□教学　□参考	
			□教学　□参考	

★您对与课件配套的纸质教材的意见和建议，希望提供哪些配套教学资源：